Grüne fahren SUV und Joggen macht unsterblich

Thomas Bauer, Ökonom, ist Professor für Empirische Wirtschaftsforschung in Bochum und Vizepräsident des RWI in Essen.
Gerd Gigerenzer, Psychologe, ist Direktor des Harding-Zentrums für Risikokompetenz, Universität Potsdam, Direktor emeritus am Max-Planck-Institut für Bildungsforschung in Berlin und Bestsellerautor.
Walter Krämer, Statistiker, ist emeritierter Professor für Wirtschafts- und Sozialstatistik an der TU Dortmund und Autor verschiedener Bestseller.
Katharina Schüller, Geschäftsführerin und Gründerin von STAT-UP, ist Expertin für Advanced Analytics, Big Data und Künstliche Intelligenz.

Thomas K. Bauer
Gerd Gigerenzer
Walter Krämer
Katharina Schüller

GRÜNE FAHREN SUV UND JOGGEN MACHT UNSTERBLICH

Über Risiken und Nebenwirkungen der Unstatistik

Campus Verlag
Frankfurt/New York

MIX
Papier | Fördert gute Waldnutzung
FSC® C089473

ISBN 978-3-593-51608-0 Print
ISBN 978-3-593-45235-7 E-Book (PDF)
ISBN 978-3-593-45234-0 E-Book (EPUB)

Umschlaggestaltung: Guido Klütsch, Köln
Redaktion: Anne Büntig
Layout und Satz: Oliver Schmitt
Gesetzt aus: Scala und News Gothic
Druck und Bindung: Beltz Grafische Betriebe, Bad Langensalza
Beltz Grafische Betriebe ist ein klimaneutrales Unternehmen (ID 15985-2104-1001).
Printed in Germany

www.campus.de

Inhalt

Vorwort

Corona brachte es an den Tag: Unser Verhältnis zu Zahlen ist immer noch, wie ein Eheberater sagen würde, »posttraumatisch gestört«. Das Trauma begann für viele wohl im Mathematikunterricht in der Schule. Sieben-Tage-Inzidenzen, Reproduktionszahlen, Verdopplungszeiten und Übersterblichkeiten – vielen schwirrt davon der Kopf. Anders als bei früheren Krisen sind es hier die Zahlen und nicht die Bilder, die uns Angst oder auch Hoffnung machen. Aber verstehen wir überhaupt, was die vielen Zahlen bedeuten, die uns täglich in den Medien überfluten? Die Frage ist fast schon rhetorisch. Das korrekte Interpretieren von Zahlen und Statistiken ist im Land der Dichter und Denker noch immer kein Teil der Allgemeinbildung. Viele scheinen sogar stolz darauf zu sein, damit nur schlecht zurechtzukommen. Dichten liegt uns eher als statistisches Denken.

Schlagzeilen wie »Grünen-Wähler fahren gern SUV« oder »Jede Stunde Joggen schenkt dir 7 Stunden Lebenszeit!« lassen sich konsumieren wie Kartoffelchips. Sie enthalten kaum Substanz, sind angereichert mit Geschmacksverstärkern – und sie machen uns auf Dauer krank. Zahlenblindheit ist so etwas wie eine geistige Pandemie. Übertragen wird sie durch die Medien und das Aufrechterhalten von Bildungssystemen, die Lesen und Schreiben lehren, aber kaum statistisches Denken.

Erinnern Sie sich noch, als die *Bild-Zeitung* eine »Weltsensation« versprach, einen Bluttest der Universität Heidelberg, der Brustkrebs früh mit einer 75-prozentigen Trefferrate erkennt? Deutschland war beeindruckt – bis wir ein paar Tage später in einer Unstatistik klarstellten, dass diese Zahl ohne Falsch-Alarm-Rate nichts besagt. Am Ende stellte sich heraus, dass dieser Test bei fast der Hälfte aller gesunden Frauen zu Unrecht einen Verdacht auf Brustkrebs festgestellt hätte. Inzwischen befasst sich die Staatsanwaltschaft mit dem Fall. Ein weiteres Beispiel ist die Meldung des *Handelsblatts,* dass die Wirksamkeit der Impfung mit AstraZeneca bei älteren Menschen bei nur 8 Prozent liege – dies hätte die Redaktion aus Kreisen der Bundesregierung erfahren. Kurz darauf wurde diese Impfung regierungsamtlich *nur* für diese Altersgruppe angeregt. Wie sollen sich Otto und Uta Normalverbraucher da noch zurechtfinden? (Wie sich herausstellte, waren die 8 Prozent nicht die Wirksamkeit, sondern der Anteil der Älteren in der Wirksamkeitsstudie.)

Viele der von uns aufgegriffenen Fehler und Pannen geschehen vermutlich ohne Absicht. Umso schlimmer, könnte man sagen. Aber wie die Ärzte wissen: Die Diagnose ist der erste Schritt zur Therapie. Und um diese Diagnose geht es uns hier (und ein paar Therapievorschläge machen wir auch). Mit unserem Buch *Warum dick nicht doof macht und Genmais nicht tötet* hatten wir 2014 einen ersten Befund erstellt, der viele Defizite ans Licht bringt. Und die traurige Wahrheit ist, dass es diese Defizite zu guten Teilen immer noch gibt. Noch immer feiert man den »Equal Pay Day« am falschen Tag, und noch immer hält man Männer und Frauen unkritisch zu Krebsfrüherkennungsuntersuchungen an, obgleich die medizinische Forschung vor einigen dieser Untersuchungen mit Nachdruck warnt. Noch immer werden Zufallsfunde als »statistisch signifikante« Ergebnisse verkauft, Messpunkte so gewählt, dass ein vorher gewünschtes Ergebnis herauskommt, medizinische Tests falsch eingeschätzt oder lokale Trends sinnlos in die Zukunft fortgeführt, um nur die häufigsten unabsichtlichen Schlampereien oder absichtlichen Manöver aufzuzählen. Das alles geschieht nicht im privaten Kämmerlein, sondern wird in wissenschaftlichen Journalen und in unseren Zeitungen, im Rundfunk, im Fernsehen und im Internet verbreitet.

Aber es gibt Hoffnung, denn die Bereitschaft der Medien wächst, sich auf statistische Argumente einzulassen. So lässt etwa *Capital* die »Experten der Unstatistik« erklären, warum die positiven

Effekte einer veganen Ernährung bei der Abwehr von Diabetes II erheblich geringer sind, als eine Studie vermuten lässt. Und die Wirtschaftszeitschrift fordert, dass Statistiker bei Corona-Tests ein Wörtchen mitreden sollten. »Statistik muss genutzt werden, um Schlimmeres für Menschen und Wirtschaft zu verhindern«, sekundierte die *Zeit* und lud uns ein, eine Unstatistik zu Corona als Gastbeitrag zu veröffentlichen. In der Folge bat *Focus Online* die Unstatistikerin Katharina Schüller in Dutzenden Artikeln um ihre Einschätzungen und kürte sie zur »Corona-Erklärerin«. Auch *Bild* und *Bild am Sonntag* fragen gelegentlich bei uns an, und der *Stern* bat uns um eine Einschätzung, was es mit der Corona-Blutgruppen-Studie auf sich habe. Blutgruppe A bedeute ein hohes Risiko, schwer an Covid-19 zu erkranken? Auch die internationalen Medien sind neugierig geworden, wie Beiträge in *Bloomberg.com, HealthNewsReview*, der lateinamerikanischen Ausgabe der *Chicago Tribune*, der türkischen *Hürriyet* und der *Economic Times Now* in Indien zeigen.

Parallel zu diesem Medienerwachen hat auch die Skepsis wissenschaftlicher Fachjournale gegen den Unfug mit Signifikanztests zugenommen, ebenso wie die Schar der Mitstreiter, die unsere im Jahr 2011 begründete »Unstatistik des Monats« (unstatistik.de) durch Hinweise und Recherchen unterstützen. So unterhält etwa die Deutsche Statistische Gesellschaft seit Kurzem eine Arbeitsgruppe »Statistical Literacy«, geleitet von unserer Autorin Katharina Schüller, die mit Vorträgen, Publikationen und akademischen Lehrveranstaltungen statistisches Denken populärer macht. Hierher gehört auch der Studiengang Wissenschaftsjournalismus der TU Dortmund, bei dem seit einigen Jahren eine Statistikvorlesung zum Pflichtprogramm gehört. Einer der Autoren dieses Buches hat diese über Jahre hinweg angeboten. Nicht hoch genug einzuschätzen sind auch die Initiative »Mediendoktor« des Journalistikprofessors Holger Wormer, das Programm »Wissenschaft und Datenjournalismus« der Volkswagen-Stiftung, der Einsatz der Organisation Cochrane Deutschland für mehr Sachlichkeit bei Gesundheitsdaten und die Aufklärungsarbeit des

Harding-Zentrums für Risikokompetenz (hardingcenter.de). Dieses wurde von einem Londoner Investmentbanker gestiftet, sozusagen als Entwicklungshilfe, denn Radioprogramme wie *More or Less* von BBC 4, die erklären, was hinter den Zahlen steht, gibt es in Deutschland bisher nicht.

Auf diese republikweite Allianz für bessere und besser verständliche Statistik kommen wir am Ende des Buches nochmals zurück. Zunächst rekapitulieren wir kurz das kleine Einmaleins der Datenetikette und benennen die grundsätzlichen Denkfehler, die sich in den Beispielen, die dann folgen, in abwechselnder Verkleidung wiederholen. Denn trotz der zunehmenden Medienbereitschaft, Daten intelligenter und skeptischer zu interpretieren, gehen uns die Beispiele nicht aus. Viele davon wurden uns von treuen Lesern unserer Unstatistiken zugetragen. Besonders zu Dank verpflichtet sind wir Heiner Barz, Silvio Borner, Friedrich Breyer, Gunter Frank, Georg Keckl, Uwe Knop, Dieter Köhler, Alexander Morell und Peter Morfeld sowie den Gastautoren der Unstatistik Tabea Bucher-Koenen, Axel Börsch-Supan, Björn Christensen, Jörg Peters, Felix Rebitschek, und Christoph M. Schmidt. Letzterer hat uns zusammen mit Wim Kösters auch wertvolle Kommentare zu einer ersten Version dieses Buches gegeben. Eine weitere Dankschuld tragen wir gerne ab an Sabine Weiler, Kai-Robin Lange und Ina-Marie Berendes, die uns seit langen Jahren bei Recherchen helfen. Es versteht sich von selbst, dass verbleibende Fehler und Unklarheiten allein uns vier Autoren anzulasten sind.

Essen, Berlin, Dortmund und München, im Frühjahr 2022

TEIL I
DENKEN IN DATEN

1. Warum statistisches Denken wichtig ist

Was kann man tun, um Menschen in ihren Entscheidungsprozessen zu unterstützen, damit dem Gemeinwohl dienende Ergebnisse dabei herauskommen? Dazu gibt es drei Visionen, die miteinander in Konflikt stehen: Paternalismus, das sogenannte »Nudging« und Risikokompetenz. Die klassische Vision autokratischer Systeme ist der Paternalismus. Man sagt den Bürgern, wie sie sich verhalten sollen, und belohnt und bestraft sie, je nachdem, ob sie folgsam sind oder nicht. Das ist das Modell China. »Nudging« ist eine sanfte Variante des Paternalismus und bedeutet, dass man Entscheidungen nicht vorschreibt und auch nicht belohnt oder bestraft, sondern mit psychologischen Mitteln versucht, unser Verhalten zu beeinflussen (von *to nudge* = stupsen, in eine bestimmte Richtung lenken). Man will Menschen zu ihrem Glück steuern, ohne sie zu ermächtigen, das selbst zu tun. Die britische Regierung unter David Cameron hatte beispielsweise einmal eine eigene Nudging-Einheit eingerichtet. Die deutsche Regierung dagegen unterhält eine Einheit »Wirksam regieren« zur Stärkung der Risikokompetenz in Gesellschaft und Verwaltung. Diese Risiko- und damit auch Entscheidungskompetenz ist eine Alternative zu beiden Formen von Paternalismus, hart und weich. Es geht darum, die Bürger kompetent zu machen, so dass sie Evidenz verstehen und selbst informiert entscheiden können, statt hart oder sanft vom Staat und anderen Interessen gesteuert zu werden. Die Fähigkeit zum statistischen Denken ist ein zentraler Baustein dieser Risikokompetenz. Ohne mitdenkende und informierte Bürger bleibt Demokratie ein leeres Wort.

Nichts für Warmduscher

Statistisches Denken ist also die Kunst, Risiken zu verstehen. Es ist eine zutiefst emotionale Kunst, und das in zweierlei Hinsicht. Zum einen muss man den Glauben an absolute Sicherheiten aufgeben und lernen, mit Ungewissheit zu leben. Ungewissheit kann Angst und Verunsicherung auslösen, aber auch das Bedürfnis, Sicherheiten zu suchen, wo es keine gibt. Zum Zweiten geht es darum, ein Lebensgefühl zu entwickeln, das sich an Fakten und Evidenz orientiert, zusammen mit einer gesunden Portion Skepsis gegenüber festen Überzeugungen und Behauptungen aller Art. Wer statistisch denkt, läuft Gefahr, Freunde zu verlieren und politisch und gesellschaftlich anzuecken. Und es kann noch schlimmer kommen. Der Chirurg und Geburtshelfer Ignaz Semmelweis fand Mitte des 19. Jahrhunderts mittels Statistik heraus, dass die durch häufiges Kindbettfieber in Krankenhäusern bedingte hohe Sterblichkeit der Mütter daran lag, dass die Ärzte sich nicht die Hände wuschen, wenn sie etwa von einer Obduktion in den Kreißsaal gingen. Semmelweis rettete so unzähligen Frauen das Leben. Aber dieser empirische Nachweis war seinen Kollegen so unwillkommen, dass sie seine Karriere mit Intrigen hintertrieben und ihn schließlich in eine Irrenanstalt einlieferten, wo er, nur 47 Jahre alt, verstarb.

Bis heute sind Menschen an den Schalthebeln der Macht, selbst Regierungen von demokratischen Staaten, nicht immer an der Wahrheit interessiert. Nachdem der Präsident der griechischen Statistikbehörde ELSTAT, Andreas Georgiou, aufgedeckt hatte, dass seine Vorgänger das griechische Haushaltsdefizit jahrelang zu niedrig angegeben hatten, um in die EU aufgenommen zu werden,[1] wurde er vom obersten Gericht seines Landes zu zwei Jahren Haft auf Bewährung verurteilt: Er hätte damit dem griechischen Staat geschadet. Um nicht ins Gefängnis zu müssen, ist Georgiou dann in die USA ausgewandert. In einer nicht ganz so dramatischen Angelegenheit entließ die Bayerische Staatsregierung den Wirtschaftsethiker Christoph Lütge im

Februar 2021 aus dem Bayerischen Ethikrat. Lütge hatte die Nullinfektionskampagne der Bayerischen Staatsregierung für »völlig illusorisch« und die geforderten Corona-Inzidenzen im Winter für unerreichbar erklärt und vor den Kollateralschäden gewarnt. Zu diesen Thesen kann man stehen, wie man will – die Staatsregierung jedenfalls hat die Nullinfektionsstrategie selbst bald zu den Akten gelegt.

Beginnen wir mit fünf wichtigen Grundprinzipien statistischen Denkens. Sie decken einen großen Teil der Denkfehler ab, mit denen wir uns in diesem Buch beschäftigen. In den folgenden Kapiteln werden weitere Prinzipien erklärt, wie etwa die häufige Verwechslung von Korrelation mit Kausalität. Jeder kann diese Prinzipien verstehen, auch wenn man vielleicht etwas Zeit aufwenden muss, um die Beispiele zum besseren Verstehen nochmals zu lesen. Eine Fremdsprache zu lernen ist wesentlich aufwendiger.

Grundprinzip Nr. 1: Sicherheit ist eine Illusion

Das Einmaleins der Skepsis beginnt mit der Erkenntnis: Sicherheit ist eine Illusion. Benjamin Franklin hat einmal gesagt: In dieser Welt ist nichts sicher außer dem Tod und den Steuern. Wir wissen inzwischen, dass auch Letztere nicht sicher sind (wenn man an die Wachstumsbranche Steuerhinterziehung denkt). Dennoch haben viele Menschen ein emotionales Bedürfnis nach Sicherheit und Gewissheit, selbst wenn es diese nicht gibt. Das kann durchaus für einen selbst und die Mitmenschen gefährlich sein. So ist zum Beispiel keine Impfung sicher. Dennoch waren viele überrascht, als während der Covid-19-Pandemie die ersten Fälle von vollständig geimpften Personen bekannt wurden, die sich dennoch infiziert hatten oder sogar ins Krankenhaus kamen. Diese Fälle wurden von Impfgegnern als Beweis angeführt, dass die Impfung nicht oder kaum wirksam sei. Dabei wurde von Anfang an klar vom Robert-Koch-Institut und anderen

Organisationen kommuniziert, dass die Wirksamkeit der Impfstoffe bei 90 Prozent und eben nicht bei 100 Prozent liege. Also muss es Personen geben, die sich trotz Impfung infizieren.

Viel Misstrauen ist insbesondere zu Beginn der Corona-Krise gerade deshalb entstanden, weil die Daten und die Schlussfolgerungen daraus als gesichertes Wissen dargestellt wurden. Als sich später herausstellte, dass manche Entwicklungen ganz anders verlaufen sind und man sich korrigieren musste, hat das nicht gerade das Vertrauen in die Medien und in die Wissenschaft gestärkt. Es ist sicher keine leichte Aufgabe, Menschen ohne wissenschaftliche Ausbildung (und auch manchen Wissenschaftlern) klarzumachen, dass man auch aus unsicheren Daten richtige Entscheidungen ableiten kann, weil es oft genügt, die Richtung zu erkennen. Anders gesagt, der genaue Weg muss nicht bekannt sein, solange man sich an Leitplanken orientieren kann.

Auch medizinische Tests sind niemals sicher. Und auch hier kann der Irrglaube an absolute Sicherheit zuweilen tödlich sein. In den ersten Jahren der AIDS-Epidemie wurden 22 Blutspender in Florida benachrichtigt, dass sie im ELISA-Test HIV-positiv waren. Sieben davon begingen Selbstmord. Wenn damals Menschen mit geringem Risiko – wie Blutspender – positiv getestet wurden, war die Wahrscheinlichkeit, wirklich infiziert zu sein, kleiner als 50 Prozent. Aber das war offensichtlich diesen Unglücklichen nicht bekannt. Auch Jahre später haben einige medizinische Institutionen immer wieder suggeriert, das Testergebnis sei sicher. Ein klassisches Beispiel ist das Illinois Department of Health. In seiner Broschüre zum HIV-Screening konnte man lesen: »Ein positives Ergebnis bedeutet, dass Antikörper in Ihrem Blut gefunden wurden. Das heißt, Sie sind mit HIV infiziert. Sie sind lebenslang infiziert und können andere anstecken.«[2] Ein Mann aus Ohio verlor innerhalb von zwölf Tagen nach einem solchen positiven Test seine Arbeit, sein Haus und – fast – seine Frau. Am Tag, als er Selbstmord begehen wollte, erhielt er die Nachricht: Das Testergebnis war falsch-positiv. HIV-Tests sind inzwischen weit besser geworden, aber selbst die Kombination von modernen ELISA-

und Westernblot-Tests gibt keine absolute Sicherheit, nur eine hohe Wahrscheinlichkeit.

Der Versuch, ein Risiko ganz zu vermeiden, kann sogar dazu führen, ungewollt ein höheres Risiko einzugehen. Das ist eine Variante der Illusion der Gewissheit. Als im Frühjahr 2021 die ersten Nachrichten über schwere Thrombosen nach Impfungen mit dem Impfstoff von AstraZeneca aufkamen, waren viele höchst beunruhigt. Die Bereitschaft, sich mit diesem Impfstoff impfen zu lassen, ging stark zurück und die Impfdosen blieben liegen, obwohl damals in Deutschland Impfstoff noch knapp war. Viele Menschen waren entschlossen, das Risiko einer schweren Thrombose auf null zu reduzieren und lieber Monate zu warten, bis genügend mRNA-Impfstoffe zur Verfügung stehen würden.

Doch durch diese Vermeidung eines Risikos gingen die Menschen ein neues Risiko ein, nämlich, sich während der Wartezeit mit Covid-19 zu infizieren und vielleicht auf der Intensivstation um ihr Leben zu kämpfen. Dieses Risiko war deutlich größer als das seltene Risiko einer Hirnvenenthrombose, und zwar für alle Altersgruppen mit Ausnahme der 20- bis 29-Jährigen, und auch bei diesen nur dann, wenn sie in einer Gegend mit niedrigem Infektionsrisiko lebten.

Oder nehmen wir die vielen Herzkranken, die aus Angst vor einer Ansteckung mit Covid-19 trotz akuter Beschwerden nicht oder zu spät ins Krankenhaus gingen. Während der Corona-Krise hat sich die Anzahl der Patienten, die mit schweren Herzproblemen ins Krankenhaus kamen, deutlich reduziert, zum Teil um ein Drittel. Statt die beiden Risiken gegeneinander abzuwägen, hatten viele einen Tunnelblick auf ein einziges Risiko – sich mit Covid-19 zu infizieren – und riskierten damit aus Angst vor dem Virus, an den Folgen eines Herzinfarkts oder Schlaganfalls zu sterben.

Grundprinzip Nr. 2: Prozent wovon?

Bei Prozentangaben gilt es immer zu fragen: Prozent wovon? Risiken werden in Wahrscheinlichkeiten gemessen und oft in Prozenten ausgedrückt. Um diese zu verstehen, muss man wissen, auf welche *Grundgesamtheit* (auch *Referenzklasse* genannt) sich ein Prozentwert bezieht. Also: Prozent wovon? In der Kommunikation von Risiken zwischen Experten und der Öffentlichkeit gibt es hier zweierlei Ursachen von Missverständnissen: Die Referenzklasse wird nicht genannt oder es wird eine falsche genannt.

Wird die Referenzklasse nicht genannt, entsteht ein Problem. Verschiedene Menschen denken intuitiv an verschiedene Klassen, meist ohne dies zu bemerken. Wenn der Wetterbericht sagt, morgen regnet es mit einer Wahrscheinlichkeit von 30 Prozent, dann glauben viele, dass sie verstehen, was das bedeutet. Aber 30 Prozent wovon? Eine Studie stellte diese Frage Hunderten von Passanten in den Stadtzentren von vier europäischen Metropolen und von New York.[3] Die Mehrheit der Amsterdamer glaubte, dass »30 Prozent Regenwahrscheinlichkeit« bedeute, dass es morgen in *30 Prozent der Zeit* regnen würde, also sieben bis acht Stunden. Das war auch die vorherrschende Meinung unter den Berlinern. In Mailand war dagegen die Mehrheit gespalten: Die einen dachten ebenfalls an Zeit, die anderen meinten, dass es morgen in *30 Prozent der Gegend* regnen würde. In New York glaubten dagegen zwei Drittel, damit sei etwas ganz anderes gemeint: dass es an *30 Prozent der Tage* regnen würde, für die diese Vorhersage gemacht wird – also morgen wahrscheinlich nicht.

Welche Referenzklasse ist nun gemeint? Zeit, Gegend oder Tage? Gemeint sind Tage, nämlich dass an 30 von 100 Tagen an der Messstation zumindest ein Mindestmaß von Regen fällt – genau wie die meisten New Yorker dachten. Nur wird diese Referenzklasse von vielen Meteorologen und Nachrichtensprechern nicht klar kommuniziert. Das wirklich Erstaunliche ist, dass es kaum jemandem auffällt, dass andere etwas anderes verstehen – und auch kaum jemand die Frage nach der Referenzklasse stellt.

Betrachten wir noch ein Beispiel. Sie fühlen sich leicht depressiv und Ihre Ärztin bietet Ihnen Antidepressiva an. Sie erklärt auch mögliche Nebenwirkungen wie den Verlust von sexuellem Interesse und Impotenz. Sie sagt: »Wenn Sie das Medikament einnehmen, haben Sie eine 30- bis 50-prozentige Wahrscheinlichkeit eines sexuellen Problems.« Das ist eine klare Aussage. Oder doch nicht? In einer Studie wurden 73 ältere Personen (60 bis 77 Jahre) und 117 jüngere Personen (18 bis 35 Jahre) gefragt, was diese Aussage bedeute.[4] Von den Älteren meinte etwa ein Drittel, damit werde gesagt, dass *30 bis 50 Prozent der Patienten* ein sexuelles Problem haben werden. Ein anderes Drittel meinte, dass jeder Patient in *30 bis 50 Prozent der sexuellen Begegnungen* ein Problem haben werde. Das letzte Drittel meinte, dass Patienten die sexuellen Begegnungen *30 bis 50 Prozent weniger angenehm* empfinden würden oder hatten noch ganz andere Interpretationen. Bei den Jüngeren waren dagegen 70 Prozent der Meinung, die Wahrscheinlichkeit beziehe sich auf *Patienten*, während sich der Rest gleichmäßig auf die anderen Interpretationen verteilte. Was ist nun die richtige Interpretation? Es ist die erste, in der sich der Prozentsatz auf die Anzahl der *Patienten* bezieht. Das kann man aus der Aussage der Ärztin jedoch nicht erkennen, man könnte aber nachfragen oder in der entsprechenden Studie nachlesen.

An welche Referenzklasse man intuitiv denkt, kann einen Unterschied machen. Wenn man an *Patienten* denkt und ein optimistisches Lebensgefühl hat, dann wird man sich kaum beeindrucken lassen – denn es sind ja die anderen 30 bis 50 Prozent, die das Problem bekommen werden. Wenn man an *sexuelle Begegnungen* denkt, dann hilft aller Optimismus nichts, denn man erwartet das Problem selbst immer wieder in 30 bis 50 Prozent der Begegnungen.

Die falsche Referenzklasse

Wer es noch nicht gewusst hat: Fußball bildet. Dieser Einsicht haben wir eine Unstatistik des Monats gewidmet. Der Konstanzer *Südkurier* hatte berichtet, 73,4 Prozent der Anhänger des SC Freiburg hätten einen Hochschulabschluss. Damit führt dieser Klub die Fußballbundesliga in dieser Hinsicht an. Selbst unter den Fans des HSV, der in diesem Bildungsranking auf dem drittletzten Platz landet, haben immer noch mehr als die Hälfte (63,5 Prozent) einen Hochschulabschluss. Das ist nachzulesen im norddeutschen Zeitungsportal *shz.de.*

Wer hätte gedacht, dass unsere Fußballstadien mit Akademikern gefüllt sind, die auf den Rängen singen und Bengalos zünden? Wie kann das sein? Deutschlandweit haben weniger als 20 Prozent der Bevölkerung einen Hochschulabschluss (Bachelor, Master, Diplom oder Promotion); die Organisation für wissenschaftliche Zusammenarbeit und Entwicklung (OECD) hat Deutschland wiederholt wegen seiner geringen Akademikerquote gerügt. Wenn aber selbst unter den HSV-Fans mehr als die Hälfte angeblich einen Hochschulabschluss haben, dann stimmt hier etwas nicht.

Beim zweiten Hinsehen wird auch sofort klar, was hier nicht stimmt: Die Referenzklasse ist falsch. Die Meldungen basierten auf einer Umfrage unter Nutzern des Internetportals Xing, das heißt, die berichteten Prozentzahlen beziehen sich nicht auf alle Fans der Vereine, sondern nur auf diejenigen davon, die zugleich Mitglied bei Xing sind. Da Xing, wie der Konkurrent LinkedIn, meist Akademiker als Mitglieder hat, haben auch die HSV-Fans bei Xing meistens einen Hochschulabschluss. Die Journalisten haben zwar die richtigen Prozentzahlen berichtet, aber die falsche Referenzklasse benutzt. Richtig wäre gewesen: 73,4 Prozent der SC-Freiburg-Fans unter den Xing-Mitgliedern haben einen Hochschulabschluss.

shz.de

XING-RANKING

HSV-Fans: Über die Hälfte hat einen Hochschulabschluss - trotzdem drittletzter Platz

Aus der Onlineredaktion shz.de

vom 24. August 2016

45.000 Mitglieder-Profile wurden ausgewertet: HSV-Fans schneiden zwar gut ab, ein Erzrivale hängt sie dennoch ab.

HAMBURG | Die gute Nachricht zuerst: Mehr als die Hälfte (63,5 Prozent) der HSV-Fans hat einen Hochschulabschluss. Die schlechte Nachricht: Damit landen sie aber im Vergleich zu anderen Clubs auf dem drittletzten Platz. Das geht aus einer ungewöhnlichen Statistik des Netzwerks Xing hervor. Die Plattform hat dafür mehr als 45.000 Mitglieder-Profile von Fußballfans ausgewertet.

Auf den letzten beiden Plätzen werden Anhänger von Mainz 05 (60,4 Prozent) und des FC Augsburg 07 (54,3 Prozent) aufgelistet. Rund zehn Prozent mehr Fans mit Hochschulzertifikat als der Hamburger SV hat der SC Freiburg und landet damit auf dem ersten Platz des Rankings, gefolgt von Werder Bremen (71,7 Prozent) und RB Leipzig (69,5 Prozent).

SÜDKURIER

SK PLUS

Freiburg 23.08.2016 17:30

Studie: Der SC Freiburg hat die intelligentesten Fans

Wenn es um die Intelligenz von Fußballfans geht, dann ist der SC Freiburg ganz vorne mit dabei – das legt zumindest eine Studie des Karriere-Portals „Xing.com" nahe.

Abbildung 1.1: Sind die meisten Fußballfans verkappte Akademiker?

Grundprinzip Nr. 3: Relative Risiken sind nicht absolute Risiken

Verwechseln Sie niemals relative und absolute Risiken. Auch das ist eine immer wiederkehrende Quelle der Verwirrung. Selbst Experten, die es besser wissen sollten, unterläuft dieser Fehler. In einer US-Studie wurde 88 Ärzten die folgende Aussage vorgelegt:[5] »Bei Personen, die regelmäßig Passivrauchen ausgesetzt sind, steigt das Risiko einer Herzkrankheit um 25 Prozent. Das heißt, von je 4 Nichtrauchern, die in einer verräucherten Umgebung wie einer Kneipe arbeiten, bekommt einer wegen Passivrauchens eine Herzkrankheit.«

Dann wurden die Ärzte gefragt, ob sie dieser Aussage zustimmen. Richtig wäre, nicht zuzustimmen. Denn hier wird ein relativer Anstieg des Risikos mit einem absoluten Anstieg verwechselt. Ein Drittel der Ärzte stimmte jedoch der Aussage zu – sie hatten den relativen Anstieg von 25 Prozent mit einem absoluten Anstieg von 25 Prozentpunkten (1 von 4 Nichtrauchern) verwechselt. Um den Unterschied zu veranschaulichen, nehmen wir an, dass von je 100 Personen, die nicht dem Passivrauchen ausgesetzt sind, 8 eine Herzkrankheit bekommen. Mit Passivrauchen steigt diese Anzahl um 25 Prozent, also von 8 auf 10 Personen. Der absolute Anstieg ist 2 in 100, das sind lediglich 2 Prozentpunkte.

Um den absoluten Anstieg des Risikos zu bestimmen, braucht man die Grundrate, hier 8 von 100. Der relative Anstieg allein sagt nichts über die Grundrate aus. Wenn diese höher ist, sagen wir doppelt so hoch, also etwa 16 von 100, dann ist auch der absolute Anstieg doppelt so hoch. Der relative Anstieg bleibt dagegen gleich.

Wenn Ärzte relative mit absoluten Risiken verwechseln, kann das Konsequenzen für Patienten haben. So wird etwa die Wirksamkeit von Krebsfrüherkennung oft als relative Risikoreduktion statt als absolute Reduktion angegeben, da die relativen Zahlen größer sind und man davon ausgehen kann, dass ein Teil der Ärzte und die meisten Patienten diese mit der absoluten Reduktion verwechseln. Beispielsweise reduziert Früherkennung mittels Mammographie die Sterblichkeit an Brustkrebs von 5 auf 4 je 1000 Frauen. Von je 1000 Frauen im Alter von 50 bis 70 Jahren, die nicht zum Screening gehen, sterben in einem Zeitraum von 10 Jahren 5 an Brustkrebs; bei denjenigen, die am Screening teilnehmen, sind es 4. Diese absolute Risikoreduktion von 1 in 1000 wird Frauen häufig als eine Reduktion um 20 Prozent dargestellt, oft aufgerundet auf 30 Prozent.[6] Viele denken, dass 20 Prozent bedeute, dass 200 von je 1000 Frauen weniger an Brustkrebs sterben. Diese Konfusion trägt dazu bei, dass insbesondere in den

USA viele Frauen das Screening für eine moralische Verpflichtung halten. Die Studie mit den 88 US-Ärzten zeigte entsprechend, dass jene, die die relativen Risiken mit absoluten Risiken verwechselten, einen größeren Enthusiasmus für Krebsfrüherkennung hatten.

Diese Verwechslung wird gern kommerziell ausgenutzt: Relative Zahlen beeindrucken, und man kann Ärzte und Patienten leichter dazu überreden, kaum wirksame Medikamente oder Früherkennungen zu empfehlen oder zu akzeptieren. Der Schaden von Medikamenten wird dagegen gerne in absoluten Zahlen angegeben, da diese kleiner aussehen. Wenn beispielsweise ein Medikament das Risiko eines Herzinfarkts von 2 auf 1 in 100 Risikopatienten senkt, aber zugleich das Risiko einer Krebserkrankung von 1 auf 2 erhöht, dann sagt man das oft nicht so klar und ehrlich. Stattdessen wird es so formuliert: Das Medikament senkt das Risiko von Herzinfarkt um 50 Prozent, während Nebenwirkungen wie Krebs nur in 1 Prozent der Fälle vorkommen. Eine Durchsicht der verbreitetsten medizinischen Zeitschriften fand, dass dieser Trick in jedem dritten Artikel angewandt wurde![7] Auch werden in medizinischen Zeitschriften oft nur relative Zahlen berichtet, da man damit mehr Aufmerksamkeit erzeugt, und Journalisten übernehmen diese.[8]

Um dem entgegenzutreten, haben medizinische Organisationen weltweit Regeln eingeführt (etwa die CONSORT-Regeln), damit ehrlicher und verständlicher berichtet wird. Man soll immer die absoluten Risiken berichten und nie nur die relativen Risiken. Dennoch werden weiterhin oft die absoluten Zahlen nicht genannt. Beispielsweise berichteten 64 Prozent von 202 systematischen Überblicksartikeln (davon die Hälfte in den angesehenen Cochrane Reviews) keine absoluten Effekte, und wenn sie das taten, dann oft in einer kaum verständlichen Art.[9] Auf diesen zentralen Unterschied zwischen relativen und absoluten Risiken kommen wir in Kapitel 5 ausführlich zurück.

Grundprinzip Nr. 4: Jeder Test macht zweierlei Fehler

Medizinische Tests gleich welcher Art (wie auch die sogenannten statistischen Signifikanztests ganz allgemein) können Fehler machen. Das haben wir bereits gesehen. Aber ganz wichtig ist, dass diese Fehler in zwei Typenklassen zerfallen: falsch-positiv und falsch-negativ. Diese muss man sauber auseinanderhalten. Manchmal kann man etwa lesen, ein neuer HIV-Test oder DNA-Test sei zu 99,8 Prozent sicher. Es bleibt jedoch unklar, was eine solche Aussage bedeutet. Bei einem medizinischen Test kann das Ergebnis positiv sein, aber die Person ist gesund. Diesen Fehler nennt man ein falsch-positives Ergebnis oder auch einen falschen Alarm. Ein Testergebnis kann aber auch negativ sein, obwohl die Person erkrankt ist. Diesen Fehler nennt man ein falsch-negatives Ergebnis. Der Anteil von positiven Ergebnissen unter allen nicht erkrankten Personen ist die *Falsch-Alarm-Rate* eines Tests. Der Anteil von positiven Ergebnissen unter allen erkrankten Personen ist die *Trefferrate*.

Trefferrate und Falsch-Alarm-Rate hängen voneinander ab: Je größer die eine ist, desto größer ist die andere. Fragen Sie deshalb immer nach beiden. Eine noch so hohe Trefferrate sagt nichts über die Qualität des Tests, wenn man nicht zugleich die Falsch-Alarm-Rate weiß. Angenommen, ein Eheberatungsinstitut wirbt mit einem Test, der eine Scheidung mit 100 Prozent Trefferrate vorhersagt. Dazu braucht der Test nur bei jedem Paar eine Scheidung zu prophezeien und hat damit tatsächlich alle Scheidungen richtig vorhergesagt. Nur hat der Test zugleich auch eine Falsch-Alarm-Rate von 100 Prozent. Es ist also nicht beeindruckend, sondern eher verdächtig, wenn eine hohe Trefferrate – und nur die – berichtet wird, wie es beispielsweise bei der Meldung »Weltsensation Bluttest« passiert ist. Auf den Bluttest kommen wir in Kapitel 11 noch ausführlich zurück.

Die eigentlich interessante Information verbirgt sich hinter dem sogenannten »positiven Vorhersagewert«. Angenommen, Sie machen einen Selbsttest auf HIV. Sie haben keinerlei ein-

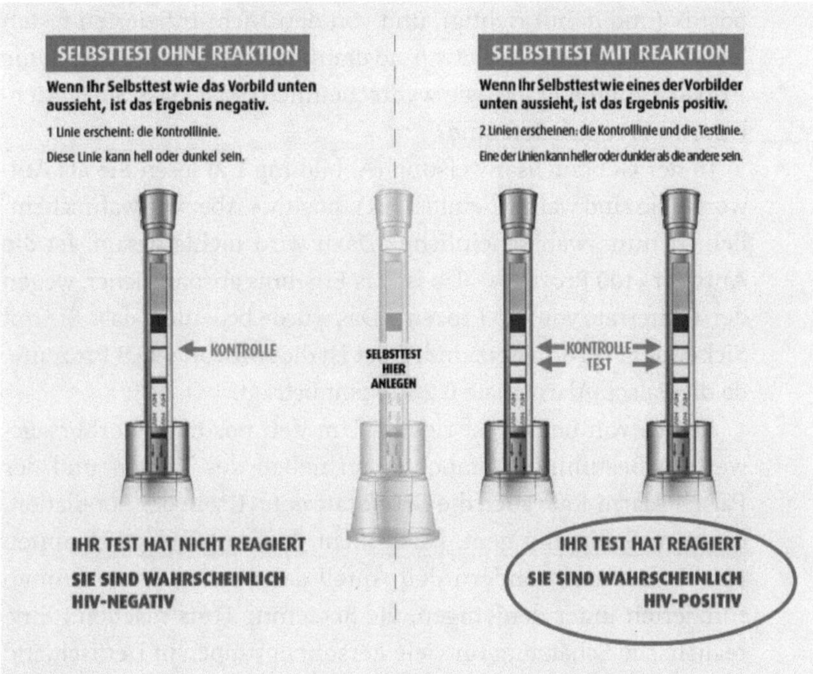

Abbildung 1.2: Ausschnitt aus einer Gebrauchsanweisung zum HIV-Selbsttest

schlägige Symptome, sondern Sie machen den Test aus anderen Gründen – etwa, weil Sie heiraten wollen, schwanger sind, sich beim Militär bewerben oder es einfach nur wissen wollen. Man nennt dies *Screening*. Sie haben also keinen Grund, anzunehmen, infiziert zu sein. Doch das Ergebnis ist positiv. Kein Testergebnis ist absolut sicher und schon gar nicht beim Screening. Die Frage ist also: Wie hoch ist die Wahrscheinlichkeit, dass Sie wirklich mit HIV infiziert sind, wenn Sie einen positiven Test erhalten? Diese Wahrscheinlichkeit nennt man den *positiven Vorhersagewert.*

Für den positiven Vorhersagewert braucht man die Trefferrate und die Falsch-Alarm-Rate des Tests. Diese finden Sie in der Gebrauchsanweisung. Beispielsweise heißt es in einer solchen, die Trefferrate betrage 100 Prozent und die Falsch-Alarm-Rate 0,2 Prozent. Das heißt, alle HIV-Infizierten testen tatsächlich positiv (und damit richtig), und von den Nicht-Infizierten testen lediglich 0,2 Prozent positiv (und damit falsch). Wie lautet nun die Antwort auf die Frage, wie wahrscheinlich es ist, dass Sie tatsächlich mit HIV infiziert sind?

In der Gebrauchsanweisung (Abbildung 1.2) lesen Sie als Antwort: »Sie sind wahrscheinlich HIV-positiv.« Aber wie wahrscheinlich ist nun »wahrscheinlich«? Dazu wird nichts gesagt. Ist die Antwort »100 Prozent«, also ist das Ergebnis absolut sicher, wegen der Trefferrate von 100 Prozent? Das würde bedeuten, dass Sie mit Sicherheit HIV-infiziert sind. Oder ist die Antwort »99,8 Prozent«, da die Falsch-Alarm-Rate 0,2 Prozent beträgt?

Keines von beiden ist richtig. Um den positiven Vorhersagewert zu bestimmen, braucht man neben der Treffer- und der Falsch-Alarm-Rate auch die Grundrate von HIV in der Population, die zum Screening geht. (Also nicht den Anteil der bekannten HIV-Infizierten, sondern den Anteil der noch nicht bekannten Infizierten unter denjenigen, die Screening-Tests machen.) Eine realistische Schätzung für viele Personengruppen in Deutschland liegt bei einer unbekannten HIV-Infektion pro 10 000 Personen. Mithilfe eines Häufigkeitsbaums (Abbildung 1.3) kann man jetzt den positiven Vorhersagewert intuitiv verstehen.

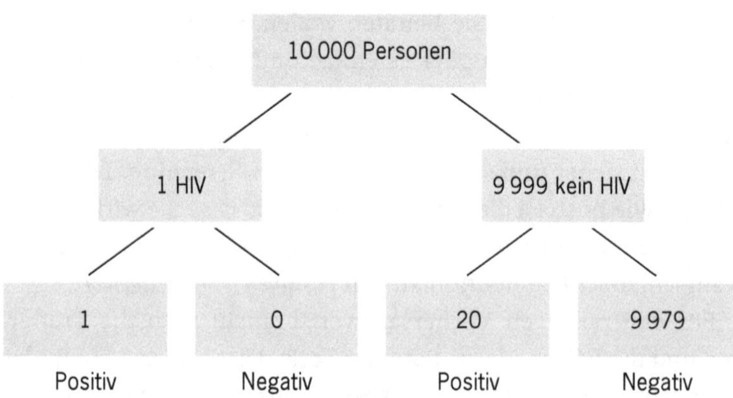

Abbildung 1.3: Häufigkeitsbaum für ein HIV-Screening mit einem Selbsttest

Von je 10 000 Personen erwarten wir, dass eine mit HIV infiziert ist, und diese erhält ein positives Testergebnis (denn die Trefferrate ist 100 Prozent). Von den 9 999 Personen, die nicht infiziert sind, ist zu erwarten, dass etwa 20 dennoch positiv testen (denn die Falsch-Alarm-Rate ist 0,2 Prozent). Das heißt, von den insgesamt 21 Personen, die positiv testen, ist nur eine infiziert. Der positive Vorhersagewert ist demnach 1/21, also knapp 5 Prozent. In anderen Worten, wenn man in diesem Schnelltest ein positives Testergebnis erhält, ist es nach wie vor wahrscheinlicher, dass man nicht infiziert ist – anders, als es in der Gebrauchsanweisung suggeriert wird (Abbildung 1.2). Das ist gegenüber dem Stand vor dem Test eine erhöhte Wahrscheinlichkeit, aber keineswegs eine so dramatische wie befürchtet. Einem negativen Testergebnis kann man dagegen vertrauen, falls es, wie angegeben, wirklich keine falsch-negativen Ergebnisse gibt.

Der positive Vorhersagewert hängt also von der Grundrate der HIV-Infektionen in einer Population ab. Wäre die nur 1 in 1 000, dann ergäbe sich ein positiver Vorhersagewert von 1/(1+2) = 33 Prozent. Je häufiger die Erkrankung oder je höher die Grundrate ist, desto höher ist der positive Vorhersagewert. Die Berechnung des positiven Vorhersagewerts ist auch als die für viele nicht sehr intuitive Regel von Bayes bekannt. Die transparente Darstellung in Abbildung 1.3 benutzt dagegen »natürliche Häufigkeiten« (also keine relativen Häufigkeiten) statt Wahrscheinlichkeiten. Mit Wahrscheinlichkeiten ist es schwer, die Antwort auf die Frage nach dem positiven Vorhersagewert intuitiv zu verstehen, mit dem Häufigkeitsbaum ist es sehr viel einfacher.

Grundprinzip Nr. 5: Die Grundrate im Auge behalten

Die Grundrate ist nicht nur beim Verständnis von Testergebnissen essenziell, sondern bei Vergleichen von relativen Zahlen ganz allgemein. Die ZDF-Talkshow *Markus Lanz* vom 10. November 2021 wurde so zu einem Skandal. Sie befasste sich mit der Effektivität

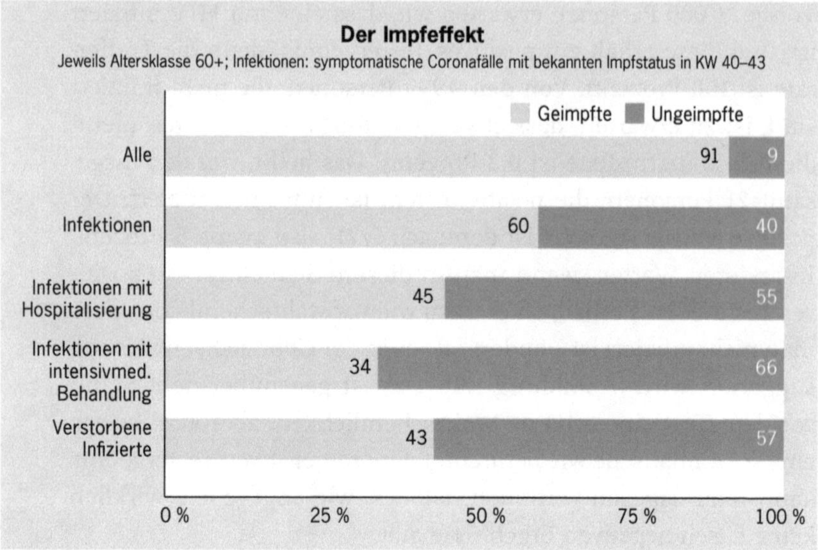

Abbildung 1.4: Grafik zum Corona-Impfeffekt, Zahlen präsentiert in der Talkshow *Markus Lanz* (ZDF, 10.11.2021)

von Covid-19-Impfungen und dem katastrophalen Anstieg von Neuinfektionen trotz Impfung. In der Runde wurde eine Grafik eingeblendet, die zu zeigen schien, dass die Impfung viel weniger wirksam war als gedacht (siehe Abbildung 1.4). Auf dieser war zu lesen, dass 91 Prozent der über 60-Jährigen gegen Covid-19 geimpft sind und 9 Prozent nicht. Dennoch waren 60 Prozent der Infizierten geimpft und 43 Prozent der mit Covid-19 Verstorbenen ebenfalls. »Mir geht's kalt den Rücken runter!«, sagte Lanz und fragte seine Gäste, wie diese Fakten zu erklären seien. Die Gäste schienen überfordert. Einer sah dies als Argument gegen die Impfpflicht. Von anderer Seite wurde vermutet, dass der Immunschutz bei den Älteren vielleicht gar nicht so gut ausgebildet sei. Allgemeine Ratlosigkeit machte sich breit. Am Ende der Sendung blieb der Eindruck, dass die Impfung kaum eine Wirkung habe, da rund die Hälfte aller Infektionen, mit oder ohne Hospitalisierung, intensivmedizinische Behandlung und Tod, bei Geimpften auftraten.

Weder die Gäste noch der Moderator hatten erkannt, dass man die Zahlen über Infektionen (die unteren vier Balken) in Bezug zur Grundrate der Geimpften bewerten muss. Wären alle im Alter 60+ geimpft, dann würde man unter den Infizierten nur Geimpfte finden! Daraus kann man nicht schließen, dass die Impfung unwirksam ist. Sehen wir uns die Grafik genauer an. Die Grundrate steht im obersten Balken: Von je 100 Personen im Alter 60+ sind 91 geimpft und 9 nicht. Wenn sich insgesamt 10 von diesen 100 infizieren, dann sind davon 6 geimpft (60 Prozent) und 4 nicht (40 Prozent; zweiter Balken). Das heißt, 6 von den 91 Geimpften und 4 von den 9 Nicht-Geimpften infizieren sich, also 6,6 Prozent der Geimpften, aber mehr als 44 Prozent der Nicht-Geimpften (siehe Abbildung 1.5). Jetzt kann man erkennen, dass die Impfung durchaus vor Infektionen schützt.

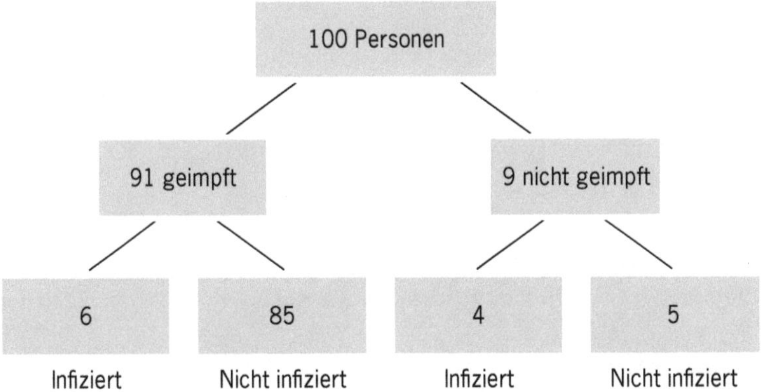

Abbildung 1.5: Häufigkeitsbaum für den Corona-Impfeffekt

Sehen wir uns nun die Werte zu den Verstorbenen an (unterster Balken in Abbildung 1.4). Mit Covid-19 zu sterben ist seltener als sich zu infizieren, daher gehen wir jetzt von 1000 Personen aus. Davon sind 910 geimpft und 90 nicht. Wenn insgesamt 10 Personen mit Covid-19 sterben, dann sind von diesen etwa 4 geimpft (43 Prozent) und 6 nicht geimpft (57 Prozent). Das heißt, 4 von den 910 Geimpften und 6 von den 90 Nichtgeimpften sterben mit Covid-19, also weniger als 0,5 Prozent der Geimpften, aber mehr als 6 Prozent der Nicht-Geimpften.

Die in der Talkshow präsentierte Grafik zeigte also, dass die Impfung wirkt. Wie gesagt, weder der Moderator noch die Gäste konnten das verstehen. Mangelnde Risikokompetenz ist einer der Gründe dafür, dass über den Nutzen der Impfung Verwirrung herrscht und bizarre Verschwörungstheorien entstehen.

2. Wie Korrelation und Kausalität zusammenhängen

Wir werden häufig gefragt, ob es denn kein Problem sei, jeden Monat eine Unstatistik zu finden. Nein, ist es nicht. Die Nachrichtenlage mag noch so mager sein – eine Meldung, in der Korrelation fälschlicherweise für Kausalität gehalten wird, findet sich immer. Zwar lesen wir seit unserem ersten Buch auch immer öfter den Hinweis, bei diesem oder jenem Zusammenhang handele es sich nur um eine Korrelation und nicht notwendigerweise um eine kausale Verknüpfung, aber noch längst nicht alle Journalisten, und längst nicht alle ihre Kunden, sind gegen diese Fehlinterpretation geimpft. So erhält die Korrelation in der nachfolgenden Interpretation dann doch allzu oft eine kausale Note.

Zwei Variablen alias Größen alias Merkmale alias Datenreihen heißen korreliert (korrekt: positiv korreliert), wenn sie systematisch in die gleiche Richtung laufen. Steigt die eine, steigt auch die andere, fällt die eine; fällt auch die andere. Nicht in jedem Einzelfall, aber doch im Großen und Ganzen. Ein Beispiel sind Körpergröße und Gewicht: Je größer ein Mensch ist, desto mehr wiegt er auch. Natürlich ist das nicht in jedem Einzelfall so, aber im Großen und Ganzen eben doch. Abbildung 2.1 zeigt das einmal beispielhaft für die 16 nach geschätztem Marktwert teuersten Spieler des FC Bayern München in der Saison 2021/22.

Das ist ein sogenanntes Streudiagramm: Es trägt die Werte der einen Variablen gegen die der anderen ab und zeigt hier auf den ersten Blick, dass in der Tat eine wachsende Körpergröße tendenziell mit einem höheren Gewicht einhergeht. Es liegt also eine positive Korrelation vor. Man kann auch das Ausmaß dieser Korrelation quantifizieren – das ist der berühmte Bravais-Pearson-

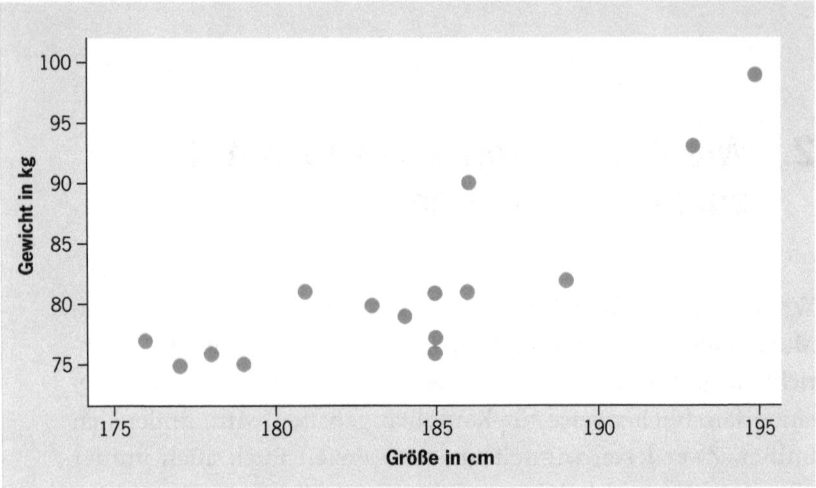

Abbildung 2.1: Die teuersten Spieler des FC Bayern München 2021/22: Je größer, desto schwerer

Korrelationskoeffizient (in diesem Fall 0,79), aber das muss hier nicht interessieren. Für Fußballfreunde: Die Punkte rechts oben sind Manuel Neuer und Niklas Süle, der kleinste Spieler ganz links ist Serge Gnabry. Und der teuerste Bayernspieler Joshua Kimmich, mit einem von der Netzseite transfermarkt.de geschätzten Marktwert von 80 Millionen Euro, kommt gleich rechts von ihm – er ist einen Zentimeter größer und ein Kilogramm leichter. Auch bei einer positiven Korrelation zwischen Körpergröße und Gewicht gilt dieser Gleichklang nicht in jedem Einzelfall.

Zwei Variablen heißen dagegen negativ korreliert, wenn sie sich systematisch in die entgegengesetzte Richtung bewegen. Ein Beispiel sind das Alter eines gebrauchten PKWs und dessen Preis: je älter, desto billiger (für ein gegebenes Fabrikat). Auch hier gilt das natürlich nicht in jedem Einzelfall – ein gut gepflegtes älteres Fahrzeug mit wenig Kilometerleistung ist oft teurer als ein jüngeres in einem weniger guten Zustand. Hier gibt es sogar eine Kausalbeziehung: Das wachsende Alter ist der Grund für den fallenden Preis – je älter, desto kürzer ist im Allgemeinen die Restlebenszeit. Aber längst nicht jeder Korrelation liegt eine Kausalbeziehung zugrunde. Die Frage, wann man berechtigterweise von Kausalität sprechen kann, ist eine der kniffligsten in der ganzen empirischen Statistik überhaupt; für Vorschläge zu ihrer Lösung hat es schon mehrere Nobelpreise für Wirtschaftswissenschaft gegeben (etwa James Heckmann im Jahr 2000 oder David Card, Joshua Angrist und Guido Imbens im Jahr 2021).

Gemeinsame Trends als Korrelationsfabrik

Zwei Probleme sind dafür verantwortlich, dass eine Korrelation zwischen zwei Variablen nicht unbedingt auf eine Kausalbeziehung zurückgeht: Es gibt eine dritte Variable, von der beide abhängen, oder es liegt eine sogenannte »zweiseitige Kausalität« vor. Häufig ist diese dritte Variable nichts anderes als die Zeit – die Ursprungsvariablen enthalten beide, aus welchem Grund auch immer, einen Trend. So berichtete eine Vielzahl von Medien im April 2021 von einer Studie der französischen Biomediziner Serge Morand und Claire Lajaunie, die eine hohe negative Korrelation zwischen dem weltweiten Bestand an Regenwald und dem Vorkommen von tierbasierten Infektionskrankheiten wie Covid-19 gefunden hatten. Von 1990 bis 2016 hatte man einen steten Rückgang der mit Regenwald bedeckten Erdoberfläche zusammen mit einem ebenso steten Anstieg von Infektionswellen an verschiedenen von Tieren ausgehenden Infektionskrankheiten konstatiert.[10] Damit waren die beiden Variablen automatisch negativ korreliert. Diese Korrelation verhalf einigen Medien zu reißerischen Schlagzeilen: »Eindeutiger Befund: Abholzung fördert Ausbreitung von Infektionskrankheiten« (derstandard.de), »Waldrodung begünstigt Tierkrankheiten« (blick.ch) und »Studie zeigt: Holzen wir weiter ab, wird es mehr Infektions-Krankheiten geben« (tag24.de).

Die möglichen negativen Auswirkungen einer Abholzung von Regenwald auf Mensch und Umwelt sollen hier auf keinen Fall bestritten werden. Aber aus der zitierten Studie eine Kausalbeziehung abzuleiten, ist schlicht nicht möglich (und wurde von den Autoren selbst auch nicht versucht). Abbildung 2.2 zeigt, dass man so auch beweisen könnte, dass der verschwindende Regenwald für die Abnahme der Armut auf der Welt oder die Zunahme der Staatsverschuldung in entwickelten Volkswirtschaften verantwortlich ist. Wie zu sehen, nimmt mit abnehmendem Wald auch die Armut ab (für Experten: der Korrelationskoeffizient zwischen Waldfläche und Armutsquote beträgt 0,973, das ist nahe bei dem maximalen Wert von 1). Die Korrelation zwischen Waldfläche und Staatsverschuldung ist dagegen negativ; sie hat den Wert –0,844, das ist nahe bei dem Minimum von –1. Und natürlich sind beide Korrelationen »hoch signifikant«, um eine andere Nebelwand zu zitieren, hinter der die Medien gerne groben Unfug verstecken.

Korrelationen ohne kausalen Hintergrund heißen auch »Scheinkorrelationen« oder »Nonsenskorrelationen«. Der häufigste Grund ist wie in diesen Beispielen ein gemeinsamer Trend: Zwei Variablen bewegen sich im Lauf der Zeit entweder systematisch in die gleiche oder systematisch in die entgegengesetzte Richtung. Im ersten Fall sind sie positiv und im zweiten Fall sind sie negativ korreliert. So geht die oft in Lehrbüchern zitierte positive Nonsenskorrelation zwischen Schuhgröße und Intelligenz bei Jugendlichen auf das Lebensalter zurück: je älter, desto größer die Füße und desto besser das Abschneiden bei den herkömmlichen Intelligenztestaufgaben.

Eine weitere Nonsenskorrelation zu Corona, von uns auch als Unstatistik des Monats ausgezeichnet, hatte Ende 2021 in den Medien und in den sozialen Netzwerken für eine gewisse Aufregung gesorgt. Da hatte eine – inzwischen von den Autoren zurückgezogene – Studie eine positive Korrelation in Höhe von +0,31 zwischen der Übersterblichkeit in den Bundesländern und der dort beobachteten Impfquote gefunden: »Je höher die Impfquote, desto höher die Übersterblichkeit.«. Für die Ermittlung der »Übersterblichkeit« wurden für fünf Wochen die Sterbefälle für die einzelnen Bundesländer mit den jeweils mittleren Sterbe-

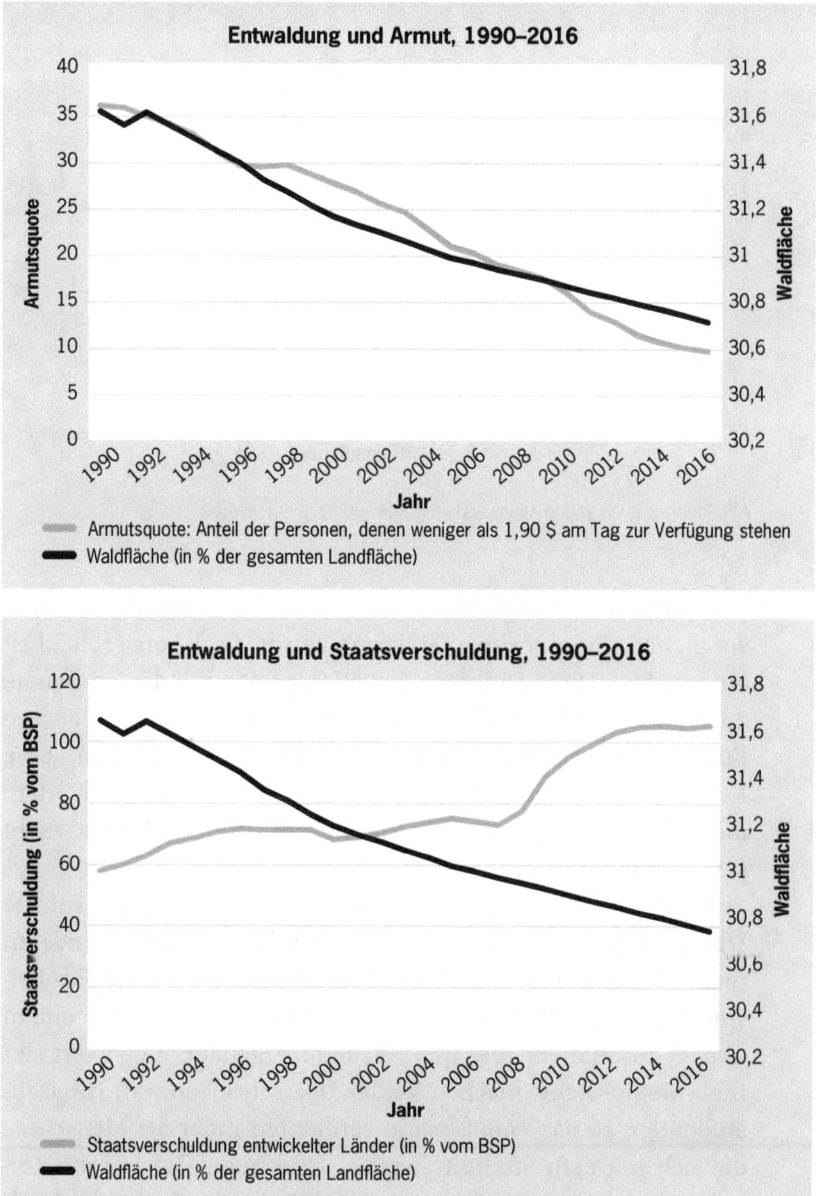

Abbildung 2.2: 27 Jahre Entwaldung, Armutsquote und Staatsverschuldung

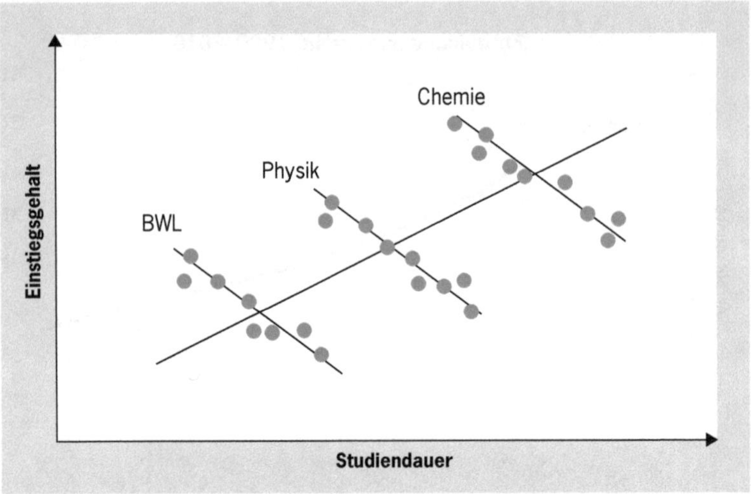

Abbildung 2.3: Negative Kausalwirkung, aber positive Korrelation

fallzahlen derselben Kalenderwochen für die Jahre 2016 bis 2020 verglichen. Eine positive Differenz wurde als Übersterblichkeit eingeordnet. Diese Differenz korreliert positiv mit der Impfquote zu Beginn der Fünfwochenfrist. Nimmt man aber eine andere Fünfwochenfrist, erhält man eine negative Korrelation. Eine Korrelation von exakt null erhält man nie. Mit anderen Worten, diese Schwankungen um die Null herum sind zufällig und nicht systembedingt.

Es wäre sogar denkbar, dass die Impfquote negativ auf die Übersterblichkeit einwirkt, aber die Korrelation ist wegen anderer, nicht berücksichtigter Einflussfaktoren trotzdem positiv. Ein Beispiel für dieses Phänomen hat einmal das *Handelsblatt* in einem Artikel zu Studiendauer und Akademikergehältern geliefert, der mit »Methusalems machen Kasse« überschrieben war: Langzeitstudenten, so das *Handelsblatt*, verdienten mehr als Menschen, die sich mit dem Studium beeilen. Und in der Tat war die Korrelation zwischen Studiendauer und Anfangsgehalt tatsächlich positiv. Aber wie in der Abbildung 2.3 zu sehen ist, liegt das nur daran, dass man nicht gefragt hatte, *was* denn studiert worden ist.

In jedem einzelnen Studienfach waren die Korrelationen negativ. Wirft man alle zusammen, wird sie auf einmal positiv. In der Statistik ist dieser Effekt auch als »Simpson-Paradoxon« bekannt.

Wer beeinflusst wen?

Eine zweite Fehlerquelle bei der Interpretation von Korrelationen ist die Unklarheit, ob die Variable A die Variable B beeinflusst oder umgekehrt. So glaubten Forscher der kanadischen Universität Waterloo bewiesen zu haben, was wir schon lange wussten: »Smartphones machen dumm«; »Wer häufig googelt, riskiert seine Intelligenz«; »Google statt Grips«; »Smartphone – oder eher Dummphone?«; »Handy entmündigt«. So lautete die Medienresonanz auf die einschlägige Studie[11]. Auch das war uns eine Unstatistik des Monats wert. In der Studie wurden kanadische Erwachsene befragt, ob sie ein Smartphone besitzen, und wenn ja, wie viel Zeit sie damit in Suchmaschinen wie Google, in sozialen Netzwerken wie Facebook und mit Videospielen verbringen. Zudem mussten die Teilnehmer logische Denkaufgaben lösen. Das Ergebnis: Im logischen Denken besteht kein Unterschied zwischen Smartphone-Besitzern und anderen (zur Zeit der Studie besaß noch nicht jeder Erwachsene ein solches Ding). Ebenfalls keine Intelligenzunterschiede gab es zwischen Befragten, die viel Zeit in sozialen Netzwerken verbrachten, und denen, die das nicht taten, oder zwischen Befragten, die viel Zeit mit Videospielen verbrachten, und denen, die das nicht taten. Nur wer auf seinem Smartphone viel Zeit mit Suchmaschinen verbrachte, zeigte niedrigere Leistungen bei den Denkaufgaben.

Ist damit bewiesen, dass uns Google in die digitale Demenz treibt? Nein, denn die Kausalrichtung könnte genau andersherum laufen: Denkfaule oder Personen mit einer geringeren Allgemeinbildung könnten eher auf Suchmaschinen zurückgreifen. Dass die in den Medien kolportierte Beziehung von Google als Intelligenzbremse sogar eher unwahrscheinlich ist, ergibt sich auch aus einem anderen Studienergebnis: Würde Googeln mit dem Smartphone das logische Denken schwächen, dann müssten Befragte ohne Smartphone bessere Leistungen erzielen. Aber diese Gruppe unterscheidet sich überhaupt nicht von den anderen. Auch in diesem Fall waren die Autoren der Studie vorsichtiger mit kausalen Behauptungen als die über die Studie berichtenden Medien; sie schreiben explizit, sie wüssten nicht, wie der Zusammenhang zu deuten sei.

Ein Positivbeispiel

Angesichts dieser Probleme stellt sich die Frage, ob man denn kausale Zusammenhänge überhaupt nachweisen kann und, wenn ja, wie. Ein Beispiel für eine wissenschaftlich saubere Vorgehensweise war die Diskussion um die Frage, ob Mund-Nasen-Masken vor Corona schützen.[12] Abbildung 2.4 zeigt, wie sich die einschlägigen Empfehlungen im Zeitverlauf entwickelt haben. Bis in den Februar 2020 hielten die Weltgesundheitsorganisation WHO, das Robert-Koch-Institut (RKI) und bekannte Virologen einen solchen Schutz für unnötig – ja sogar für gefährlich. Bis dahin wusste man wenig darüber, wie dieses neuartige Virus übertragen wird, ob über die Luft oder über Berührungen. Dies erklärt auch die Befürchtung, man könnte sich mit einem Mundschutz in falscher Sicherheit wiegen und andere Hygienemaßnahmen – wie die Handdesinfektion – vernachlässigen. Darüber hinaus wurde mehrfach auf eine mangelnde wissenschaftliche Evidenz der Wirksamkeit eines Mundschutzes verwiesen. Der spätere Wandel der Empfehlungen zum Tragen eines Mundschutzes wurde dann mit veränderten wissenschaftlichen Erkenntnissen begründet.

Der Goldstandard für den Nachweis eines kausalen Zusammenhangs ist ein geplantes Experiment. Derartige Experimente gab es erstmals in der Renaissance. Am bekanntesten sind wohl die Fallexperimente von Galileo Galilei. Galilei wird nicht zuletzt deshalb als Begründer der modernen Naturwissenschaf-

Januar

- Bei einer länderübergreifenden Ausbreitung einer Pandemie empfiehlt die WHO ausdrücklich keine Masken für die gesamte Bevölkerung.
- Das RKI informiert, dass es in Asien ein Akt der Höflichkeit sei, als Kranker einen Mundschutz zu tragen.
- Der Virologe Christian Drosten verweist auf Studien im Umfeld der SARS-Epidemie 2002/2003, die nahelegen, dass FFP3-Masken einen schützenden Effekt haben könnten. Normale OP-Masken würden jedoch nur gegen den häufigen »Griff an Mund und Nase – also die Schmierinfektion« helfen.
- Gesundheitsminister Jens Spahn: »Ein Mundschutz ist nicht notwendig, weil der Virus gar nicht über den Atem übertragbar ist.«

Februar

- Die Bundesvereinigung Deutscher Apothekerverbände (ABDA) stellt fest, dass Atemmasken für Gesunde unnötig seien.
- Das RKI informiert, dass es keine ausreichenden Beweise gebe, dass gesunde Menschen durch das Tragen eines Mund-Nasen-Schutzes ihr Ansteckungsrisiko deutlich verringen könnten. Unter Hinweis auf die WHO erklärt das RKI, dass sich Träger solcher Masken in falscher Sicherheit wiegen könnten, sodass Hygienemaßnahmen vernachlässigt werden könnten. Experten pflichten dem RKI bei und bezeichnen es mehrfach als unsinnig, dass gesunde Mensch auf der Straße eine Maske tragen sollten, um sich vor vermeintlich vorhandenen Viren in der Luft zu schützen.

März

- Virologe Christian Drosten erklärt, dass Masken sinnvoll sein können, wenn jeder eine Maske trägt. Nicht-Infizierte seien damit jedoch nicht geschützt. »[…] es gibt einfach in der Literatur entweder keine oder – je nachdem, wie man es interpretieren will – fast keine Evidenz dafür, dass das helfen könnte.«
- Das RKI stellt fest, dass ein selbst gebastelter Mund-Nasen-Schutz bei Menschen mit akuten Atemwegsinfektionen zum Schutz anderer Menschen sinnvoll sein kann. »Hingegen gibt es keine hinreichende Evidenz dafür, dass das Tragen eines Mund-Nasen-Schutzes das Risiko einer Ansteckung für eine gesunde Person, die ihn trägt, signifikant verringert.«
- 30. März: Österreich kündigt eine Mundschutzpflicht in Supermärkten an. Die Weltgesundheitsorganisation (WHO) rät davon ab, Mundschutz zu tragen, wenn man nicht selbst krank ist.
- 31. März: Jena kündigt eine Mundschutzpflicht ab dem 6. April an. Der Vorsitzende der Kassenärztlichen Bundesvereinigung, Andreas Gassen, erklärt, dass die Verpflichtung zum Tragen eines Mundschutzes reine Symbolpolitik sei, lediglich eine trügerische Sicherheit verbreite, aber so gut wie gar nicht helfe.

April

- 1. April: Der Virologe Alexander Kekulé erklärt, dass auch OP-Masken sinnvoll seien. Man würde andere, aber auch sich selbst – wenn auch nicht zu 100 Prozent – schützen.
- 2. April: Das RKI empfiehlt das Tragen einer Mund-Nasen-Bedeckung in bestimmten Situationen im öffentlichen Raum.
- 15. April: Die Bundesregierung empfiehlt dringend das Tragen einer Maske, ringt sich jedoch nicht zu einer Maskenpflicht durch.
- 17. April: Sachsen beschließt als erstes Bundesland eine Maskenpflicht. Zwischen dem 20. und dem 22. April ziehen alle anderen Bundesländer nach. Gesundheitsminister Jens Spahn: »Die wissenschaftliche Erkenntnis hat sich verändert. Deswegen macht es Sinn, Abstand zu halten, Hygiene-Regeln einzuhalten und in bestimmten Situationen auch Alltags-Masken zu tragen.«

Abbildung 2.4: Empfehlungen zum Mund-Nasen-Schutz gegen Corona im Zeitverlauf Anfang 2021

ten angesehen, weil er wegweisende wissenschaftliche Methoden entwickelte. Kontrollierte Experimente standen dabei an zentraler Stelle. Solche Experimente sind in den Naturwissenschaften vergleichsweise einfach. Schwieriger wird es mit Menschen, wie in der Medizin, der Epidemiologie oder in den Wirtschafts- und Sozialwissenschaften. Aber auch hier sind Experimente möglich, die denen in den Naturwissenschaften ähneln. Sie heißen »Randomized Controlled Trials (RCT)« oder auch randomisierte Experimente. Der zentrale Punkt ist dabei das Wort »randomisiert«: Man teilt die Versuchspersonen zufällig in zwei Gruppen, die einen tragen einen Mund-Nasen-Schutz, die anderen nicht. Und dann verfolgt man, in welcher der beiden Gruppen sich die Versuchspersonen häufiger mit Corona infizieren. Die zufällige Zuteilung der Teilnehmer garantiert, dass sich diese Gruppen bei einer ausreichend großen Stichprobe im Durchschnitt nur durch die eine hier interessierende Eigenschaft unterscheiden – die einen tragen eine Maske, die anderen nicht. Sicherlich ist das der Idealfall. Bei realen Experimenten können viele Dinge diese Randomisierung zerstören. So kann es vorkommen, dass sich nicht alle Teilnehmer an das Protokoll halten oder Personen in der Versuchsgruppe die Schutzmaske doch nicht immer tragen oder die Personen in der Kontrollgruppe doch hin und wieder eine aufsetzen. Oder es scheiden nur Teilnehmer einer bestimmten Gruppe im Laufe des Experiments aus.

Bis Ende 2020 lagen jedenfalls noch keine experimentellen Resultate zum Zusammenhang zwischen Mund-Nasen-Schutz und Covid-Infektionen vor. Eine erste derartige Studie, noch nicht randomisiert, erschien dann im November 2020. Und auch die erste randomisierte Studie war trotz ihres experimentellen Ansatzes nicht unumstritten. Das Experiment wurde in Dänemark durchgeführt, und es ist durchaus fraglich, ob sich die Ergebnisse auf andere Länder übertragen lassen. Zudem haben sich viele Versuchsteilnehmer nicht akkurat an das Protokoll des Experiments gehalten. Zum Zeitpunkt des Experiments wurden in Dänemark auch andere infektionspräventive Maßnahmen ergriffen; die alleinige Wirksamkeit eines Mund-Nasen-Schutzes konnte damit nicht eindeutig bestimmt werden.

Anfang 2021 konnte man daher nur auf Studien zurückgreifen, die die Wirksamkeit von Schutzmasken gegen andere Infektionskrankheiten wie die übliche Grippe untersucht haben. Diese Studien kamen nicht nur zu sehr unterschiedlichen Ergebnissen, es war auch unklar, ob diese auf den neuartigen Virus übertragbar waren. Zudem gab es diese Studien zumeist nur für Krankenhaus- und Pflegepersonal. Insofern war die Aussage des RKI und der Experten aus der Sicht des damaligen Stands der Wissenschaft durchaus korrekt: Es gab keine oder zumindest keine ausreichend belastbare empirische Evidenz zur Wirksamkeit eines Mund-Nasen-Schutzes bei einer Covid-Infektion.

Aber die Wissenschaft reagierte sehr schnell – und über viele verschiedene Disziplinen hinweg. Neben randomisierten Experimenten mit Menschen wurden auch die physikalischen Eigenschaften verschiedener Masken untersucht, etwa, inwieweit verschiedene Modelle die Verbreitung von Aerosolen verhindern. Der eine oder andere Leser kennt derartige Studien vielleicht durch ähnliche Tests in prominenten Fernsehsendungen wie *Stern TV*.

Natürliche Experimente

Zusätzlich hat man sogenannte natürliche Experimente herangezogen, um den Zusammenhang zwischen Schutzmasken und Covid-Infektionen zu beleuchten. Diese Idee der natürlichen Experimente und deren Ausarbeitung zum Nachweis von Kausalitäten hat den Wirtschaftswissenschaftlern David Card, Joshua Angrist und Guido Imbens den Ökonomie-Nobelpreis 2021 eingebracht. Natürliche Experimente gleichen geplanten Experimenten, mit dem einzigen Unterschied, dass nicht der Experimentator, sondern »die Natur« die Teilnehmer in eine Versuchs- und eine Kontrollgruppe einteilt. In beiden Fällen suchen sich die Teilnehmer ihre Gruppe nicht selber aus, sie werden eingeteilt, ob sie wollen oder nicht.

Ein natürliches Experiment im Kontext der Corona-Pandemie kann in den unterschiedlichen Zeitpunkten gesehen werden, zu denen verschiedene Länder in der Welt oder auch verschiedene Bundesländer in Deutschland die Maskenpflicht eingeführt haben. Der Vergleich der Infektionsdynamik in Regionen, in denen diese Verpflichtung sehr früh eingeführt wurde, mit Regionen, die sich erst später oder gar nicht zu diesem Schritt entschieden haben, erlaubt damit Rückschlüsse auf den kausalen Effekt von Schutzmasken auf die Infektionswahrscheinlichkeit, wenn man bereit ist, die Annahme zu akzeptieren, dass die Zeitpunkte der Einführung der Maskenpflicht nicht durch eine regional unterschiedliche Infektionsdynamik getrieben wurden.

Diese inzwischen vorliegende geballte Evidenz aus verschiedenen Ländern und verschiedenen Zeitpunkten unter Verwendung verschiedener Methoden aus verschiedenen Disziplinen lassen damit den Schluss mehr als wahrscheinlich erscheinen, dass man mit einer Mund-Nasen-Maske sich und seine Mitmenschen vor einer Covid-Infektion schützen kann – sofern man sie richtig aufsetzt. Aber auch das haben wir inzwischen ja gelernt.

3. Trends und Umfragen

Im Jahr 2011 veröffentlichte das Bundesgesundheitsministerium eine erschreckende Zahl: 560 000 Menschen in Deutschland seien internetsüchtig! Hinzu kämen 2,5 Millionen Nutzer, deren Internet-Konsum bereits problematisch sei. Besonders junge Menschen seien abhängig von der digitalen Welt, so die Studie. Die Folgen: Internet-Süchtige verlieren die Kontrolle über ihr Leben und leiden unter Entzugserscheinungen.

Hier läuft einiges schief. Da ist einmal das Problem der Messung. Was ist »Internetsucht«? Gibt es eine praktikable Definition? Mediziner streiten seit Jahren, ob diese Sucht überhaupt als eigenständige Krankheit existiert oder ob das Internet nur ein Zufluchtsort für Menschen mit persönlichen Problemen oder Depressionen ist. Die Studie erklärt auch nicht, was Online-Sucht ist – abgesehen davon, dass die Befragten bestimmte Antworten auf bestimmte Fragen gegeben haben, nach dem Motto »Online-Sucht ist das, was ein Online-Sucht-Test misst«.

Aber viel wichtiger: Die Studie hat unter 15 000 Befragten nur 1 Prozent bis 1,5 Prozent – also nicht einmal 250 Menschen – gefunden, die nach enger oder weiterer Definition der Forscher online-süchtig waren. Unter den befragten Jugendlichen war der Anteil immerhin viermal so hoch. *Spiegel Online* titelte dazu allerdings: »Forscher erklären Hunderttausende für onlinesüchtig«.[13] Diese Zahl taucht in der Studie gar nicht auf. Durch Hochrechnen von kleinen Zahlen auf eine große Bevölkerung werden aus Mücken ganz schnell Elefanten. Und Elefanten leben bekanntlich lange. Fünf Jahre nach der Studie warnte das bayerische Gesundheitsministerium vor der »zunehmenden Internetsucht-Gefahr«: »Experten schätzen, dass etwa ein bis zwei Prozent der Erwachsenen und rund fünf Prozent der Jugendlichen von Internetsucht betroffen sind«.[14] Wo hier die Zunahme sein soll, wenn sich die Anteile über Jahre hinweg nicht verändert haben, bleibt ein Rätsel.

Neben diesen 560000 Betroffenen nimmt sich die nächste Zahl fast klein aus – und ist dennoch schockierend. Vor einem »dramatischen Anstieg bei Suizidversuchen von Kindern« infolge von Corona schreibt die *WAZ*.[15] »Bis zu« 500 Kinder seien von März bis Mai 2021 nach einem Selbstmordversuch auf der Intensivstation behandelt worden, ein Anstieg um 400 Prozent. Das ist das angebliche Ergebnis einer Studie der Uniklinik Essen.

Gezählt hatten die Studienautoren aber nur 93 Fälle auf 27 Kinder-Intensivstationen. Einen direkten Bezug zu Corona konnten sie nicht nachweisen.[16] Im Interview mit *Focus Online* sagte einer der Autoren: »Die Zahl von 450 bis 500 ergibt sich tatsächlich aus Hochrechnungen. Mir selbst ist diese reine Zahl nicht so wichtig.«[17]

Die Zahl ist also nicht so wichtig. Sie ist sogar fast sicher falsch. In der Hochrechnung kommen zum Beispiel auch Kinder-Intensivstationen vor, die sich auf Neugeborene spezialisiert haben. Es ist unwahrscheinlich, dass man dort Jugendliche nach einem Suizidversuch behandelt. Zudem haben die Autoren nicht verlässlich geprüft, ob die Kinder tatsächlich in jedem Fall versucht hatten, sich das Leben zu nehmen, oder ob darunter auch Unfälle waren. Wir wollen ja gar nicht leugnen, dass zwei Jahre Pandemie für Kinder eine erhebliche Belastung darstellen. Aber solche zweifelhaften Studien als Beleg dafür anzuführen ist nicht nur unstatistisch, sondern geradezu unredlich.

Hoch und runter

Neben dem Hochrechnen hat auch das Runterrechnen seine Tücken. Schulabbrecher etwa schaden nicht nur sich selbst. Nach einer Studie der Bertelsmann-Stiftung würde etwa die Stadt Bremen bei einer 50-prozentigen Reduktion der Schulabbrecher-

Quoten 35,11 Euro an Kriminalitätskosten pro Jahr und Einwohner sparen. In Berlin wären es immerhin noch 33,46 Euro. Denn wäre 2009 die Zahl der Schulabgänger ohne Hauptschulabschluss halbiert worden, so hätte es nach Bertelsmann im gleichen Jahr 13415 Raubüberfälle und 416 Fälle von Mord und Totschlag mit Folgekosten von insgesamt 1,42 Milliarden Euro weniger gegeben. Verteilt auf die Bundesländer und heruntergerechnet auf den Kopf des Einwohners kommen dann die 35,11 Euro für Bremen und die 33,46 Euro für Berlin zustande.

Diese Zahlen sind falsch. Vergessen wir mal die irritierende Scheinpräzision und konzentrieren uns auf die grobe Abschätzung der Folgekosten von Mord und Totschlag. Erstens braucht es dafür die Kosten je Opfer. Der Ansatz bemisst diese pauschal mit 1,5 Millionen Euro. Das ist grober Unfug. Es gibt in der Wirtschaftstheorie dicke Abhandlungen über den ökonomischen Wert des Menschenlebens, aber die basieren darauf, was jeder Einzelne von uns von sich aus bereit wäre zu zahlen, um seine Überlebenswahrscheinlichkeit für ein Jahr um 1 Prozent zu erhöhen. Zweitens stellt sich die Frage, wie viele Opfer man denn hätte verhindern können. Dabei hilft ein Blick in die polizeiliche Kriminalstatistik. Die verzeichnet für das besagte Jahr 392 Jugendliche zwischen 14 und 18 Jahren, die einer »Straftat gegen das Leben« verdächtigt wurden. Maximal die Hälfte davon kommen für besagte Rechnung in Frage, weil die Schulpflicht im Alter von 15 Jahren endet. Das ergibt grob 200 Fälle von Mord und Totschlag, die Schulabgängern ohne Hauptschulabschluss angelastet werden könnten: gerade einmal halb so viele, wie das Modell einsparen würde. Da müsste die Statistik schon Tote zum Leben erwecken.

Dieses »Herunterrechnen« von großen Zahlen auf Bezugsgrößen, die wir uns gut vorstellen können, ist in vielen Kontexten beliebt. Nehmen wir den sogenannten Wasser-Fußabdruck, den jeder von uns angeblich hinterlässt. Eine Studie des WWF (World Wide Fund for Nature) mit dem Titel »Der Wasser-Fußabdruck Deutschlands – Woher stammt das Wasser, das in unseren

Lebensmitteln steckt?«[18] kombiniert die Wassermenge, die wir täglich im Schnitt trinken, zum Duschen verwenden oder die Toilette hinunterspülen, mit groben Schätzungen unseres indirekten Wasserverbrauchs, also des Wassers, das in unseren Lebensmitteln und unserer Kleidung steckt, und macht uns ein schlechtes Gewissen mit der Menge von mehr als 5 000 Litern täglich, die dabei herauskommt.

Dazu muss man aber erst einmal wissen, was wir denn so Tag für Tag in Deutschland konsumieren und wo diese Dinge herkommen. Aus Ländern, die relativ viel bewässern, oder solchen, die eher wassersparend produzieren? Also wird wieder hochgerechnet, entweder von den Konsumdaten oder von den Handelsdaten. Das macht schon einen großen Unterschied. Die Seite *Waterfootprint.org* kommt jährlich auf 60 Milliarden Kubikmeter Wasserverbrauch für die in Deutschland produzierten Güter und weitere 67 Milliarden Kubikmeter für die importierten. Beim WWF »errechnet« man dafür 80 und 79,5 Milliarden Kubikmeter. Die Daten, die in die WWF-Hochrechnung eingehen, stammen allerdings aus verschiedenen Jahren und schwanken dabei um mehrere Hundert Prozent.

Nun kann sich niemand 159,5 Milliarden Kubikmeter Wasser, eine Zahl mit zwölf Stellen vor dem Komma, so richtig vorstellen. Darum macht der WWF das Ganze ein bisschen greifbarer. Man nimmt diese unvorstellbar große und unvorstellbar ungenaue Zahl und teilt sie durch zwei genauere Zahlen: 365 Tage und die deutsche Gesamtbevölkerung von 82 Millionen. So ergeben sich dann 5 288 Liter täglich, die angeblich jeder von uns durch sein Konsumverhalten verbraucht. Aber die Hoch- und Runterrechnung ist nichts als eine Achterbahnfahrt voller Datenfehler, in der unterschiedliche Jahre und Berechnungsmethoden vermischt und krumme Zahlen zueinander in Beziehung gesetzt werden. Nun könnte man argumentieren, auch 4 000 oder selbst 2 000 Liter seien doch eine beeindruckende Zahl. Leider bleibt völlig offen, ob dieser Wasserverbrauch überhaupt ein Problem darstellt, weil beispielsweise nicht klar ist, welcher Anteil schlicht

Regen ist, der auf Felder fällt. Aber die Panikmache zeigt Wirkung. So warnt inzwischen das Umweltbundesamt, dass der Drang zum Wassersparen in manchen Gegenden Deutschlands dazu führt, dass zu wenig Wasser durch die Netze fließt und die Trinkwasserqualität leidet.

Noch besorgniserregender sind die Kosten des Autofahrens. Eine Studie der TU Dresden im Auftrag der europäischen Grünen, die sich wiederum auf eine Studie einer niederländischen Umweltberatungsgesellschaft im Auftrag des europäischen Eisenbahnverbandes stützt,[19] beziffert die externen Kosten durch Autos auf 373 Milliarden Euro pro Jahr EU-weit, davon knapp 90 Milliarden für Deutschland. Ein Auto in der EU verursacht damit durchschnittlich 1 600 Euro Zusatzkosten pro Jahr, die nicht von seinem Halter getragen, sondern der Gesellschaft aufgebürdet werden. Denn Autofahren produziert Lärm, Abgase und Unfälle. Daran sterben Menschen, und deren Leben ist etwas wert. Wie viel – das weiß man nicht so genau (siehe oben). Wie viele Menschen ursächlich am Autofahren sterben, ist auch nicht klar, jedenfalls, wenn sie nicht eindeutig einem Unfall zum Opfer gefallen sind. Und dann ist Autofahren auch noch schlecht fürs Klima, was ebenfalls Kosten verursacht, etwa für das ausgestoßene CO_2. Das Weltklimainstitut ermittelt durchschnittliche Kosten von 33 Euro pro Tonne CO_2-Äquivalent. Das kritisiert die Studie aber als zu niedrig. Sie rechnet mit mindestens 72 Euro je Tonne, besser sogar 252 Euro.

Dass Autofahren neben den direkten auch indirekte Kosten verursacht, ist klar. Und dass sich die Autofahrer, zum Beispiel mit einer streckengebundenen Maut, die bereits in der politischen Diskussion war, an diesen Kosten beteiligen sollten, ist genauso klar. Aber abstruse Zahlenspielereien bringen die Diskussion nicht weiter.

Das bedrohte Haselhuhn

Bleiben wir noch einen Augenblick beim Runterrechnen. Wussten Sie, dass »auf deutschen Straßen statistisch auf jedem zweiten Kilometer ein Reh und auf jedem dritten eine Wildkatze pro Jahr ums Leben kommt«[20]? Das schreibt die *Süddeutsche Zeitung* über das »Schlachtfeld Straße« unter Berufung auf eine europaweite Studie. Das Haselhuhn sei durch den Straßenverkehr sogar vom Aussterben bedroht; pro Jahr und Straßenkilometer sterben angeblich 0,2 dieser seltenen Federvögel.

Doch sowohl Haselhühner als auch Wildkatzen leben nur in wenigen Regionen in Deutschland, und dort gibt es nur wenige Straßen. Aber stellen wir trotzdem einmal den Bezug zwischen allen deutschen Wildkatzen, geschätzt rund 5 000, und allen 230 000 deutschen Straßenkilometern her. Dann müssten deutsche Autofahrer, um alle Wildkatzen innerhalb eines Jahres auszurotten, knapp alle 50 Kilometer eine von ihnen überfahren. Das heißt im Klartext: Es gibt gar nicht genügend Wildkatzen, damit die obige Aussage wahr sein könnte. Für Haselhühner gilt Entsprechendes.

Aber betroffen ist man im ersten Moment vermutlich schon. Insbesondere, falls man selbst schon einmal einen Wildunfall hatte und dem sterbenden Reh dabei in die Augen sehen musste.

Tiere und insbesondere Vögel sterben aber nicht nur auf der Straße. Manche fliegen gegen Fensterscheiben, andere gegen Windkraftanlagen. Das Portal *energiewende.eu* meint es ganz genau zu wissen: »Durch Straßen- und Bahnverkehr sterben pro Jahr ca. 70 Millionen Vögel, durch Glasscheiben zwischen 18 und 115 Millionen, durch Hauskatzen zwischen 20 und 100 Millionen ... Das Usutu-Vogelvirus tötet jährlich 160 000 Amseln, und zuletzt werden 100 000 Vögel von Windenergieanlagen erschlagen.«[21]

Wirklich? Hat irgendjemand nachgezählt? Wohl kaum. Das geht auch gar nicht, selbst wenn man gründlich sucht. Viele tote Vögel werden, falls sie nicht gleich gefunden werden, von anderen Tieren gefressen. Oder eine Erntemaschine fährt drüber. Die Kollisions-Datenbank des Umweltamts Brandenburg zählt nach 30 Jahren Datensammeln 600 Rotmilan-Windradopfer für ganz Deutschland; diese machen etwa jedes siebte gefiederte Windkraftopfer aus. Wirklich gezählt wurden also nur zwischen 4000 und 5000 durch Windkraft getötete Vögel in 30 Jahren. Das passt mit den geschätzten 100000 toten Vögeln jährlich schlecht zusammen. Die Datenerfassung ist hier offensichtlich mehr als schwierig, und es gibt deshalb keine seriöse Antwort auf die Frage, wie viele Vögel in Deutschland jedes Jahr durch Windkraftanlagen sterben.

Trügerische Trends

Im Mai 2017 wurde in vielen Medien vor einer steigenden Nutzung von Pflanzengift in der Landwirtschaft gewarnt. So titelte die *Berliner Zeitung:* »Über 34000 Tonnen – Bauern spritzen immer mehr Pflanzengift«.[22] In Wahrheit schwankt die Zeitreihe der jährlich in Deutschland verkauften Pflanzengifte – vor allem witterungs- und preisbedingt – zwischen 30000 und 35000 Tonnen pro Jahr (siehe Abbildung 3.1). Und so erhält man beim Vergleich der Jahre 2009 (30162 Tonnen) und 2015 (34273 Tonnen) einen positiven Trend, bei einem Vergleich der Jahre 2008 (34664 Tonnen) und 2014 (34515 Tonnen) aber einen negativen Trend. Letzterer würde mit den Zahlen aus 2019 sogar noch stärker, da sich nach Angaben des Industrieverbands Agrar e. V. (IVA) der Absatz in diesem Jahr rückläufig entwickelt hat.

Jede Zeitreihe, die zufällig um eine Konstante herum schwankt, weist einen positiven Trend auf, wenn man in einem Tal anfängt und auf einem Berg aufhört. Umgekehrt erzeugt man einen negativen Trend, wenn man auf einem Berg anfängt und in einem Tal aufhört. Wie in Abbildung 3.1 zu sehen ist, lassen sich damit sehr unterschiedliche Aussagen erzeugen, je nachdem, welche Jahre man zum Vergleich heranzieht. Die gleiche Methode – ein Tal auszuwählen und oben am Berg aufzuhören – ist auch bei Investmentfirmen populär, um potenziellen Kunden leichter das Portemonnaie zu öffnen.

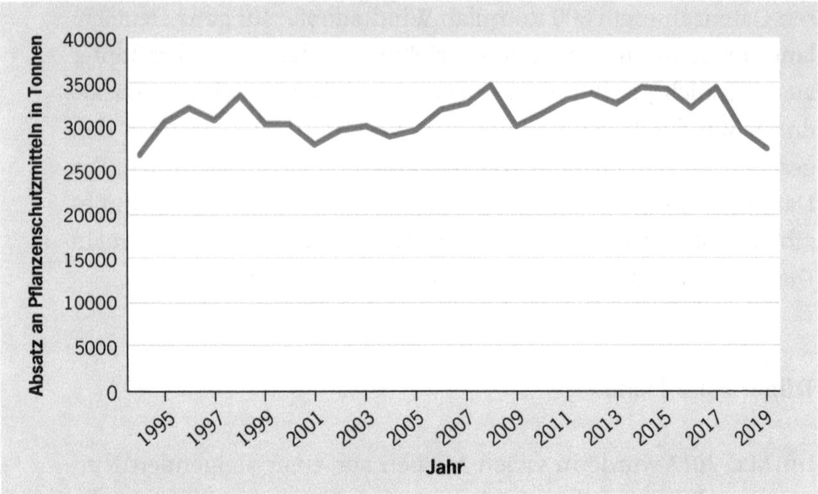

Abbildung 3.1: Absatz an Pflanzenschutzmitteln in Deutschland, 1994–2019

Quelle: Absatz an Pflanzenschutzmitteln in der Bundesrepublik Deutschland. Ergebnisse der Meldungen gemäß §64 Pflanzenschutzgesetz für das Jahr 2019. Bundesamt für Verbraucherschutz und Lebensmittelsicherheit, 2020, Tabelle 3.2

Das gleiche Prinzip steht auch hinter der Meldung der Denkfabrik Agora Energiewende, wonach Deutschland im Jahr 2021 vor dem höchsten Anstieg der Treibhausgasemissionen seit 1990 stehe.[23] Diese Meldung wurde in den sozialen Medien und einigen Tageszeitungen sowie in der TV-Sendung *Hart aber fair* unkritisch übernommen.[24] Den Buchstaben nach ist sie auch richtig. Die Hochrechnungen von Agora Energiewende legen nahe, dass die Treibhausgasemissionen im Jahr 2021 zwischen 20 und 73 Millionen Tonnen gegenüber den 739 Millionen Tonnen CO_2-Äquivalenten im Jahr 2020 ansteigen werden. Dieser Anstieg ist jedoch vor dem Hintergrund des Lockdowns im Jahr 2020 zu sehen. Deshalb kam es 2020 zum stärksten Rückgang der Emissionen im Vergleich zum Vorjahr seit 1990. Insofern ist der Anstieg der Emissionen im Jahr 2021 relativ zu 2020 wenig spektakulär. Eine ähnliche Entwicklung gab es bereits während der letzten Finanzmarktkrise: So wurde im Krisenjahr 2009 der bislang stärkste Rückgang der Treibhausgasemissionen überhaupt beobachtet, gefolgt von dem bisher stärksten Anstieg im Jahr darauf.

Auch vor dem Hintergrund der Klimaziele der Bundesregierung ist der Blick auf jährliche Wachstumsraten der Treibhausgasemissionen wenig sinnvoll. Die Klimaziele werden als Minderung der Treibhausgasemissionen im Vergleich zum Referenzjahr 1990 definiert. Das Ziel, die Treibhausgasemissionen im Jahr 2020 im Vergleich zu 1990 um mindestens 40 Prozent zu senken, wurde zwar erreicht – Corona sei Dank. Sonst hätte man das Ziel wohl verfehlt. Im Jahr 2021 schwenkten die CO_2-Emissionen wieder in den »normalen« Trendverlauf ein – die Treibhausgasemissionen nehmen im mittleren Szenario von Agora Energiewende zwar ab, liegen jedoch über den Einsparungszielen der Bundesregierung. Insofern besteht weiterhin Handlungsbedarf, wenn man die Treibhausgasemissionen bis 2030 wirklich um 65 Prozent im Vergleich zu 1990 reduzieren will – Sensationsmeldungen aufgrund krisenbedingter Schwankungen helfen dabei jedoch nicht.

Vorsicht, Definition!

Fehlinterpretationen wie im letzten Abschnitt lassen sich bei einer Fokussierung auf längere Zeiträume vermeiden. Zum Ausgleich lauert hier aber eine andere Falle – eine zwischenzeitliche Änderung der Definition. Abbildung 3.2 zeigt die langfristige Entwicklung der Arbeitslosenquote in der Bundesrepublik Deutschland seit 1951 (wie wir sie auf einem Plakat für eine Konferenz zum Thema Arbeitslosigkeit gesehen haben). Auf den ersten Blick scheint hier alles in Ordnung zu sein. Aber bis 1990 zeigt die Abbildung die Arbeitslosenquote in Westdeutschland, ab 1991 in Gesamtdeutschland. Für die Zeit vor der Wiedervereinigung gibt es keine Zahlen für Ostdeutschland, denn in der ehemaligen DDR war Arbeitslosigkeit offiziell nicht existent.

Nicht immer sind Änderungen der Definition so offensichtlich. So titelte die *Rheinische Post* in einem Bericht über die Antwort der Bundesregierung auf eine kleine Anfrage der Grünen: »Immer mehr Nitrat im Grundwasser«.[25] Demnach nahm der

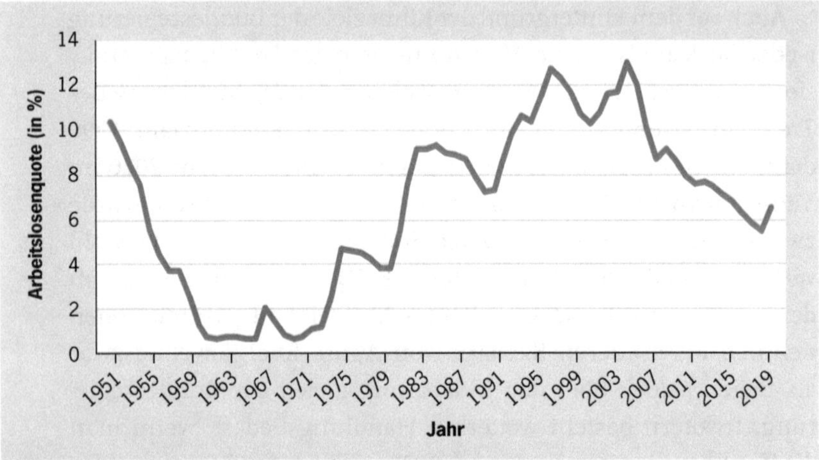

Abbildung 3.2: Arbeitslosenquote in der Bundesrepublik Deutschland 1951–2020 (bis 1990 früheres Bundesgebiet, ab 1991 Gesamtdeutschland)

Quelle: https://www.destatis.de/DE/Themen/Wirtschaft/Konjunkturindikatoren/Lange-Reihen/Arbeitsmarkt/lrarb003ga.html

mittlere Nitratgehalt an den 15 am stärksten belasteten deutschen Messpunkten von 2013 bis 2017 um rund 40 Milligramm pro Liter Grundwasser zu. Das bedeutet aber nicht, dass die Nitratbelastung insgesamt gestiegen ist. Erstens waren die Messpunkte nicht die gleichen – im Jahr 2017 wurden verschiedene Messpunkte aus dem Jahr 2013 gegen Messstellen mit bekanntermaßen hohen Werten ausgetauscht. Die Werte an den 2013er Messpunkten sind bis 2017 im Mittel gefallen. Und zweitens gingen 2013 die Jahresdurchschnittswerte, im Jahr 2017 aber die Höchstwerte (über ausgewählte Tage) in die Analyse ein. Die Meldung aus der *Rheinischen Post* ist also statistisch gesehen der gleiche Unfug, als wollte man die Veränderung der jährlichen landesweiten Niederschlagsmenge durch einen Vergleich der 15 jeweils feuchtesten Orte ermitteln (und dann auch noch für ein Jahr basierend auf dem Durchschnitt pro Ort, das andere Jahr basierend auf dem Tagesmaximum).

Auch das medial viel beachtete Bundesländer-Ranking zum Blitz-Marathon ist eher ein statistisches Artefakt. »Die Blitzer-

Bilanz der Bundesländer: Saarländer und Sachsen sind die schlimmsten Raser«, so *Spiegel Online*.[26] Zudem hätte sich nach Angaben des Innenministeriums von Nordrhein-Westfalen die Raser-Quote erhöht: Im Jahr 2014 hielt sich jeder 32. Fahrer nicht an das Tempolimit; im Jahr 2013 war es nur jeder 36. Fahrer, obwohl im Jahr 2013 rund 2000 Polizisten mehr im Einsatz waren und rund 1000 Standorte mehr kontrolliert wurden. Diese Meldung krankt an mehreren Problemen. Zum einen ist ein seriöser Vergleich von Raser-Quoten über die einzelnen Bundesländer nicht möglich, solange man die sehr unterschiedliche Verkehrsstruktur, die Fahrzeugdichte oder auch die Altersstruktur der Bevölkerung nicht berücksichtigt. So ist vermutlich in den Stadtstaaten Hamburg und Bremen der Verkehr besonders stark durch Staus behindert und dadurch der Anteil der Geschwindigkeitsverstöße niedriger. Und auch die Raser-Quote ist vermutlich gar nicht angestiegen. Wenn weniger Standorte kontrolliert werden, wird sich die Polizei voraussichtlich auf diejenigen Standorte konzentrieren, bei denen viele Geschwindigkeitsüberschreitungen zu erwarten sind. Dann ist es aber vollkommen natürlich, dass die Raser-Quote selbst bei weniger Polizisten und weniger Standorten zunimmt. Und tatsächlich lässt sich beim Blitz-Marathon beobachten, dass Bundesländer mit relativ wenigen Kontrollen tendenziell höhere Anteile an Tempoverstößen aufweisen als Bundesländer mit relativ vielen Kontrollen.

Vorsicht, Umfrage!

Die nächste Ursache für das GIGO-Prinzip (»Garbage In, Garbage Out«) in der statistischen Datenanalyse sind »repräsentative Stichproben«, bei denen gewisse Teile der Grundgesamtheit systematisch ausgeklammert werden. Vor allem Internetumfragen sind, wie in einer Reihe von Unstatistiken von uns angemahnt, oft alles andere als repräsentativ, vor allem, wenn die Teilnahme freiwillig ist. So beklagte die *Süddeutsche Zeitung* das nach ihrer

Meinung unsozial hohe Niveau der Mieten in vielen deutschen Großstädten.[27] Grundlage war eine Stichprobe von 57000 Personen, die an einer Umfrage der Zeitung teilgenommen hatten; 3 000 davon haben der Zeitung zudem ihre persönliche Geschichte mitgeteilt. Aus einer solchen Stichprobe lässt sich jedoch nicht auf die Grundgesamtheit aller Mietverhältnisse schließen. Aufgrund eines ähnlichen Fehlers hatte die Zeitschrift *Readers Digest* einmal gemeldet, fast alle in den USA verlorenen Geldbörsen würden den Besitzern mitsamt Inhalt retourniert. Das war die Rückmeldung von Lesern, die sich auf einen entsprechenden Aufruf gemeldet hatten. Genauso wie an dieser Umfrage vor allem Menschen teilgenommen hatten, denen etwas Ungewöhnliches widerfahren war, sind in der Stichprobe der *Süddeutschen Zeitung* vermutlich soziale Härtefälle konzentriert. Zwar weist die Zeitung in ihrem Methodenbericht auf die fehlende Repräsentativität ihrer Stichprobe hin, aber den Fehler korrigiert sie nicht (was etwa durch eine geeignete Gewichtung der Beobachtungen möglich wäre).

Oder nehmen wir eine Online-Umfrage der EU-Kommission, nach der angeblich 80 Prozent der EU-Bürger ein Ende der Umstellung von Sommer- auf Winterzeit verlangen. Auch die EU-Stichprobe war nicht repräsentativ, denn die Beteiligung an der Umfrage war freiwillig. Gerade das Hochrechnen aus Umfragen, bei denen die Betroffenen selbst entscheiden, ob sie teilnehmen oder nicht, ist eines der heikelsten Probleme der angewandten Statistik überhaupt. Im vorliegenden Fall spricht viel für den Verdacht, dass vor allem Gegner der Zeitumstellung, denen diese ein großes persönliches Ärgernis bedeutet, die Mühe des Ausfüllens des Fragebogens auf sich nahmen. Damit wären diese aber unter den insgesamt 4,5 Millionen Teilnehmern der Umfrage überrepräsentiert. Eher unterrepräsentiert sind dagegen Menschen, die alles beim Alten lassen wollen oder die sich für das Problem nicht interessieren. Daher hat die EU-Kommission auch nie von einer repräsentativen Umfrage gesprochen. Aber viele Medien haben die 80 Prozent Gegner möglicherweise zu Unrecht als Beweis für ein massives Unbehagen an der Zeitumstellung interpretiert.

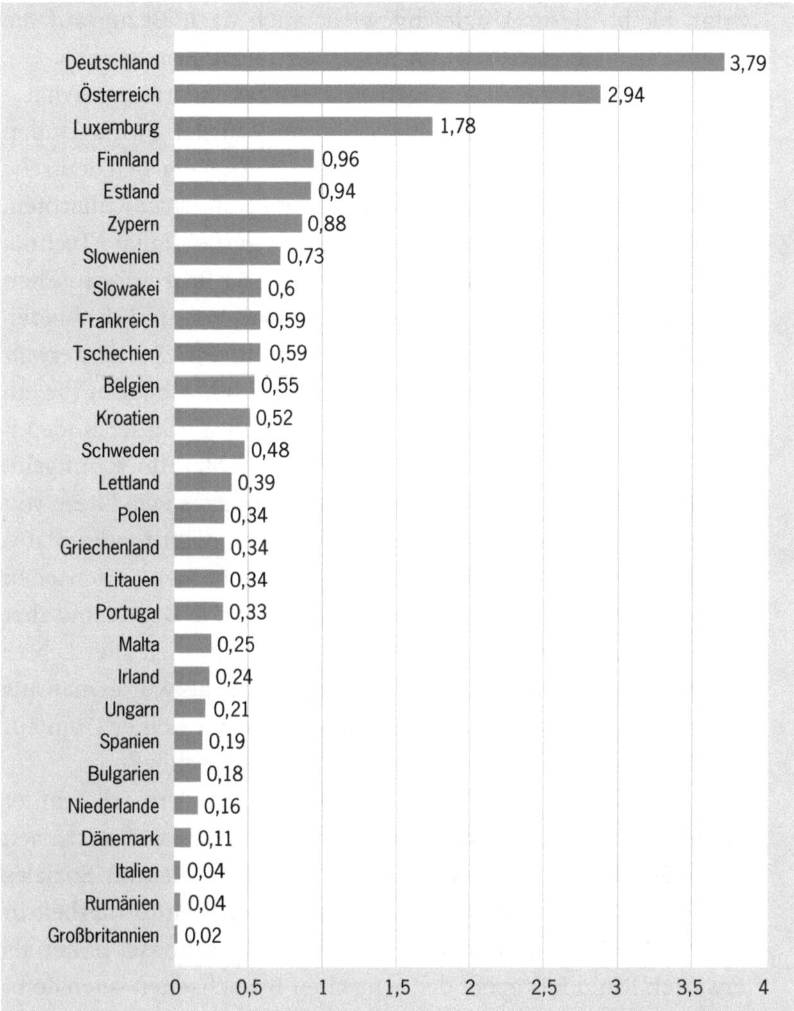

Abbildung 3.3: Anteil der Bevölkerung, die an der EU-Umfrage teilgenommen hat
Quelle: Europäische Kommission (Summertime Consultation: 84 % want Europe to stop changing the clock (europa.eu))

Auch die ungleiche Verteilung nach Ländern spricht gegen die Repräsentativität. Fast 70 Prozent der Teilnehmer kamen aus Deutschland, weniger als 10 Prozent aus Frankreich, weniger als je 1 Prozent aus England oder Italien. Und wie die Abbildung 3.3

zeigt, bleibt dieses Ungleichgewicht auch nach Bezug auf die unterschiedlich großen Gesamtbevölkerungen bestehen.

Ähnlich zweifelhaft – wegen mangelnder Repräsentativität – sind deshalb auch die Ergebnisse einer von der Firma Duden Learnattack in Auftrag gegebenen Studie,[28] nach der sich deutsche Lehrer und Schüler mehr digital geprägten Unterricht wünschten. Neun von zehn Lehrern hätten demnach gerne digitale Technologien zur Unterstützung des Unterrichts, 83 Prozent wünschen sich, dass ihren Schülern Online-Material zur Vor- und Nachbereitung des Unterrichts zur Verfügung steht, und 87 Prozent erwarten von der Digitalisierung ganz generell große Chancen für ein nachhaltiges und erfolgreiches Lernen. Grundlage dieser eindeutigen Ergebnisse war eine Online-Umfrage des Marktforschungsinstituts YouGov unter 1111 Schülern und Lehrern sowie Eltern von Schulkindern. Aber auch diese Stichprobe ist nicht repräsentativ, sie beschränkt sich auf internet-affine Zeitgenossen – Menschen mit »Rechnerallergien« kommen darin kaum vor. Damit sind aber daraus abgeleitete Schlüsse auf die Grundgesamtheit aller Lehrer und Schüler in Deutschland der gleiche Unfug, als würde man aus einer Stichprobe von Gottesdienstbesuchern im Kölner Dom auf die Religionszugehörigkeit aller Bundesbürger schließen.

Leider werden derartige Online-Umfragen dennoch immer beliebter; sie sind preiswert und schnell verfügbar. So ist nach einer Studie des Bundesministeriums für Arbeit und Soziales (BMAS) vom Oktober 2018 das Ausmaß von Plattformarbeit in Deutschland (das sogenannte *Crowdworking*) sehr viel höher als erwartet: Rund 5 Prozent der deutschen Erwachsenen seien demnach auf Plattformen aktiv, 70 Prozent davon erzielten dort ein Erwerbseinkommen.[29] Auch diese Ergebnisse sind zweifelhaft, da sie rein internetbasiert sind. Die Umfragefirma Civey hatte auf einer Vielzahl von Interseiten sogenannte »Widgets« geschaltet, auf die man klicken kann, um an der Umfrage teilzunehmen. Damit werden überproportional viele »Crowdworker« mitgewirkt haben. Eine im Jahr davor durchgeführte repräsentative Stichprobe von mehr als 10000 Personen im Auftrag desselben Bundesministeriums hatte noch ergeben, dass weniger als 1 Prozent der Erwachsenen Arbeitsaufträge ausführen, die sie über das Internet akquiriert haben.[30] Und in einem Jahr wird das Ausmaß des Crowdworkings ganz sicher nicht so exorbitant gestiegen sein.

Grüne fahren SUV

Derartige Probleme mit Stichproben sieht man sofort, wenn man die Nichtteilnehmer kennt. Hätte sich die *Frankfurter Allgemeine Sonntagszeitung* (*F.A.S.*) mehr um diese Menschen gekümmert, wäre ihr die Falschmeldung erspart geblieben, Anhänger der Partei Bündnis 90/Die Grünen führen häufiger als Anhänger anderer Parteien einen SUV. Grundlage der Meldung waren bis dahin unveröffentlichte Ergebnisse einer Befragung des Marktforschungs- und Beratungsunternehmens puls von 1042 Personen, wonach sich Anhänger der Partei Bündnis 90/Die Grünen am häufigsten einen SUV (16,3 Prozent) angeschafft haben oder anschaffen wollen, gefolgt von Wählern der SPD (16,0 Prozent), der AfD (15,9 Prozent), der CDU/CSU (15,6 Prozent), der FDP (13,4 Prozent) und der Linken (7,7 Prozent). Die *F.A.S.* folgerte daraus: »Jeder sechste Grünen-Sympathisant hat laut der Puls-Studie einen Geländewagen vor der Tür stehen«.[31]

Das zentrale Problem dieser Studie liegt darin, dass nur Personen befragt wurden, »die in den nächsten sechs Monaten die Anschaffung eines Autos planen oder in den vergangenen 12 Monaten ein Auto gekauft haben«. Personen, die sich nicht gerade ein Auto gekauft haben oder eine entsprechende Anschaffung planen, haben also an der Befragung gar nicht teilgenommen. Daher kann die obige Angabe des Anteils der Grünen-Wähler unter den SUV-Fahrern nur sinnvoll interpretiert werden, wenn man gleichzeitig die Parteipräferenzen derjenigen kennt, die grundsätzlich auf die Nutzung eines Autos verzichten beziehungsweise sich nicht erst kürzlich einen PKW angeschafft haben oder eine derartige Anschaffung planen.

Das Problem ist ähnlich dem der Interpretation durchschnittlicher Lohnunterschiede von Männern und Frauen (das berühmte, aber – wie in unserem ersten Buch näher erläutert – irreführende »Gender Pay Gap«). Die Diskriminierung findet nämlich nicht hier, sondern zum größten Teil woanders statt. Löhne und Gehälter können nur bei Personen erhoben werden, die eine Beschäftigung haben. Erfolgt Diskriminierung jedoch bei der Entscheidung, ob jemand eine Stelle antritt oder nicht, sagen durchschnittliche Lohnunterschiede zwischen Männern und Frauen wenig aus. Dazu muss man auch die Unterschiede in der Arbeitslosigkeit beziehungsweise Arbeitsmarktpartizipation beider Gruppen kennen.

Wie wird gefragt?

Selbst ansonsten repräsentative Umfragen können täuschen. Ein schönes Beispiel ist eine Meldung aus dem Jahr 2016, wonach 53 Prozent aller Bundesbürger meinen, Deutschland sollte mehr tun, um auch weiter Vorreiter im Klimaschutz zu sein. Zudem würden 67 Prozent der Bundesbürger dafür plädieren, alle Kohlekraftwerke »schnellstmöglich« oder »so bald wie möglich« abzuschalten. Grundlage war eine Befragung des britischen Meinungsforschungsinstituts YouGov im Auftrag des WWF (World Wide Fund for Nature). Dabei hat die Fragestellung von YouGov die Ergebnisse bereits vorweggenommen. So lautete die Frage zum Klimaschutz:

> »Beim Klimagipfel in Paris wurde 2015 ein internationales Abkommen für den Klimaschutz beschlossen. Anfang des Monats September haben die USA und China dieses Abkommen ratifiziert. Deutschland hat den Prozess noch nicht abgeschlossen und einen schwachen Klimaschutzplan für 2050 vorgelegt. Sollte Deutschland Ihrer Meinung nach mehr tun, um Vorreiter im Klimaschutz zu bleiben?«

Und die Frage zu den Kohlekraftwerken lautete:

> »Die Stromproduktion aus Kohle allein ist die größte Einzelquelle für die deutschen Treibhausgasemissionen. Was sollte Ihrer Meinung nach mit den Kohlekraftwerken passieren?«[32]

Derart suggestive Fragen lenken die Antworten systematisch in eine vorbestimmte Richtung. Ein solches Vorgehen nennt man auch *ergebnisorientierte* Umfrageforschung. Im Unterschied dazu hätte eine *erkenntnisorientierte* Befragung die Fragen sehr viel neutraler gestellt und wohl ein anderes Ergebnis erhalten.

Macht Corona dick?

Manchmal führen auch neutrale Fragen zu falschen Ergebnissen. Ein Beispiel ist unsere Unstatistik vom Juli 2021. Da hatte die Technische Universität München (TUM) eine Pressemeldung mit dem Titel »Corona befeuert eine andere Pandemie«, herausgegeben: Die Deutschen würden durch Corona immer dicker. Und die Medien haben diese Meldung dankbar aufgenommen: »Gut fünf Kilo haben die Deutschen im vergangenen Jahr zugenommen«, schreibt *Zeit Online* und fragt besorgt: »Wie kriegen wir das wieder runter?« Unterstützt wurde die Meldung durch Interviews mit vier »Personal Trainern«, von denen zwei den Eindruck bestätigten, dass die Deutschen auf den Straßen sichtbar dicker geworden seien. Ignoriert wurden jedoch zu diesem Zeitpunkt bereits vorliegende Studien zum Einfluss der Corona-Maßnahmen auf die Lebensgewohnheiten der Bürger. So konnte das Robert-Koch-Institut (RKI) mit der Studie »Gesundheit in Deutschland aktuell« (GEDA 2019/2020-EHIS) bei gut 23 000 bundesweit Befragten ab 15 Jahren zwischen April 2019 und September 2020 nur eine Gewichtszunahme von 1,1 Kilogramm finden. Heißt das, die Deutschen hätten innerhalb von nur 9 Monaten im Durchschnitt knapp 4 Kilogramm an Gewicht zugelegt?

Natürlich nicht. Erstens hat sich die TUM nur auf eine bestimmte (nicht repräsentative) Teilgruppe konzentriert: Die 5,5 Kilogramm durchschnittliche Gewichtszunahme, die das Marktforschungsinstitut Forsa im Rahmen der Studie für das Else Kröner Fresenius Zentrum für Ernährungsmedizin (EKFZ) der TUM erfragt hat,[33] beziehen sich nur auf diejenigen 39 Prozent der Befragten, die tatsächlich zugenommen hatten. Aber 11 Prozent der Befragten hatten im Mittel sogar 6,4 Kilogramm abgenommen, und 48 Prozent gaben an, in der Pandemie ihr Gewicht gehalten zu haben. Errechnet man daraus den Gesamtdurchschnitt, so ergibt sich eine Zunahme von knapp 1,5 Kilogramm.

Zeit Online liegt also deutlich daneben. Auch die Beiträge von *mdr.de* (»Die Befragten gaben an, seit Beginn der Pandemie im Schnitt um 5,6 Kilogramm zugenommen zu haben.«), *Sonntagsblatt* (»5,6 Kilo haben die Deutschen laut einer neuen Studie der TU München während der Corona-Pandemie zugenommen.«) und der *Passauer Neuen Presse* (»5,5 Kilo mehr: Wie Corona die Deutschen dick gemacht hat«) berichten zumindest irreführend.[34] Daran dürfte allerdings die Pressemitteilung der TUM nicht ganz unschuldig sein. Dort heißt es: »Im Durchschnitt liegt die Gewichtszunahme bei 5,6 Kilo«, ohne den Hinweis darauf, dass dies lediglich der Durchschnitt derjenigen Befragten ist, die überhaupt zugenommen haben. Mittlerweile wurde die Zahl auf 5,5 kg korrigiert. Immerhin berichteten zahlreiche andere Medien korrekt und (nahezu) wortgleich: »Demnach haben rund 40 Prozent der Befragten seit Corona an Gewicht zugelegt – im Durchschnitt 5,6 Kilogramm.«

Auch abseits von Corona stecken Statistiken zu Übergewicht voller Tücken. Im August 2018 meldete ein Sonderbericht des Statistischen Bundesamtes einen Anteil von 53 Prozent Übergewichtigen in der erwachsenen Bevölkerung der Bundesrepublik, 62 Prozent der Männer und 43 Prozent der Frauen. Die Zahlen entstammen einer Zusatzbefragung zum Mikrozensus. Erfragt wurden Größe und Gewicht, aus denen sich dann der Body-Mass-Index ableiten lässt. Ein BMI größer als 25 bedeutet Übergewicht.

Im Jahr 1999 war das »nur« bei 48 Prozent aller erwachsenen Bundesbürger der Fall gewesen.

Der BMI errechnet sich als das Körpergewicht in Kilogramm, geteilt durch die Körpergröße in Metern zum Quadrat. Diese auf den ersten Blick etwas merkwürdige Formel lässt sich gut veranschaulichen. Nehmen wir das berühmte Bild vom »vitruvianischen Menschen« von Leonardo da Vinci, einem Mann mit ausgestreckten Armen und Beinen in einem Kreis (siehe Abbildung 3.4). Nun steht die Kreisfläche im quadratischen Verhältnis zum Radius und ein Würfel von 1 Kilogramm Wasser, aus dem wir Menschen größtenteils bestehen, hat eine Kantenlänge von 10 Zentimetern oder 0,1 Meter. Der BMI ist also ungefähr die Höhe (oder Dicke), die ein menschlicher Körper im Durchschnitt hat, wenn man ihn flach auf den Boden legt – grob gesagt also, wie weit der Bauch im Liegen nach oben ragt.

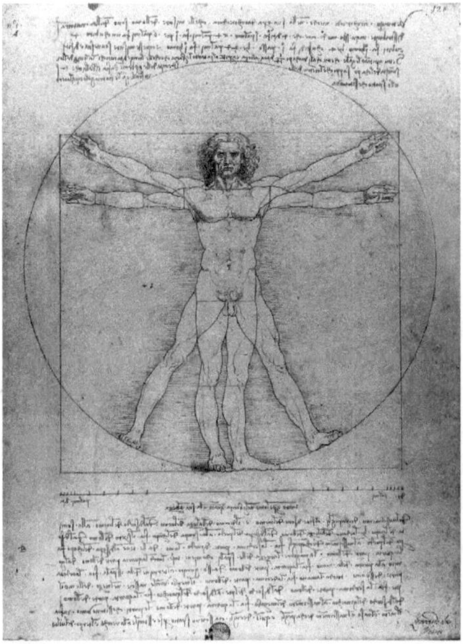

Abbildung 3.4: »Vitruvianischer Mensch« von Leonardo da Vinci, ca. 1490

Gemessen am BMI werden die Deutschen also immer dicker oder zumindest schwerer. Deshalb ist der BMI nicht unumstritten; schließlich wiegen Muskeln mehr als Fett, sodass manche sehr sportliche Menschen nach diesem einfachen Kriterium fälschlicherweise als übergewichtig gelten. Und ein guter Teil der vom Statistischen Bundesamt gemeldeten Veränderung lässt sich zumindest demografisch erklären. Bei den 70- bis 74-Jährigen sind nämlich fast drei Viertel der Männer und knapp drei von fünf Frauen übergewichtig, bei den 20- bis 24-Jährigen dagegen nur jeder dritte Mann und jede fünfte Frau. Und seit 1999 hat die erste Gruppe anteilsmäßig zu- und die zweite anteilsmäßig abgenommen. Damit wäre altersadjustiert betreffend Übergewicht seither nicht allzu viel passiert.

4. Was Daten sagen und verschweigen

Während der Corona-Pandemie wurde die Menschheit mit Daten und Analysen überschwemmt. Viele davon waren mehr als fragwürdig, um nicht zu sagen: einfach falsch. In Deutschland wie auch international fehlte es zwar nicht an kritischen Expertenmeinungen, aber in der Öffentlichkeit kam wenig davon an. Die Diskussion fand lange Zeit in einer relativ abgeschotteten Fachwelt statt. Dass die Statistik unter allen Wissenschaften nicht den besten Ruf genießt, kam erschwerend hinzu. Dabei wird oft vergessen, dass sie nicht nur den Werkzeugkasten liefert, aus dem sich Fachleute bedienen. Die Statistik ist eine eigenständige, hoch dynamische und innovative Wissenschaft. Sie geht weit über das hinaus, was die meisten Mediziner, Psychologen, Betriebswirte oder Ingenieure in ihrem Studium oft nur streifen.

Aber viele Menschen wissen weder, wie Statistik, noch wie Wissenschaft ganz allgemein funktioniert. Wenn etwas wissenschaftlich gesichert oder statistisch bewiesen ist, dann ist das eben nicht zu lesen wie ein mathematischer Beweis: $a^2 + b^2 = c^2$. Die empirischen Wissenschaften wie Medizin, Soziologie oder Psychologie präsentieren so gut wie nie 100-prozentig gesicherte Erkenntnisse. Wissenschaft stellt sich eine Frage zu einem Problem aus der realen Welt, versucht dann diesen Ausschnitt der Welt möglichst gut in Modelle zu übersetzen, erhebt Daten, wertet sie aus und zieht daraus Schlüsse. An jeder Stelle in diesem Prozess können Fehler auftreten. Die Daten bilden die Realität nicht vollständig und korrekt ab, die statistischen Modelle entsprechen nicht genau den wahren Zusammenhängen und so weiter.

Man muss deshalb immer mit dem Risiko von Fehlern leben:

Fehler beim Datensammeln (Kapitel 3), Fehler bei Antikörpertests (Kapitel 1, 8 und 9), weil sie Infizierte nicht finden oder nicht Infizierte positiv testen, oder Fehler beim Auswerten, weil statistische Modelle einen Zusammenhang aufzeigen, wo in Wahrheit keiner existiert, oder weil sie umgekehrt einen Zusammenhang übersehen, der tatsächlich vorhanden ist. Und selbst wenn man alles richtig macht, dann ist ein »statistisch signifikantes Ergebnis« so etwas wie ein Schuldspruch ohne Geständnis in einem Strafprozess, mit mehr oder weniger starken Indizien. Ein »nicht signifikantes Ergebnis« ist entsprechend bloß ein Freispruch aus Mangel an Beweisen.

Dieser Umgang mit Unsicherheiten ist etwas, was im Prinzip jeder Wissenschaftler lernt (auch wenn es nicht jeder verinnerlicht). Wenn Wissenschaftler sich streiten, bedeutet das deshalb nicht zwangsläufig, dass es immer um Richtig oder Falsch geht, dass einer Recht hat und der andere Unrecht. Sondern es zeigt vielmehr, dass es keine perfekten Methoden gibt, die immer mit Sicherheit die Wahrheit finden.

Mehr Daten erzeugen nicht unbedingt auch mehr Wissen

Zu Daten- und Statistikkompetenz gehört auch ein gewisses Verständnis davon, wie man die Aussagekraft von Datenquellen bewertet und deren Möglichkeiten und Grenzen erkennt. Erstens sind alle Daten mit Unsicherheit behaftet. Das gilt auch für die daraus abgeleiteten Kennziffern – eine Reproduktionszahl R lässt sich eben nur auf +/– 0,2 genau schätzen. Ob R bei 1,1 oder 1,2 liegt, macht allerdings über den Verlauf weniger Wochen bereits einen enormen Unterschied. Zweitens stellt die Statistik zwar Werkzeuge bereit, um das Ausmaß dieser Unsicherheit zu schätzen. Diese setzen aber insbesondere voraus, dass die Daten repräsentativ sind. Das war etwa im Kontext von Corona selten der Fall; die vorhandenen Daten lieferten kein unverzerrtes Bild der Pandemie.

Transparenz und Aktualität der Zahlen sind in einer Krise verständliche Wünsche. Man befriedigt sie nicht, indem man schlechte Daten immer weiter knetet und interaktiv visualisiert – oder wie die Amerikaner sagen: »Even garbage looks good in colors«. Fallzahlen, Reproduktionsraten und die Sieben-Tage-Inzidenz sind nicht nutzlos, aber ihre Aussagekraft wird nicht immer angemessen bewertet. Schon Experten können nur mit Mühe aus der Vielzahl teils widersprüchlicher Informationen, die in unterschiedlichem Ausmaß mit Fehlern behaftet sind, ein halbwegs klares Bild der Lage extrahieren. Wenn es »nur« darum geht, Methoden zu verstehen, dann sind eine gewisse mathematische Grundbildung und die im Internet verfügbaren Ressourcen im Wesentlichen ausreichend: Das Robert-Koch-Institut (RKI) erläutert seine Berechnungen sehr detailliert in Methodenpapieren.[35]

Auch die »Unstatistik« hat in einer kleinen Serie seit Beginn der Pandemie erklärt, was sich hinter den Corona-Kennzahlen verbirgt.[36] Wenn es beispielsweise um die »Wirksamkeit« einer Impfung geht, dann kann die »Efficacy« (Wirksamkeit) oder die »Effectiveness« (Wirksamkeit unter realen Bedingungen) gemeint sein. Die hängt auch noch von Faktoren ab, die in einer klinischen Studie nicht alle beachtet werden können. So wurde etwa eine Studie zur Wirksamkeit einer dritten Covid-19-Impfung in den sozialen Medien heftig diskutiert.[37] Die Datenbasis bestand aus mehr als einer Million Impfungen mit Pfizer-BioNTech von Personen im Alter von 60 Jahren oder älter in Israel. Leider ist es aber nicht möglich, anhand dieser Daten eine allgemeine Aussage über die Impfwirkung zu treffen. Dies gilt allein schon deshalb, weil die erfassten Personen mehrfach auftauchen können: Sie können zu Beginn des Beobachtungszeitraums von insgesamt 31 Tagen zur Gruppe der zweifach Geimpften, zum Ende zu den dreifach Geimpften zählen. Die Studie dokumentiert deshalb nur, wie viele Personentage es insgesamt in jeder Gruppe gab. Im Mittel wurden die zweifach Geimpften wie die dreifach Geimpften knapp zwei Wochen überwacht. Das reichte aber für Gesundheitsminister

Karl Lauterbach aus, um sich euphorisch auf Twitter zu äußern: »Die Wirkung der 3. BionTech Impfung fällt deutlich stärker aus, als von vielen Experten erwartet. Mehr als 10-facher Schutz gegen Infektion oder schwere Krankheit.«

Hier haben wir den Klassiker der Fehlinterpretation von relativen Risiken, wie er uns noch oft in diesem Buch begegnen wird. Mit zwei Impfdosen lag das Risiko einer Infektion bei 85 Fällen je 100 000 Personentage und mit drei Dosen bei 8 Fällen je 100 000 Personentage. Dieser Rückgang des relativen Risikos ist jedoch nicht gleichzusetzen mit einer vergleichbaren Erhöhung des Impfschutzes. Einmal sind Personentage nicht das Gleiche wie Personen. Und Menschen, die dreifach geimpft und einen Monat oder länger beobachtet wurden, gab es in der Studie gar nicht. Außerdem sind die beiden Gruppen, die zweifach Geimpften und die dreifach Geimpften, hinsichtlich des Infektionsrisikos nicht vergleichbar. Die dreifach Geimpften waren älter, zu höherem Prozentsatz männlich und gehörten seltener zur arabischen oder ultraorthodoxen Bevölkerung. Außerdem lagen ihre bisherigen Impfungen wesentlich länger zurück. Rechnet man das alles mit ein, reduziert eine dritte Impfung das relative Risiko einer Infektion sogar um einen Faktor größer 11.

Etwas völlig anderes ist dagegen der Impfschutz. Der hängt davon ab, wie viele Personen aus einer Gruppe von zweifach beziehungsweise dreifach Geimpften sich innerhalb einer bestimmten Zeitspanne infizieren – oder eben nicht. Ergebnis: Die Wahrscheinlichkeit, sich binnen 30 Tagen *nicht* zu infizieren, steigt mit der dritten Dosis von 97,5 Prozent auf 99,8 Prozent. Der Schutz war schon vorher hoch und steigt mit der dritten Impfung um 2 Prozentpunkte an. Die Zahl der Infizierten war vorher klein und nachher klein, aber bei kleinen Zahlen machen auch schon minimale absolute Unterschiede große relative Sprünge aus.

Messen wir richtig?

Messen die Daten das, was sie messen sollen? Wenn man etwa die Inzidenz einer Infektionskrankheit nur an den bestätigten Fällen festmacht, wird die Lage in der Regel unterschätzt – Infizierte ohne Symptome werden oft nicht getestet. Dagegen kommt es zu einer Überschätzung, wenn vornehmlich symptomatische Personen getestet und dann auf die Gesamtbevölkerung hochgerechnet werden. Wenn sich dann auch noch die Erhebungsmethode über die Zeit ändert, etwa weil zunehmend Menschen ohne Symptome getestet werden oder weil sich die Testgüte ändert, ist die Konfusion perfekt. Zu allem Überfluss kommen dann auch noch wochentägliche Schwankungen in der Erfassung etwa durch den Meldeverzug hinzu oder weil Labore an den Wochenenden nicht arbeiten.

Die aus solchen verzerrten Ausgangsdaten berechneten Kennzahlen sind natürlich ebenfalls verzerrt. Sehen wir uns dazu einmal eine alternative Art des Pandemie-Monitorings, die des Zentralen Amtes für Statistik der Niederlande (CBS) an. Dieses dokumentiert in seinem Corona-Dashboard die Anzahl der SARS-Cov2-Viruspartikel im Abwasser.[38] Wenn Menschen mit dem Coronavirus infiziert sind, befinden sich mit einer gewissen Wahrscheinlichkeit Viruspartikel in ihrem Stuhl.[39] Diese Partikel werden die Toilette hinuntergespült und landen im Abwasser. Durch die Abwasserproben erfährt man also etwas darüber, wie verbreitet das Virus in einer bestimmten Region ist. Aufschlussreich ist nun ein Vergleich der niederländischen Kurven für die Sieben-Tage-Inzidenz (gemeldete Fälle je 100 000 Einwohner) und für die Viruspartikel, ebenso pro 100 000 Einwohner. Der Höchststand im Frühjahr 2021 wurde am 27. (Inzidenz) beziehungsweise 28. März (Viruspartikel) erreicht. In den drei Wochen zuvor stiegen die Viruspartikel um 20 Prozent, die Inzidenz dagegen um 67 Prozent.

Hier scheint die Kurve der Viruspartikel im Abwasser der bessere Indikator – sie ist nicht abhängig von der Anzahl der durchgeführten Tests, und wochentägliche Schwankungen gibt es nicht. Mehr Tests helfen zwar beim Verständnis der Pandemie, da man die Dunkelziffer reduziert, sie beschädigen aber die Vergleichbarkeit über Raum und Zeit, falls unterschiedlich viel getestet wird. Eine Messung von Viruspartikeln im Abwasser könnte also eine repräsentative und unverzerrte Bewertung der Entwicklung des Infektionsgeschehens ermöglichen. Aber man kann daraus nicht schließen, wie viele Menschen betroffen sind. Auch weiß man nichts über die infizierten Menschen, und es könnte wichtig sein, zu verstehen, ob unterschiedliche Alters- oder Berufsgruppen unterschiedlich stark betroffen sind. Dazu muss man wohl oder übel Fälle zählen.

Aber dann lauert schon das nächste Problem. Gerade bei kleinen Fallzahlen sind insbesondere in dünn besiedelte Gegenden die Schätzungen sehr ungenau und instabil: In einer Kleinstadt mit 5000 Einwohnern bedeutet ein Fall eine Inzidenz von 20. Kommt einer hinzu, steigt die Inzidenz schon auf 40. Dazwischen gibt es nichts. Soll jetzt noch nach fünf Altersgruppen unterschieden werden (und nehmen wir der Einfachheit halber an, dass jede Altersgruppe 1000 Menschen zählt), dann gibt es nur Inzidenzen von 0, 100 oder 200. Solche Daten sind also völlig nutzlos, um entscheidungsrelevante Informationen zu gewinnen.

Messen wir das Richtige?

Außerdem stellt sich die Frage nach der Relevanz. Daten über Fallzahlen, Intensivpatienten oder Verstorbene werden Tag für Tag berichtet und analysiert, weil sie verfügbar sind. Aber sie sind nicht das einzig Relevante. Wünschenswert wären mindestens genauso hochfrequente und feinräumige Daten über die Auswirkung der Pandemie auf andere Lebensbereiche: Bildung, Einkommen, insbesondere mit Blick auf schwächere Mitglieder unserer Gesellschaft, Wirtschaft, Umwelt. Es ist alles andere als einfach, solche Daten zu generieren. Das Statistische Bundesamt unternimmt mit seinen »Experimentellen Daten« inzwischen einige sehr ermutigende Schritte in diese Richtung.

Damit wird auch klar, warum ein Mehr an faktenbasiertem Wissenschaftsjournalismus die »Unstatistik« nicht überflüssig macht. Zahlen, Daten und Fakten sind nicht objektiv, sondern Messungen beziehungsweise Abbildungen von realen Phänomenen, Gegenständen und Prozessen. An irgendeiner Stelle ist zu entscheiden, wie dieser Messprozess abläuft, etwa welche Daten zur Corona-Krise in welcher Art und Weise mit welchen Messinstrumenten erhoben werden. Oder wie die Arbeitslosigkeit zu definieren ist. Ein Arbeitsloser ist nicht dasselbe wie ein Erwerbsloser. Oder was man unter Steuerhinterziehung zu verstehen hat.

Vielleicht erinnert sich der eine oder andere Leser an die legendäre Diskussion bei Anne Will, wie viele Steuern in Deutschland jährlich hinterzogen werden.[40] Sahra Wagenknecht sagte: »Die Steuerhinterziehung wird geschätzt auf 30 Milliarden im Jahr.« Heiner Geißler meinte: »400, 500 Millionen Euro werden hinterzogen. Die Steuergewerkschaft schätzt, dass es zwei bis drei Milliarden Euro sind.« Wolfgang Bosbach sprach hingegen von geschätzten 100 bis 300 Milliarden Euro, die in der Schweiz lägen.

Drei Politiker, vier Zahlen. Aber sie meinten unterschiedliche Dinge. Steuergewerkschaft, Steuerfahndung und Bundesbank hatten für das Jahr 2006 überschlägig ermittelt, wie viel Vermögen in ausländischen Banken lagerte, wie viel davon aus Deutschland stammte und welcher Teil wohl ordnungsgemäß versteuert worden war. Allein für die Schweiz kam man auf rund 170 Milliarden Euro, insgesamt auf 480 Milliarden. Mitte 2009, eine Finanzkrise später, lagen aber laut Steuergewerkschaft »nur« noch 300 Milliarden Euro Schwarzgeld im Ausland. Die entgangenen Steuern schätzt man nun über die erwartete Rendite auf dieses Schwarzgeld, multipliziert mit dem Steuersatz darauf. Bei 500 Milliarden Euro Schwarzgeld, rund 4 bis 5 Prozent jährlicher Rendite und (damals) 20 Prozent EU-Zinssteuer ergeben sich 5 Milliarden Euro Steuerverlust pro Jahr. Drei Jahre später wären es 2 bis 3 Milliarden.

Auch die Financial Action Task Force (FATF) der OECD äußerte sich zum Sachverhalt und stellte dazu die Zahl »100 Milliarden« für Deutschland in den Raum. Aber in deren Bericht geht es unter anderem um Geldwäsche und Terrorfinanzierung, das »Hauptgeschäft« der FATF. Man kann eben Steuern auch anders hinterziehen. Zum Beispiel, indem man keine Einkommensteuer auf Schwarzarbeit abführt und keine Umsatzsteuer auf Schwarzmarktgeschäfte oder Waffen- und Drogengeschäfte. Erst wenn dieses Geld irgendwann auf Schweizer Konten landet, dann geht es wieder um das, was die Steuergewerkschaft in den Blick nimmt. Welche Zahlen und Daten also die »richtigen« sind, um einen Sachverhalt wie »Steuerhinterziehung« oder »Auswirkungen einer Pandemie« zu messen, ist weder objektiv noch eindeutig bestimmt.

Dazu kommt ein weiteres Problem. Wenn bestimmte Perspektiven in den Daten überhaupt nicht abgebildet sind, weil diejenigen, die über die Bereitstellung dieser Daten entscheiden, diese Perspektiven gar nicht wahrnehmen, kommt es zu »sich selbst verdunkelnden blinden Flecken«. Besonders deutlich wird das am monatlichen Corona-Dossier des Statistischen Bundesamtes.[41] Abbildung 4.1 zeigt die Anzahl von Seiten der März-Ausgabe 2021, die einem bestimmten gesellschaftlichen Thema gewidmet sind. »Umwelt« ist nur deshalb aufgeführt, weil es dazu in früheren Ausgaben eine halbe Seite gab.

Man stelle sich einmal vor, wie die Realität aussähe, wenn es Daten zu den »blinden Flecken« gäbe. Was wäre, wenn die *Tagesschau* jeden Tag berichten würde, wie viele Menschen an diesem Tag wegen Angst oder Depressionen krankgeschrieben wurden, ihren Arbeitsplatz verloren haben oder wegen Kurzarbeit in die Armut gerutscht sind? Dabei gäbe es manche solcher Zahlen – zumindest Zahlen, die mit diesen Problemen in gewissem Zusammenhang stehen. Eine Auswertung der Anrufe bei der Telefonseelsorge im Schweizer Kanton Zürich (die bei modernen digitalen Telefonanlagen durchaus in hoher Frequenz erfolgen könnte) ergab einen Anstieg der suizidalen Anrufer in der zwei-

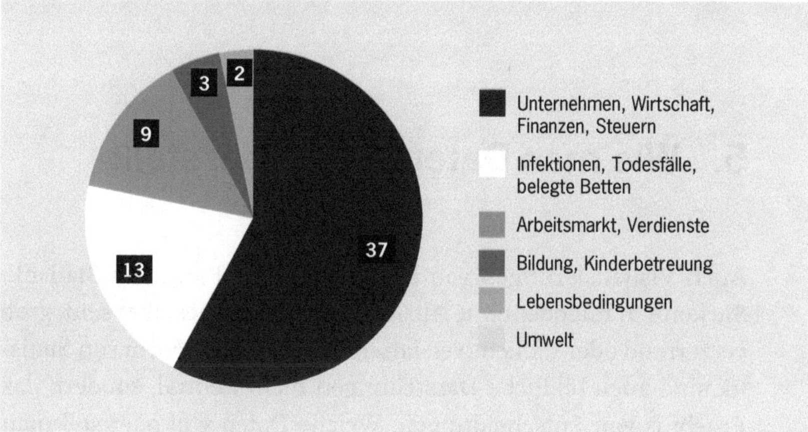

Abbildung 4.1: Seitenverteilung des Corona-Dossiers des Statistischen Bundesamtes vom März 2021

ten Jahreshälfte 2020 um ein Drittel, im Monat Oktober sogar eine Zunahme um 60 Prozent. Auch in Deutschland gab es während der Ausgangssperre im Herbst erheblich mehr Anrufe, plus 10 Prozent wegen allgemein depressiver Stimmung, plus 50 Prozent bei Anrufen mit suizidalem Inhalt. In der Online-Beratung gab es täglich sogar um 74 Prozent mehr Anfragen, und die einschlägigen Netz-Gesprächsgruppen meldeten sogar einen Anstieg um 160 Prozent.

Aber alles das erfährt man nicht. Auch deshalb ist es eine Illusion, zu glauben, Zahlen sprächen für sich selbst. Wer nicht da ist, kann auch nicht sprechen. Und selbst wenn sie da sind – man versteht sie häufig nicht. Deshalb wird es wohl noch lange unsere Unstatistik des Monats geben.

5. Wie man Daten (nicht) darstellt

Auch Visualisierungen von Daten sind eine Form von Statistik. Sie können mit oder ohne Absicht manipulativ gestaltet sein, grob verzerrend oder schlichtweg falsch. Und wie jede Form von Statistik sind auch bildliche Darstellungen nicht neutral, sondern das Ergebnis von Entscheidungen: Welche Daten will oder soll man überhaupt in Bilder übersetzen? Und wie?

Beginnen wir mit Frage zwei. Dazu gibt es heute zahlreiche komfortable und oft frei nutzbare Analyse- und Visualisierungswerkzeuge. Man lädt die Daten hinein und bekommt mit einem einzigen Klick fantastische interaktive Darstellungen heraus. Mit ein paar weiteren Klicks sind diese, zusammen mit einer reißerischen Schlagzeile, auf einem Blog oder in sozialen Medien wie Twitter und Facebook eingestellt und innerhalb von Sekunden tausendfach verbreitet. Die Beschaffung, Auswertung und Verbreitung von Daten und Statistiken ist dank der Digitalisierung nicht mehr der Engpass in der Verbreitung von Information und Wissen, niemand muss mehr programmieren können oder die Zugangshürde der Redaktionen überwinden.

Dabei können Visualisierungen helfen, Botschaften wortwörtlich »auf einen Blick« zu kommunizieren und Interesse zu wecken – mehr jedenfalls als eine nüchterne Tabelle. Aber Vorsicht! Bildliche Darstellungen senden stets auch nonverbale Botschaften. Sie mögen attraktiv und hoch professionell daherkommen, können aber den zu vermittelnden Sachverhalt grob verzerren. Die Abbildung 5.1 aus den *Welt*-Nachrichten zeigt einen aussichtsreichen Kandidaten für die unsinnigste Grafik des Jahres 2021.

Zur Bundestagswahl 2021 kommentierte das Nachrichten-Portal *Welt*: »Paukenschlag! SPD holt die Union in Umfrage ein«.

Abbildung 5.1: *Welt*-Nachrichten vom 22.08.2021, Minute 1:43

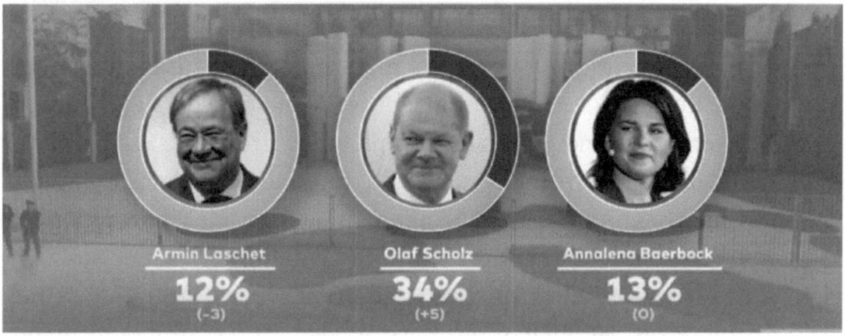

Abbildung 5.2: *Welt*-Nachrichten vom 22.08.2021, Minute 1:43 und eigene Darstellung

Illustriert wurde die Nachricht mit einem Ringdiagramm der Prozentwerte der Zustimmung zu den jeweiligen Kanzlerkandidaten. Ein Ringdiagramm ist ein Tortendiagramm mit einem Loch in der Mitte. Das Verhältnis der Fläche eines Segments zur Gesamtfläche des Ringes entspricht seinem prozentualen Anteil – zumindest sollte es so sein. Denn in der *Welt*-Grafik sucht man jeden Bezug zwischen der Flächenverteilung in den einzelnen Ringen und der Verteilung der Umfragewerte für die jeweiligen Kandidaten vergeblich. Wenn 34 Prozent der Befragten sich in einer Direktwahl für Olaf Scholz als Bundeskanzler ausgesprochen haben, dann müsste etwa ein Drittel des Rings dunkel eingefärbt sein. Und wenn Annalena Baerbock einen kleinen Vorsprung vor Armin Laschet hatte, warum ist dann sein Dunkel-Anteil fast um die Hälfte größer als der ihre?

Ring- wie Tortendiagramme sind nicht leicht intuitiv zu lesen, besonders, wenn sich Anteile nur wenig unterscheiden. Eigentlich kann man nur grobe Verhältnisse gut erkennen: 25 Prozent etwa, als ein Viertelkreis, oder 50 Prozent, die Hälfte eines Kreises. Gleichwohl haben wir in der Abbildung 5.2 die Stimmenverhältnisse mithilfe des Tabellenkalkulationsprogramms Excel zumindest maßstabsgerecht dargestellt.

Säulen ohne Beine

Manche Programme wie Excel manipulieren sozusagen automatisch. Ein Klassiker der Verfälschung ist es, Achsen zu verkürzen. So werden kleine Unterschiede plötzlich groß. Das macht Excel standardmäßig. Wer das nicht will, muss die Achsen aktiv wieder bei null beginnen lassen. Sonst geht es ihm oder ihr womöglich wie dem Lindauer Landrat Elmar Stegemann, der voller Stolz die auf den ersten Blick durchaus eindrucksvolle Impfquote seines Landkreises, verglichen mit Bayern oder gar Gesamtdeutschland, in der Abbildung 5.3 auf Facebook kommunizierte (wir haben es nachgebaut: Das muss eine Excel-Grafik sein).

Es sieht tatsächlich so aus, als hätten sich in Lindau bereits zwei- bis dreimal so viele Menschen impfen lassen wie im Freistaat oder in der gesamten Bundesrepublik. Doch das stimmt bei Weitem nicht. Beispiele solcher dramatisierend verkürzten Balken (senkrecht oder waagerecht) finden sich zuhauf. In Abbildung 5.4 sieht der Unterschied zwischen aktuellem und potenziellem Ölbedarf gewaltig aus – ist es aber nicht. Und auch der Vorsprung des Wahlsiegers bei der vorletzten Präsidentenwahl in Venezuela ist längst nicht so deutlich, wie Abbildung 5.5 suggeriert; er ist im Gegenteil sogar fast null.

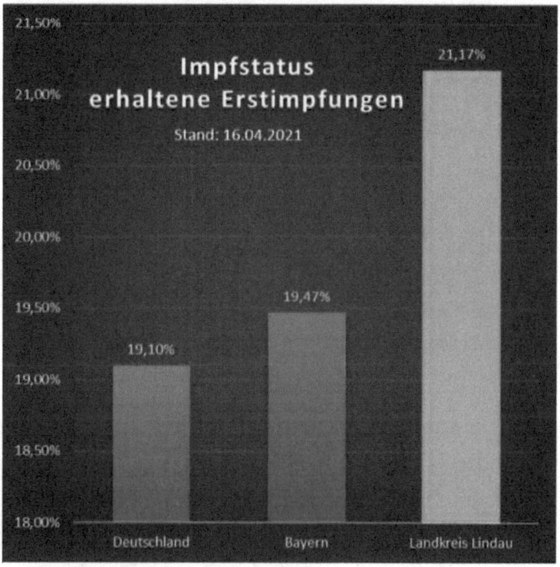

Abbildung 5.3: Landrat Elmar Stegmann (Landratsamt Lindau), Facebook am 17. April 2021

Quelle: https://m.facebook.com/photo?fbid=398486778124622&set=pcb.398487524791214

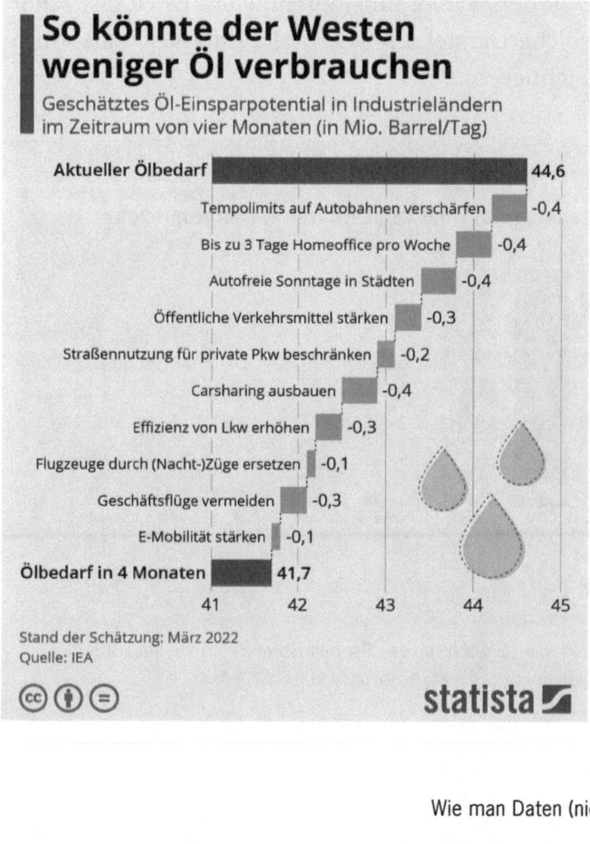

Abbildung 5.4: Öl-Einsparpotenzial in Industrieländern

Quelle: Statista, https://de.statista.com/infografik/27089/oel-einsparpotential-in-industrielaendern/

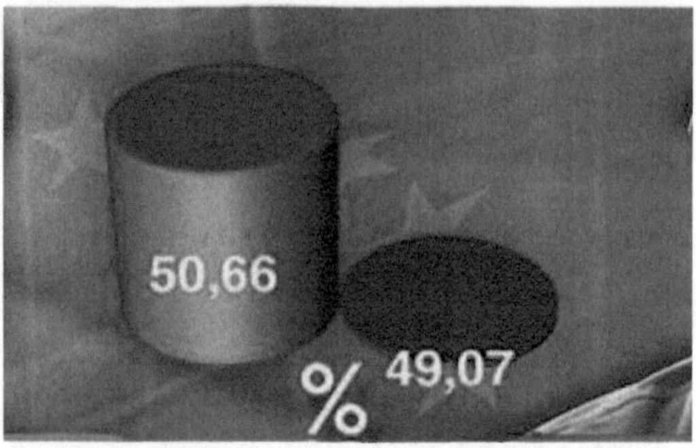

Abbildung 5.5: Netzseite der Gran Polo Patriotico

Etwas subtiler und mit aktiver kosmetischer Pflege verbunden ist die Variante in Abbildung 5.6, bei der Teile der Balken herausgeschnitten werden und im Gegenzug die Achse gar nicht mehr erscheint. Hier werden große Unterschiede auf einmal klein. In Wahrheit steht die Partei Die Linke keinesfalls kurz davor, CDU und SPD in der Wählergunst einzuholen. Es ist fast schon zynisch, eine solche Darstellung wie in der *Tagesschau* als »Infografik« zu bezeichnen.

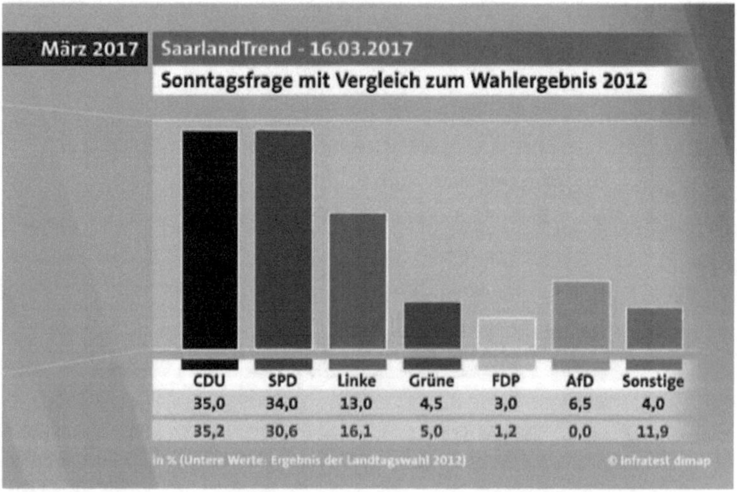

Abbildung 5.6: *Tagesschau*, Ergebnisse des SaarlandTrends vom 16. März 2017
Quelle: https://www.tagesschau.de/multimedia/bilder/crbilderstrecke-375.html

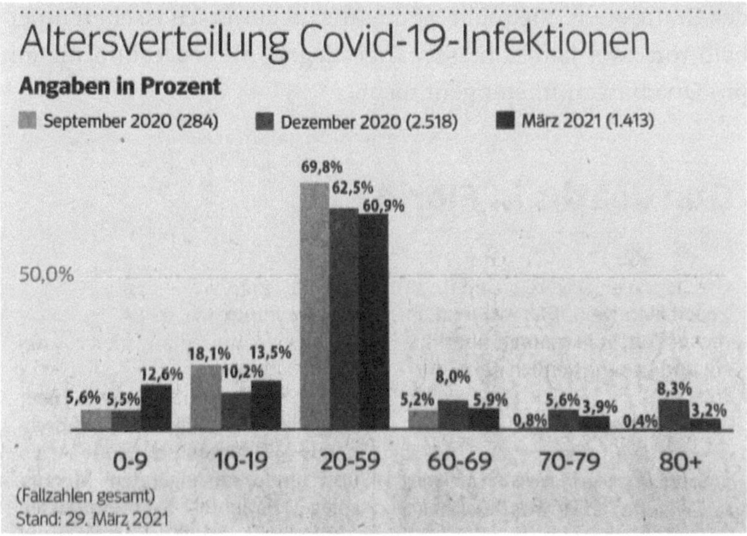

Abbildung 5.7: *Westdeutsche Allgemeine Zeitung*, 19. April 2021

Das Spiel funktioniert auch umgekehrt. In Abbildung 5.7 ist es nicht die vertikale Y-Achse, sondern die horizontale X-Achse, die nicht gleichmäßig verläuft. Alle Altersgruppen umfassen zehn Jahre – bis auf die der 20- bis 59-Jährigen. Dahinter verbergen sich viermal so viele Altersjahre. Und schon sieht es so aus, als würden sich dort die Infektionen häufen.

Besonders Kreative drehen eine Achse auch mal um, wie in Abbildung 5.8. Vielleicht hat er oder sie sich vorgestellt, wie das Blut der Schusswaffenopfer eine Wand hinunterfließt? Jedenfalls verläuft die Y-Achse im nächsten Beispiel von oben nach unten. Wer das übersieht, hat jedoch den Eindruck, als hätte die Anzahl der Opfer über die Jahre zugenommen. Dabei ist das Gegenteil der Fall. Und was noch viel schlimmer ist: Das »Stand Your Ground«-Gesetz, das den Bewohnern Floridas den Einsatz von Schusswaffen erlaubt, wenn sie sich bedroht fühlen, hat natürlich nicht dazu geführt, dass weniger Menschen erschossen werden. Genau das ist aber die erste Botschaft, die einem ins Auge springt, eben weil der Hinweis auf das Gesetz so deutlich im Mittelpunkt der Grafik steht. Vielmehr ist die Anzahl der Erschossenen innerhalb von zwei Jahren massiv angestiegen. Mehr Desinformation pro Quadratzentimeter geht nicht.

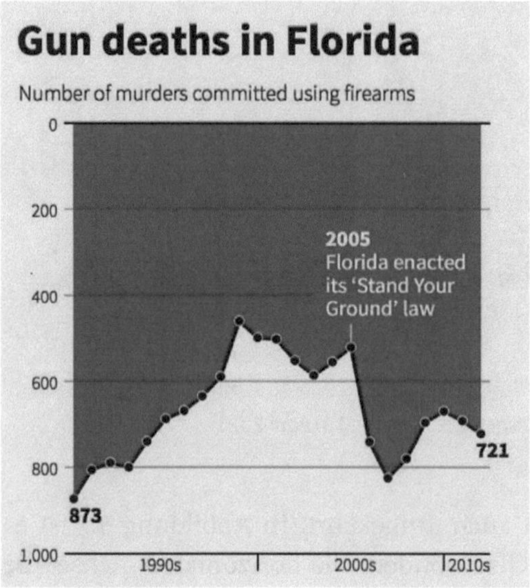

Abbildung 5.8: Darstellung der Opfer von Schusswaffengewalt in Florida, Reuters, 16.02.2014[42]

Vorsicht, Piktogramm!

Andere Desinformationsgrafiken ersetzen Balken oder Linien durch bildliche Darstellungen dessen, was zahlenmäßig übermittelt werden soll. Das funktioniert mit Avocados (Abbildung 5.9) genauso gut oder schlecht wie mit Autos (Abbildung 5.10).

Diese Grafiken nutzen zwei- oder dreidimensionale geometrische Figuren zur Darstellung eindimensionaler Zahlen. So erscheint der Avocado-Berg im Jahr 2017 (wir nehmen mal an, dass sich die Angabe auf dieses Jahr bezieht, auch wenn der Berg sich über die Jahre 2015 bis 2019 erstreckt) nicht drei- bis viermal so groß wie der im Jahr 2008, wie es das Zahlenverhältnis nahelegt, sondern rund zehnmal so groß – man hat nur das Höhenverhältnis an das Zahlenverhältnis angepasst. Unser Gehirn dagegen be-

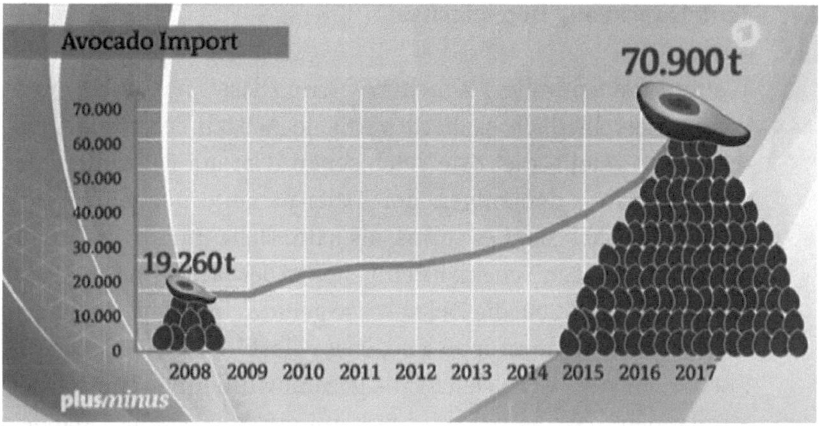

Abbildung 5.9: Avocado-Import, *ARD Plusminus* am 11.04.2018

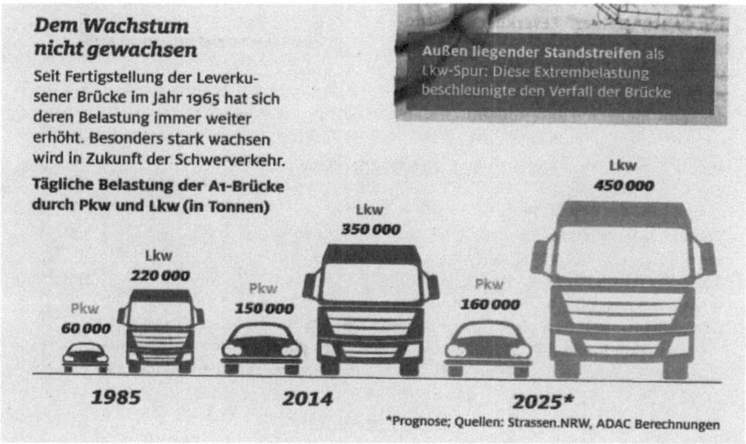

Abbildung 5.10: Belastung der Leverkusener Brücke mit Schwerverkehr, *ADAC-Motorwelt*, 5/2016

misst die Größe einer Figur nach Fläche oder Volumen. Gleiches gilt für die LKW-Anzahl auf deutschen Straßen. Die wird sich nach Prognosen des ADAC innerhalb von 30 Jahren verdoppeln. Aber in der Grafik okkupiert der LKW im Jahr 2025 die vierfache Fläche wie der im Jahr 1985 – man hat sowohl die Höhe als auch die Breite verdoppelt.

Teufelswerkzeug Doppelachse

Weitere fantasievolle Flächenverwirrung lässt sich auch durch zwei unterschiedlich skalierte vertikale Achsen schaffen. Abbildung 5.11 stellt die österreichischen Corona-Fallzahlen der Alpha-Variante denjenigen der Delta-Variante gegenüber. Auf den ersten Blick sieht es so aus, als hätte Delta innerhalb von nur sechs Wochen Alpha beinahe eingeholt. Aber Moment: Die Alpha-Achse geht bis 6 000, die Delta-Achse gerade einmal bis 300. Beim zweiten Blick erkennt man also, dass selbst in Kalenderwoche 24 noch mehr Alpha- als Delta-Fälle gezählt wurden. Es fällt schwer, zu glauben, dass es sich hier nur um ein Missgeschick handelt und nicht um eine bewusst manipulative Darstellung.

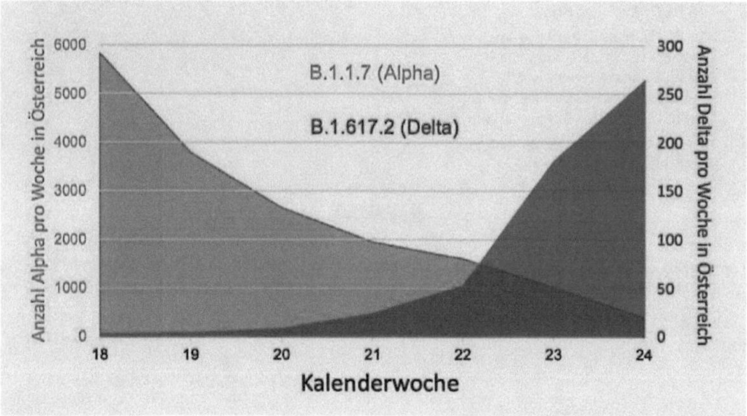

Abbildung 5.11: Corona-Fallzahlen der Alpha- und Delta-Variante in Österreich 2021, *Der Standard* am 7. Juli 2021

Unser nächstes Beispiel wirkt zunächst wie eine Kombination von mehreren bereits genannten Fehlern. Es werden zwei unterschiedliche Achsen kombiniert, und eine ist verkürzt: Die Y-Achse für die Krankenhäuser beginnt nicht bei 0, sondern bei 1700. Das suggeriert, deren Anzahl hätte sich extrem, um fast zwei Drittel, reduziert. In Wahrheit betrug der Rückgang nur rund 15 Prozent.

Die zweite Achse ist nicht beschriftet, steht aber für die Bevölkerung ab 80 Jahren in Deutschland.

Aber es gibt noch eine zweite Art von Problemen: Welche Frage soll eigentlich mit den Daten beantwortet werden? Und sind die Daten dafür überhaupt geeignet?

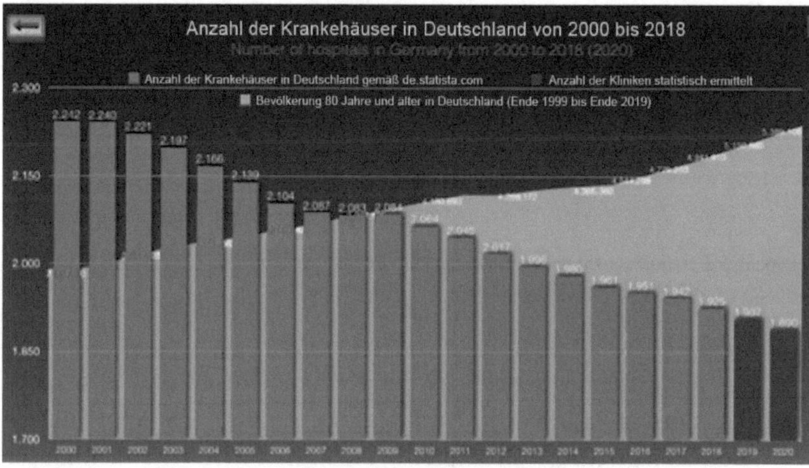

Abbildung 5.12: »David gegen Covid«, Facebook, 19.01.2021[43]

Auf Facebook ist die suggestive Frage, die Abbildung 5.12 aufwirft, jedenfalls »verstanden« worden. Unter dem entsprechenden Eintrag auf der (nicht mehr erreichbaren) Seite »David gegen Covid« finden sich Kommentare wie:

- Das Gesundheitswesen wird wissentlich kaputtgespart. Profitgier, wo man hinschaut.
- Man muss doch nur mal fragen, wer wirklich von dem Wahnsinn profitiert ... Was aber Denken voraussetzt, und das fällt anscheinend vielen schwer, weil sie immer noch in der geschaffenen Panikblase sitzen ...
- Da steckt der Teufel im Detail ... super Hinweis, wie der Plan vorangetrieben wird seit Ewigkeiten.

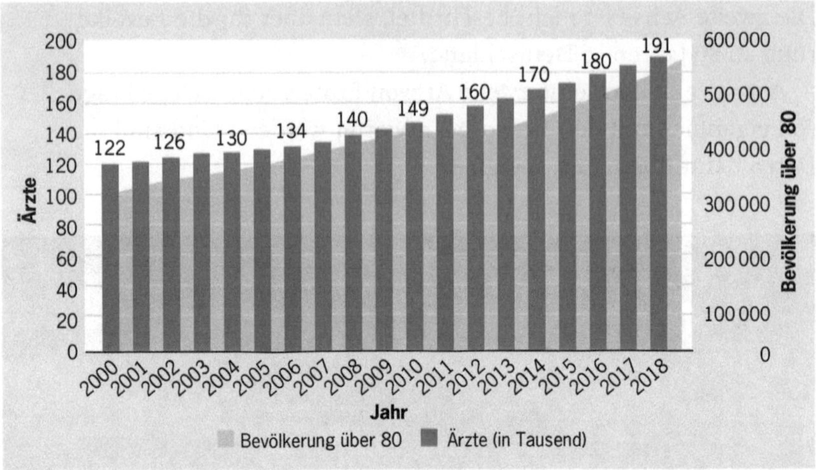

Abbildung 5.13: Entwicklung der Bevölkerung über 80 Jahre und der Anzahl der Ärzte
Quelle: Statistisches Bundesamt/Gesundheitsberichterstattung des Bundes

Schuld an der Überlastung der Krankenhäuser sind also nicht die Corona-Patienten (»Panikblase«), sondern die Sparwut der Bundesregierung (»Profitgier«), die immer mehr Krankenhäuser schließt, sogar mitten in der Pandemie. »2020 wurden 12 Häuser zugemacht«, kommentiert eine Nutzerin, und eine andere korrigiert: »20 waren es«.

Diese Zahlen lagen aber im Januar 2021 noch gar nicht vor. Ersatzweise haben die Macher der Grafik einen Trend extrapoliert. Tatsächlich gab es Ende 2019 insgesamt 1914 Krankenhäuser und nicht 1907. Trotzdem, der Trend geht nach unten, bei einer gleichzeitig wachsenden Bevölkerung in der Altersgruppe 80+, die einen erhöhten Bedarf an stationärer Versorgung hat.[44]

Aber die Geschichte von der »seit Ewigkeiten geplanten« dramatischen Unterversorgung der Bevölkerung stimmt trotzdem nicht. Denn die reine Anzahl an Krankenhäusern ist ein schlechter Indikator für die medizinische Versorgung. Angenommen, man legt Krankenhäuser zusammen, behält aber die Zahl der Betten bei – dann hätte sich ja am Angebot insgesamt gar nichts verändert. Außerdem haben wir in zwei Jahren Corona-Pandemie gelernt, dass

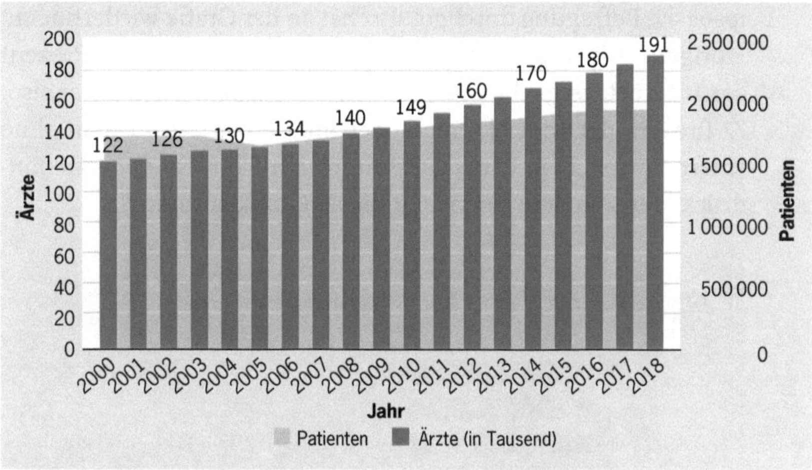

Abbildung 5.14: Entwicklung der Anzahl von Patienten und Ärzten
Quelle: Statistisches Bundesamt/Gesundheitsberichterstattung des Bundes

es gar nicht so sehr auf die Betten selbst ankommt, sondern auf das medizinische Personal. Vergleicht man zum Beispiel die Entwicklung der Bevölkerung über 80 und diejenige der Ärzte, dann verlaufen die Trends durchaus parallel (siehe Abbildung 5.13).

Die Patienten insgesamt werden im Verhältnis zu den Ärzten sogar weniger (siehe Abbildung 5.14). Damit bricht das Märchen, das die Facebook-Grafik erzählen will, in sich zusammen.[45]

Was wollen wir zeigen?

Damit kommen wir zur Ausgangsfrage 1: Welche Sachverhalte soll eine Grafik denn überhaupt auf welcher Datenbasis transportieren? Wenn man zum Beispiel wie in Abbildung 5.15 herausfinden möchte, wo sich die Menschen besonders abhängig von ihrer Internet-Versorgung fühlen, dann ist es keine besonders gute Idee, dazu ausgerechnet eine Online-Befragung als Grundlage zu nehmen. Dazu kommt, dass sich ohne erkennbaren Grund nur 10 der 23 Länder, in denen das Meinungsforschungsinstitut ipsos die Befragung durchgeführt hat, in der Grafik wiederfinden. Übrigens – in Indien nutzten damals gerade einmal 28 Prozent das Internet, verglichen mit 91 Prozent in Japan. Richtig war also: 77 Prozent der Inder können oder müssen sich ein Leben ohne Internet vorstellen. Und das ist nun wahrlich nicht der erste Eindruck, der sich dem Betrachter dieser Grafik aufdrängt.

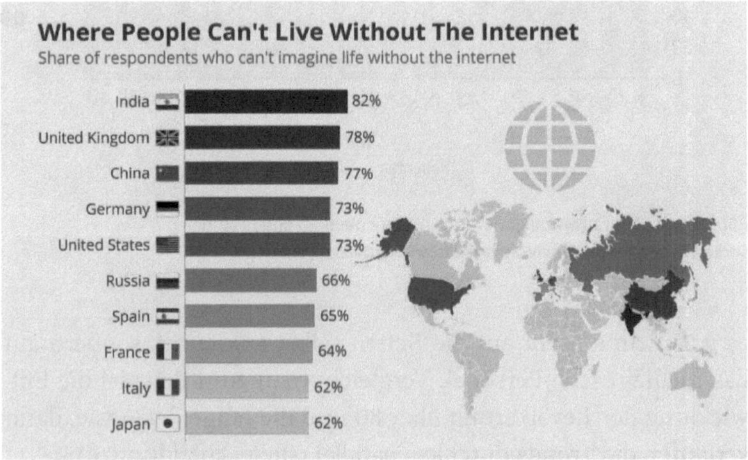

Abbildung 5.15: Auswahl von Antworten aus einer Online-Befragung zur Internetnutzung[46]

Die zu vermittelnden Zahlen sind hier in einem Balkendiagramm und in einer Weltkarte dargestellt. Das kann aufschlussreich sein oder zusätzlich in die Irre führen. Hier ist die Weltkarte nicht die beste Darstellung, weil sich die Daten auf Personen beziehen, eine Karte aber Flächenanteile darstellt und damit keine passende Bezugsgröße ist. In Russland leben rund acht Menschen pro Quadratkilometer, in China fast 150.

Auch das folgende Beispiel zeigt, wie Karten lügen. Ein Nutzer des Kurznachrichtendienstes Twitter veröffentlichte die Abbildung 5.16 und schrieb dazu: »Der immer noch amtierende Verkehrsminister Andi Scheuer hat gerade angekündigt, bis 2025 26,6 Mrd € für Straßenbau auszugeben. Genau daran mangelt es in diesem Land.«

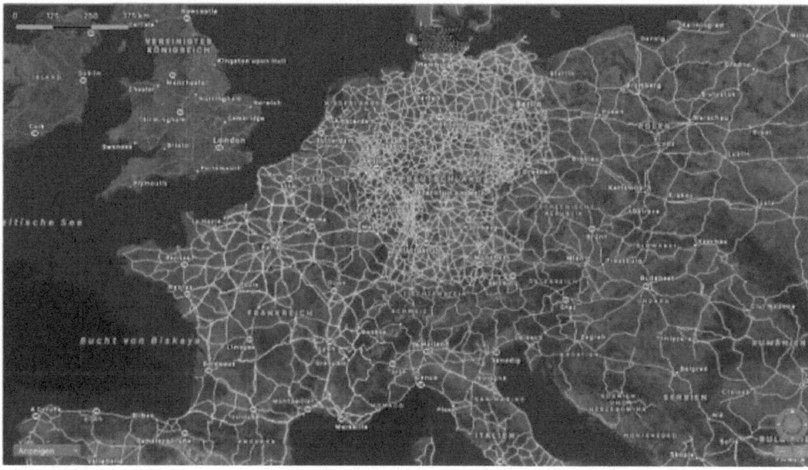

Abbildung 5.16: Straßenkarte von Europa, Twitter, 20.12.2020[47]

Der Kommentar war wohl ironisch gemeint. Die Karte nämlich scheint in Deutschland eher einen Überfluss an Straßen anzuzeigen. Der Haken daran ist jedoch: In Deutschland zeigt diese Karte Autobahnen und Bundesstraßen, rundherum nur die Autobahnen.

Immerhin sind wir mit Straßenkarten so vertraut, dass auch vielen anderen Nutzern von Twitter aufgefallen ist, dass mit dieser Karte etwas nicht stimmt. Aber was ist, wenn wir die Daten beziehungsweise Sachverhalte nicht so gut kennen?

Das ist zum Beispiel der Fall bei funktionalem Analphabetismus, also bei Menschen, die Probleme haben, einen Behördenbrief zu verstehen oder Formulare auszufüllen. Das untersucht die sogenannte LEO-Studie der Universität Hamburg.[48] Abbildung 5.17 zeigt nun ein Bild, das zunächst überraschen mag. Denn demnach gibt es mehr funktionale Analphabeten mit Deutsch als Muttersprache als mit einer anderen Muttersprache. Und ein Drittel der Menschen mit Lese- und Schreibschwierigkeiten hat einen mittleren oder sogar hohen Bildungsabschluss! Ist es also ein Risikofaktor für Analphabetismus, gut ausgebildet zu sein und die deutsche Sprache zu beherrschen?

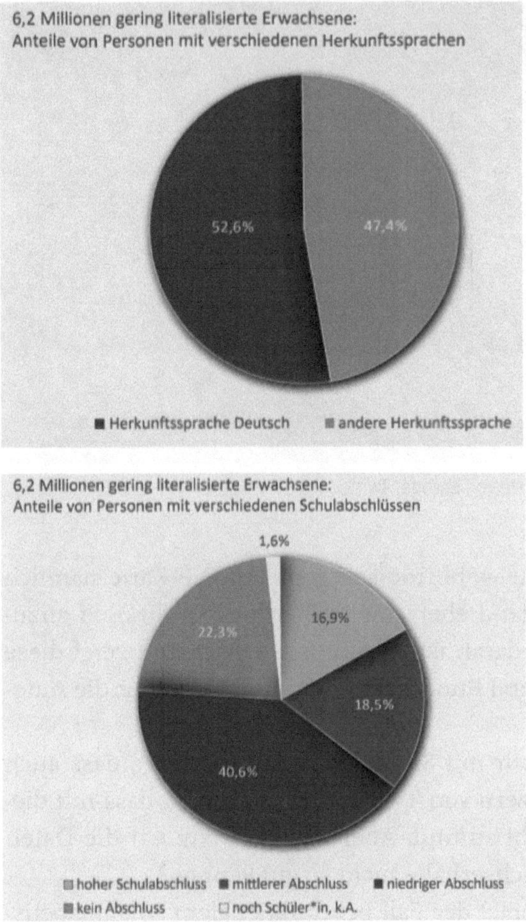

Abbildung 5.17: Ergebnisse der LEO-Studie 2018, Presseheft S. 9 und 11

Keineswegs. Dennoch zieht das vom Bundesministerium für Bildung und Forschung (BMBF) geförderte vhs-Ehrenamtsportal den Schluss: »Die Studie leistet einen wichtigen Beitrag, öffentlich auf die Thematik mangelnder Grundbildungskenntnisse aufmerksam zu machen und mit gängigen Klischees zu brechen. Gering literalisierte Menschen sind mehrheitlich erwerbstätig, in allen Altersgruppen vertreten und haben überwiegend einen Schulabschluss.«

Vielleicht sollte das BMBF nicht nur die Grundbildung im Bereich Lesen und Schreiben fördern, sondern auch die Grundbildung im Bereich Statistik. Ein paar Seiten weiter zeigt die Studie nämlich ein ganz anderes Bild (Abbildung 5.18). Unter den Menschen, die Deutsch als Mutterspreche angeben, sind nur gute 7 Prozent funktionale Analphabeten. Unter denjenigen mit anderer Herkunftssprache aber fast 43 Prozent. Nur gut 5 Prozent der Menschen mit hohem Schulabschluss können nicht richtig lesen

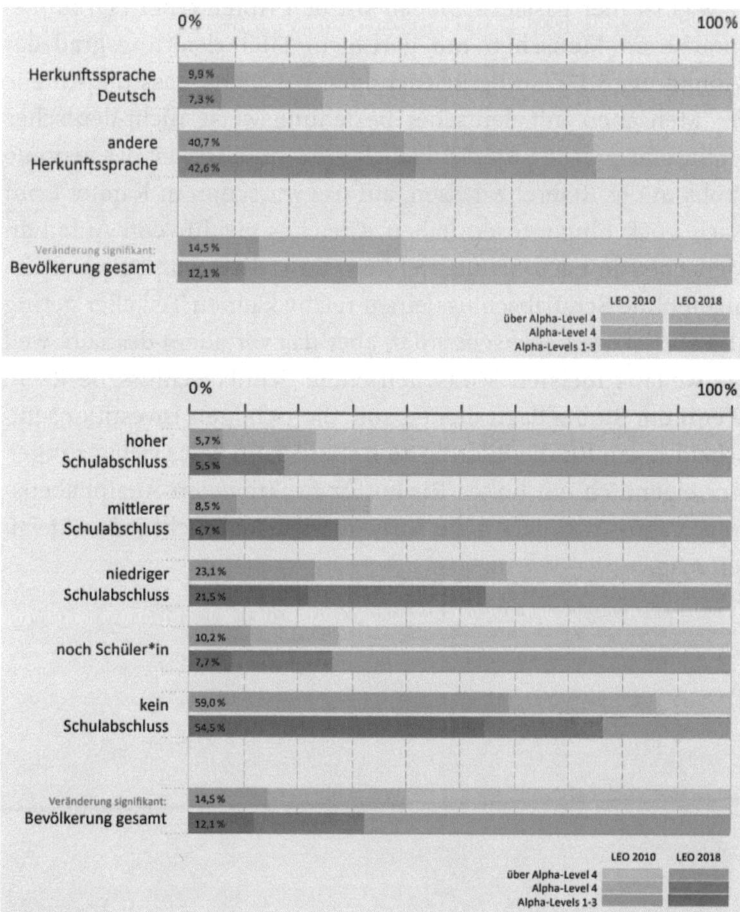

Abbildung 5.18: Ergebnisse der LEO-Studie 2018 und 2010, Presseheft S. 16 und 17

und schreiben – aber über 20 Prozent derjenigen mit niedrigem Schulabschluss und über 50 Prozent derjenigen ohne Schulabschluss.

Wieder zeigt sich: Der visuelle Eindruck führt dazu, dass man nicht mehr so schnell hinterfragt, was die Daten eigentlich aussagen. Das gilt insbesondere, wenn eine (erwünschte?) Aussage in einem scheinbar leicht verständlichen Tortendiagramm dargestellt ist und die andere (unerwünschte?) in einem deutlich komplexeren Balkendiagramm.

Was ist hier passiert? Stellen wir den Anteil einer Herkunftssprache an Menschen mit geringem Literarisierungsgrad dar (Abbildung 5.17), so berücksichtigen wir nicht, dass die Anteile der Menschen mit deutscher beziehungsweise nicht-deutscher Herkunftssprache unterschiedlich groß sind. Das ist das zentrale Problem der Referenzklassen, auf das wir schon in Kapitel 1 mit Nachdruck hingewiesen haben. Gleiches gilt für den Anteil an Menschen je nach Schulabschluss. So stellen womöglich diejenigen ohne Schulabschluss einen relativ kleinen Teil aller gering alphabetisierten Menschen dar, aber das vor allem deshalb, weil die weitaus meisten Menschen einen Schulabschluss besitzen. Wenn die Studie dazu dienen soll, die richtigen Investitionsentscheidungen für die Bildung zu treffen, dann ist es viel wichtiger, wer eigentlich ein hohes Risiko für funktionalen Analphabetismus trägt – auch wenn die Antwort vielleicht nicht jedem gefallen mag.

TEIL II
WAS UNS MEDIEN VERSPRECHEN

6. Wie man ewig lebt

Auf der Liste der hundert ältesten Menschen steht ganz oben eine Französin, Jeanne Louise Calment (1875–1997). Sie wurde 122 Jahre alt. Frau Calment kam aus einer vermögenden Familie, musste nie viel arbeiten und konnte ihren Hobbys wie Radfahren, Schwimmen und Tennis nachgehen. Noch mit 100 fuhr sie Fahrrad und erst mit 119 gab sie das Rauchen auf. Frau Calment selbst erklärte ihr Alter mit ihrer Vorliebe für Olivenöl, Knoblauch, Gemüse und Portwein.[49]

In dieser Liste der hundert ältesten Menschen finden sich 95 Frauen und nur 5 Männer. Bemerkenswert ist auch, dass diese langlebigen Menschen in einer Vielzahl von Ländern alt geworden sind, nur nicht in Deutschland.

Eine Stunde joggen, sieben Stunden länger leben

Nun gibt es aber gute Nachrichten für ein langes Leben – auch für Männer. Und nicht nur das. Der Traum vom ewigen Leben scheint Wirklichkeit geworden zu sein. Eine US-amerikanische Studie hat rund 55 000 Männer und Frauen im Alter von 18 bis 100 Jahren untersucht, um herauszufinden, ob Joggen das Leben verlängert.[50] Die Studie berichtete, dass Laufen mit einer Verringerung von Herzkrankheiten, Krebs und anderen Krankheiten einhergeht und dass die Wirkung höher sei, als wenn man die gleiche Zeit mit Radfahren und Schwimmen verbringt.

Im Internet wurden die Ergebnisse mit Schlagzeilen wie »Eine Stunde Jogging verlängert Leben um sieben Stunden« und »Jede Stunde Laufen schenkt dir 7 Stunden Lebenszeit!« verbreitet.[51]

Eine Stunde investieren und sieben gewinnen – das wäre das lang gesuchte Rezept zum ewigen Leben. Eine kleine Rechnung macht klar, dass diese Meldungen nicht richtig sein können. Andernfalls könnten wir uns nämlich in die Unsterblichkeit laufen. Denken wir einmal nach. Würde man täglich vier Stunden laufen, dann ergäbe das jeden Tag einen Gewinn von 28 Stunden Lebenszeit. Jeder Tag hat aber nur 24 Stunden; daher wird die Lebenserwartung jeden Tag immer länger. Also nichts wie los, um sich unsterblich zu laufen?

Ein Blick in die Studie zeigt, dass die Schlagzeilen in die Irre führen. Das Ergebnis, »Eine Stunde joggen, sieben Stunden länger leben« bezieht sich nicht auf eine beliebige Laufzeit, sondern nur auf zwei Stunden pro Woche. Das ist die durchschnittliche Zeit, welche die Teilnehmer gelaufen sind (diese Dauer wurde nicht gemessen, sondern war eine Selbsteinschätzung im Fragebogen). In der Studie heißt es auch klar, dass der zusätzliche Nutzen des Laufens abnimmt, je länger man pro Tag läuft. Die maximale Verlängerung der Lebenszeit durch Joggen wird auf knapp 3 Jahre geschätzt.

Wie ist also das Ergebnis »Eine Stunde joggen, sieben Stunden länger leben« zustande gekommen? Eine Gruppe von 44-jährigen Joggern läuft 2 Stunden pro Woche. Im Alter von 80 Jahren haben sie 156 Tage, oder 0,43 Jahre, mit Laufen verbracht. Diese Gruppe lebt im Mittel 2,8 Jahre länger als jene, die nicht joggen, entsprechend bedeutet rund eine Stunde Laufen sieben Stunden länger leben. Dass jede zusätzliche Stunde Joggen weitere sieben Stunden Lebenszeit schenkt, davon war nicht die Rede. Im Gegenteil, exzessives Jogging kann das Risiko erhöhen, frühzeitig an Herzkrankheiten zu sterben.

Fazit: Schlagzeilen über wissenschaftliche Studien wecken oft Erwartungen, die durch die Studie selbst überhaupt nicht gedeckt sind. In diesem Fall kann man das durch etwas Nachdenken sofort erkennen. Viele Studien zeigen, dass regelmäßige Bewegung wie Laufen, Gehen und Tanzen für Menschen ohne schwere Erkrankung zur Gesundheit beiträgt – und zwar *mehr* als regelmäßige

Check-ups, Krebs-Früherkennung oder »vorbeugende« Medikamente, für die es keinen Nachweis gibt, dass sie das Leben verlängern.[52] Also, falls Sie dennoch regelmäßige Check-ups machen: Joggen Sie zum Arzt.

Lebenselixier Kaffee

Verlängert die brühend heiße Leidenschaft das Leben? Oder verkürzt sie es? Nachdem Kaffee über Jahre gemeinsam mit Alkohol und Rauchen verteufelt wurde, werfen neuere Studien ein eher positives Licht auf diese Leidenschaft. Beispielsweise berichtete eine Studie des US National Cancer Institutes mit Daten von fast 500 000 Menschen, dass Kaffeetrinker weniger häufig an Herz-Kreislauf-Erkrankungen und Krebs sterben als vergleichbare Menschen, die keine Kaffeetasse anrühren.[53] Die Ergebnisse dieser und ähnlicher Studien werden in den Medien oft so mitgeteilt: »Kaffee verlängert das Leben«[54].

Eine kausale Aussage wie diese benennt eine Ursache (Kaffee trinken) und eine Wirkung (länger leben). Die wissenschaftlichen Studien dagegen machen oft schon im Titel klar, dass sie über eine Assoziation berichten, also eine Korrelation, und nicht über eine kausale Wirkung. Die Studien versuchen zumeist, zu kontrollieren, ob die Assoziation auch noch nach Kontrolle von anderen Faktoren wie Rauchen und Alkohol vorhanden ist. Beispielsweise fand eine Studie mit über 200 000 Pflegerinnen und männlichen Ärzten, dass auch nach Kontrolle dieser Faktoren Kaffeetrinker länger leben.[55] Der Unterschied war am größten bei 3 bis 5 Tassen pro Tag. Interessanterweise machte es nichts aus, ob der Kaffee Koffein enthielt oder nicht. Korrelation ist jedoch nicht Kausalität. Das kann man nicht oft genug betonen. Aber manche Medien verwechseln ständig Korrelation mit Kausalität. Andere, wie etwa der *Spiegel*, haben diese Studie richtig dargestellt und auf den Unterschied ausdrücklich hingewiesen. Die kausale Wirkung kann etwa durch einen dritten Faktor zustande kommen, der sowohl mehr Kaffeegenuss als auch längeres Leben zur Folge hat. Menschen, die beispielsweise aktiv im Leben stehen und deshalb länger leben, trinken auch gerne Kaffee.

Als Kaffeetrinker hört man natürlich gerne, dass jede Tasse Kaffee das Leben verlängert. Doch die vorhandenen Studien zeigen eine Assoziation, nicht eine Ursache. Um einen kausalen Zusammenhang nachzuweisen, bräuchte man ein randomisiertes Experiment. Das hatten wir ja schon in Kapitel 3, und es ist praktisch nicht umsetzbar. Dazu müsste man Tausende von Menschen zufällig zwei oder mehr Gruppen zuordnen, von denen die in der ersten Gruppe für den Rest ihres Lebens, oder zumindest für einige Jahrzehnte, keinen Kaffee trinken. Die durch den Zufall in die zweite Gruppe gelosten müssen eine Tasse pro Tag trinken, die in der dritten Gruppe 2 bis 3 Tassen pro Tag, und so weiter. In welcher Gruppe die Teilnehmer auch immer landen, sie müssten sich an den vorgegebenen Kaffeekonsum halten. Daran sieht man, warum es solche randomisierten Studien zum Kaffeegenuss nicht gibt. Die vorhandenen Studien untersuchen Menschen, die selbst entschieden haben, ob und wie viel Kaffee sie trinken – und diese Entscheidung kann von vielen Faktoren abhängen, die eine kausale Wirkung auf die Lebenserwartung haben. Diese nichtexperimentellen Studien nennt man *retrospektive Studien*, falls Daten aus der Vergangenheit ausgewertet werden, und *prospektive Studien*, falls die Daten ab Beginn der Studie erst gesammelt werden, oder auch einfach nur *Beobachtungsstudien*.

Wie groß ist der Effekt?

Ob es eine Wirkung gibt, ist die eine Frage. Die andere, wichtigere Frage ist: Wie groß ist der Effekt? Wenn er zwar existiert, aber nur winzig ist, dann hat er keine praktische Bedeutung. Diese Größe des Effekts kann man auf zweierlei Weise berichten: als relative und als absolute Zahlen. Berichtet man den Effekt als relative Zahlen, kann man viele Menschen dazu bringen, den Effekt zu überschätzen und sich unrealistische Hoffnungen oder unnötige Ängste zu machen. Daher berichten Medien gerne in relativen Zahlen, da diese mehr Eindruck machen. Viele Menschen verwechseln relative Effekte mit absoluten. Wenn beispielsweise berichtet wird, dass Personen, die 2 Tassen Kaffee pro Tag trinken, ein um 10 Prozent niedrigeres Risiko haben, innerhalb der nächsten 20 oder 30 Jahre zu sterben, dann beindruckt uns das. Das heißt doch, dass von je 100 Personen 10 weniger sterben, falls sie Kaffee trinken! Nein, das heißt es eben nicht. Eine relative Risikoreduktion ist nicht die absolute Reduktion.

Tassen Kaffee/Tag	0	1	2–3	5 (≥4)
Anzahl Teilnehmer	7118	3598	8297	875
Anzahl Todesfälle	129	64	133	11
Todesfälle (in Prozent)	1,81	1,78	1,60	1,26
Relative Risikoreduktion (in Prozent)	—	1,66	11,60	30,39
Absolute Risikoreduktion (in Prozentpunkten)	—	0,03	0,21	0,55

Tabelle 6.1: Todesfälle in Abhängigkeit vom Kaffeekonsum (Tassen Kaffee pro Tag)

Sehen wir uns einmal die Ergebnisse einer einschlägigen Studie in Spanien an. Diese hat 19888 Personen für einen Zeitraum von 10 Jahren untersucht.[56] Tabelle 6.1 zeigt, dass 7118 der Teilnehmer angaben, keinen Kaffee zu trinken, 3 598 gaben an, eine Tasse pro Tag zu trinken, 8 297 tranken 2 bis 3 Tassen (im Durchschnitt 2,5) und 875 sagten, sie würden 4 oder mehr Tassen am Tag trinken, im Durchschnitt 5. Darunter werden die Anzahl und der Prozentsatz der Todesfälle (alle Ursachen) in jeder Gruppe gezeigt. Der Prozentsatz wird kleiner, je mehr Kaffee getrunken wird: Unter den Kaffeeasketen starben in den 10 Jahren 1,1 Prozent, unter den Kaffeesüchtigen nur 1,26 Prozent. Die Größe dieses Effekts kann man auf zweierlei Art darstellen. Zum einen als relative Risiko-Reduktion (RRR). Nehmen wir den Unterschied zwischen keinem Kaffee und 2 bis 3 Tassen pro Tag, also zwischen 1,81 Prozent Todesfälle (a) und 1,60 Prozent (b). Die relative Risiko-Reduktion (in Prozent) berechnet sich so:

$$RRR = 100*[(a-b)/a]$$

Man erhält (1,81–1,60)/1,81 Prozent = 0,21/1,81 Prozent = 11,60 Prozent. Eine Reduktion der Todesfälle um über 11 Prozent klingt beeindruckend. Man kann den gleichen Effekt auch als absolute Risiko-Reduktion (ARR) ausdrücken:

$$ARR = a-b$$

Das ergibt 1,81–1,60 = 0,21 Prozentpunkte. Das klingt gar nicht so beeindruckend. Bei ARR spricht man korrekt von *Prozentpunkten*, nicht von Prozent.

Wie kommt es, dass die Medien bevorzugt relative Risiko-Reduktionen berichten? Weil eine relative Reduktion der Sterblichkeit von 11,6 Prozent bei 2 bis 3 Tassen täglich einen größeren Eindruck macht als eine absolute Reduktion um 0,21 Prozentpunkte. Oder gar 30,39 Prozent bei 5 Tassen! Das erzeugt mehr Aufmerksamkeit, als wenn man sagt, dass der tägliche Konsum von 5 Tassen Kaffee die Sterblichkeit um 0,55 Prozentpunkte reduziert. Mit relativen Zahlen kann man Auflagen erhöhen und mehr Zuseher und Zuhörer beindrucken, als wenn man die absoluten Zahlen mitteilt. Der Grund ist, wie gesagt, dass viele Menschen relative Zahlen mit absoluten verwechseln. Sie denken also, dass bei einer Reduktion von 30 Prozent von je 100 Personen 30 weniger sterben. Es sind aber im Mittel nur 0,55 Personen weniger.

Der Schwarze Peter liegt nicht einfach nur bei den Medien, die unsere Aufmerksamkeit fesseln wollen. Relative Zahlen finden sich bereits in den wissenschaftlichen Artikeln und Pressemitteilungen der Universitäten, und zwar aus dem gleichen Grund: Aufmerksamkeit. Eine Analyse von randomisierten Studien aus den sechs medizinischen Zeitschriften mit dem höchsten Impact weltweit berichtete, dass 44 Prozent dieser Artikel im Abstract nur die relativen Zahlen angaben und nicht die absoluten. Bei Beobachtungsstudien liegt dieser Wert sogar bei 79 Prozent.[57] Diese Studien verstoßen gegen die CONSORT-Regeln des wissenschaftlichen Publizierens in der Medizin, welche vorschreiben, immer sowohl relative als auch absolute Werte anzugeben. Diese Verstöße werden schon seit Langem beobachtet und beklagt, insbesondere, da ein beträchtlicher Teil von Ärzten ebenfalls die beeindruckend großen relativen Reduktionen mit absoluten Reduktionen verwechselt.[58]

Warum befolgt ein großer Teil der medizinischen Forschung die eigenen Regeln nicht? Ein Grund dürfte der Einfluss der Pharmaindustrie sein, welche viele der Studien finanziert. Als Ergebnis möchte sie relative Zahlen im Abstract sehen, also große, beeindruckende Zahlen, die die Wirkung ihrer Medikamente besser erscheinen lässt, als sie sind. Medizinische Zeitschriften sind finanziell abhängig von der Industrie, und deren Herausgeber sehen sich oft gezwungen, gegen die eigenen Regeln zu verstoßen.[59] Sonst laufen sie Gefahr, die Einkünfte durch Werbeanzeigen und die Tausende von Sonderdrucken zu verlieren, welche die Industrie kauft, um sie an Ärzte zu verteilen.

Die Tragödie der Struldbrugs

Unsere Frage, wie man ewig leben kann, unterstellt, dass die meisten Menschen tatsächlich ewig leben möchten. Wollen wir das wirklich? Möchten Sie sich in die Unsterblichkeit joggen oder ihr durch mehr Kaffee zumindest näherkommen? Gemeinsam mit dem Versicherer ERGO haben wir eine repräsentative Stichprobe von 3 200 Personen gefragt: »Wenn es medizinisch möglich wäre, würden Sie ewig leben wollen?«[60] Nur 25 Prozent antworteten mit »ja«. 12 Prozent waren unentschieden und die große Mehrheit antwortete »nein«. Unter den Frauen wollten nur 21 Prozent ewig leben, bei den Männern waren es 29 Prozent. Und je länger die Menschen schon gelebt hatten, desto weniger wollten sie ewig leben (bei den 18- bis 30-Jährigen waren es noch 35 Prozent). Die Berufsgruppe mit dem höchsten Anteil an Menschen, die ewig leben wollen, waren mit 41 Prozent die Beamten.

In der Studie wurde auch gefragt, was die Menschen selbst für ein langes Leben tun können. Die häufigste Antwort war überraschend. Möchten Sie einmal raten? Keinen Alkohol trinken? Nein. Nicht rauchen? Nein. Zucker, salz- und fetthaltige Lebensmittel meiden? Auch nicht. Joggen, Bewegung oder Sport treiben? Wurde oft genannt, aber auch nein. Abbildung 6.1 zeigt die beliebteste Maßnahme: eine positive Einstellung zum Leben zu haben, also einfach positiv denken.

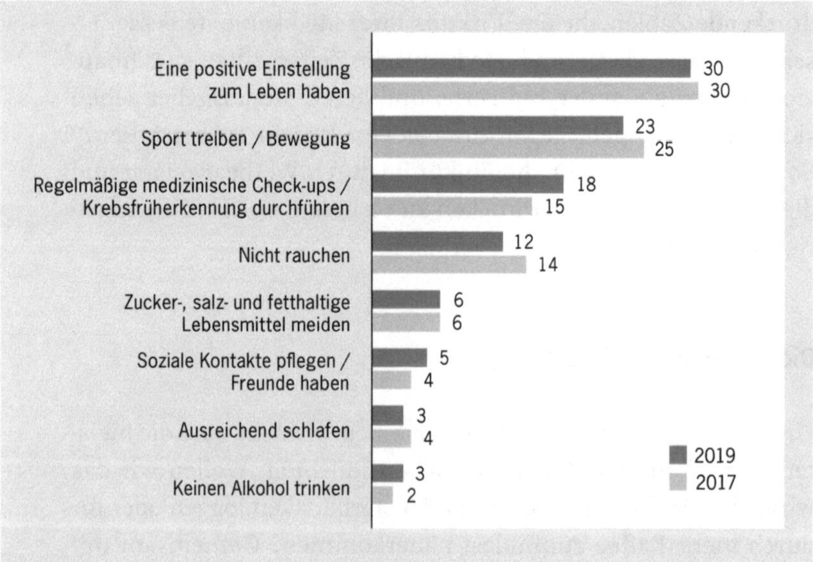

Abbildung 6.1: Was Menschen in Deutschland für ein langes Leben tun
Quelle: ERGO-Risikoreport 2017 und 2019, erstellt von HEUTE und MORGEN und Gerd Gigerenzer

Länger leben wollen also viele, aber ewig leben wollen vor allem Beamte. Vielleicht sollte man den 41 Prozent davon, die für ewiges Leben votieren, einmal den Roman *Gullivers Reisen* von Jonathan Swift zu lesen geben. Auf seiner dritten Reise kommt Gulliver in das Land der Luggnaggier, »ein höfliches und gutmütiges Volk«, wo er von einem Menschenschlag namens Struldbrugs erfährt. »Eines Tages fragte mich in einer großen, angenehmen Gesellschaft ein Mann von Stand, ob ich schon einen ihrer ›Struldbrugs‹ oder ›Unsterblichen‹ gesehen hätte. Ich sagte Nein und bat, er möchte mir erklären, was er mit einer solchen Bezeichnung meine.«

Und Gulliver erfährt, dass zuweilen in einer luggnaggischen Familie ein Kind mit einem runden roten Fleck auf der Stirn geboren wird, ein Zeichen, dass dieses Neugeborene niemals sterben wird. Gulliver ist begeistert: »Wie in Verzückung rief ich aus: ›O glückliche Nation, wo jedes Kind wenigstens das Los erhoffen kann, unsterblich zu sein! O glückliches Volk, das sich so vieler Beispiele der alten Tugend erfreut und Lehrer besitzt, die es in der Weisheit aller früheren Zeiten unterrichten können!‹«

Aber Gullivers Gastgeber kann seine Begeisterung nicht teilen. Er berichtet, wie die Struldbrugs leben: »Er sagte, sie benähmen sich wie gewöhnliche Sterbliche, bis sie etwa 30 Jahre alt wären; dann würden sie allmählich melancholisch und niedergeschlagen, und beides steigere sich, bis sie das 80. Jahr erreichten ... Dann zeigten sie nicht allein alle Torheiten und Schwächen anderer alter Leute, sondern noch viel mehr, die eine Folge der furchtbaren Aussicht seien, niemals zu sterben. Sie wären nicht allein verdrießlich, habgierig, geschwätzig, sondern auch der Freundschaft unfähig und unempfindlich für jede natürliche Zuneigung, die sich nie über ihre Enkel hinaus erstreckte. Die am wenigsten unglücklichen unter ihnen scheinen noch diejenigen zu sein, die kindisch werden und ihr Gedächtnis völlig verlieren.« Mit 80 werden die Struldbrugs als rechtlich tot betrachtet; ihre Erben übernehmen das Vermögen bis auf eine kleine Summe für den Unterhalt, die ärmeren werden durch den Staat ernährt. Sie dürfen keine öffentlichen Ämter bekleiden, weder Grundbesitz erwerben noch als Zeuge auftreten. »Mit 90 verlieren sie die Zähne und Haare; in diesem Alter nehmen sie keine Geschmacksunterschiede mehr wahr, sondern essen ohne Vergnügen und Appetit, was sie bekommen können.«

Später lernt Gulliver dann wirklich ein paar Struldbrugs kennen: »Es war das Gräßlichste, was ich je auf dieser Welt gesehen habe.«

Das Glück macht einen Sprung!

Wenn wir schon nicht ewig leben können, dann zumindest glücklich. Aber wie soll das gehen bei Krieg in der Ukraine, Flüchtlingskrise in Deutschland, Terrorgefahr, Brexit, Klimawandel und Covid-19? Die Deutsche Post hat einen »Glücksatlas« herausgegeben, der jedes Jahr misst, ob wir glücklicher werden. Woher weiß die Post, wie glücklich wir sind? Ganz einfach. Sie bittet eine Stichprobe von Menschen ab einem Alter von 16 Jahren, auf einer Skala von 0 bis 10 anzugeben, wie glücklich sie mit ihrem Leben sind. Im Jahr 2016 gab es ein besonders aufregendes Ergebnis, worüber *Zeit Online*, *heute.de* und viele andere berichteten. »Das Glück der Deutschen macht einen deutlichen Sprung« – so sagte man uns schon im Titel. Und das trotz der Flüchtlingskrise im Jahr zuvor! Gegenüber dem Vorjahr war das mittlere Glück von 7,0 auf 7,1 gestiegen! Im Jahr 2019 war dann der Wert auf ein »Allzeithoch« von 7,14 katapultiert.

Es wurden zudem auch munter Vergleiche zwischen einzelnen Regionen gefeiert oder beklagt. So titelte *RP Online:* »Menschen in Köln sind glücklicher als in Düsseldorf.« Und die *B.Z. Berlin* behauptete: »Berliner werden immer unglücklicher.«[61] Sind Kölner wirklich glücklicher als Düsseldorfer, und geht es mit der Berliner Lebensfreude wirklich bergab? Die Antwort auf diese Fragen ist: Wahrscheinlich nein! In den Jahren zuvor wurde berichtet, dass die Düsseldorfer glücklicher sind als die Kölner.

Und was die Meldung über Berlin betrifft, war der Glücksindex von 6,89 auf 6,85 gefallen.

Auf jeden Fall geben derart kleine Unterschiede die reißerischen Schlussfolgerungen über eine Veränderung des Glückgefühls der Berliner nicht her, und von einem deutlichen Sprung bei den Deutschen kann bei einem Zehntelpunkt nach oben nicht die Rede sein. Vermutlich haben wir es hier mit einem verzweifelten Versuch der Post zu tun, aus winzigen Zufallsschwankungen eine Schlagzeile zu machen, die Aufmerksamkeit für ihren Glücksatlas erregt. Die Post hat wieder einmal kräftig ins Horn geblasen – diesmal heiße Luft. Vielleicht sollte die Deutsche Post, statt in den »Glücksatlas« zu investieren, dafür sorgen, dass ihre Dienste wieder zuverlässiger werden. Bei der Bundesnetzagentur gingen im Jahr 2019, dem Allzeithoch, über 18 000 Beschwerden über Probleme bei der Post-Zustellung ein.[62] Das ist mehr als doppelt so viel wie zwei Jahre zuvor. Das ist ein Sprung! Mit besseren Diensten könnte am Ende vielleicht auch das Glück der Deutschen einen deutlichen Sprung machen.

Aber solche Sprünge sind meist nur von kurzer Dauer. Abbildung 6.2 zeigt den Einfluss einer Heirat auf die Lebenszufriedenheit von Frauen und Männern in Deutschland. Es wurden dieselben Personen über einen Zeitraum von fünf Jahren vor bis fünf Jahre nach ihrer Hochzeit befragt. Frisch verliebt steigt die Lebenszufriedenheit bei Frauen wie Männern vier Jahre vor der Hochzeit stetig an und erreicht ihren Höhepunkt ein Jahr vor der Hochzeit bei den Männern und im Jahr der Hochzeit bei den Frauen. Aber mit der Hochzeitsnacht geht es nach unten. Die Liebe verblasst, und die Lebenszufriedenheit ist bereits zwei Jahre nach der Hochzeit nicht mehr von der Lebenszufriedenheit während des Singledaseins zu unterscheiden. Schlimmer noch – bei Frauen sinkt die Lebenszufriedenheit bereits drei Jahre nach der Hochzeit unter das Singleniveau, bei Männern fünf Jahre nach der Hochzeit. Einziger Trost: Der Einkommensteuervorteil bleibt.

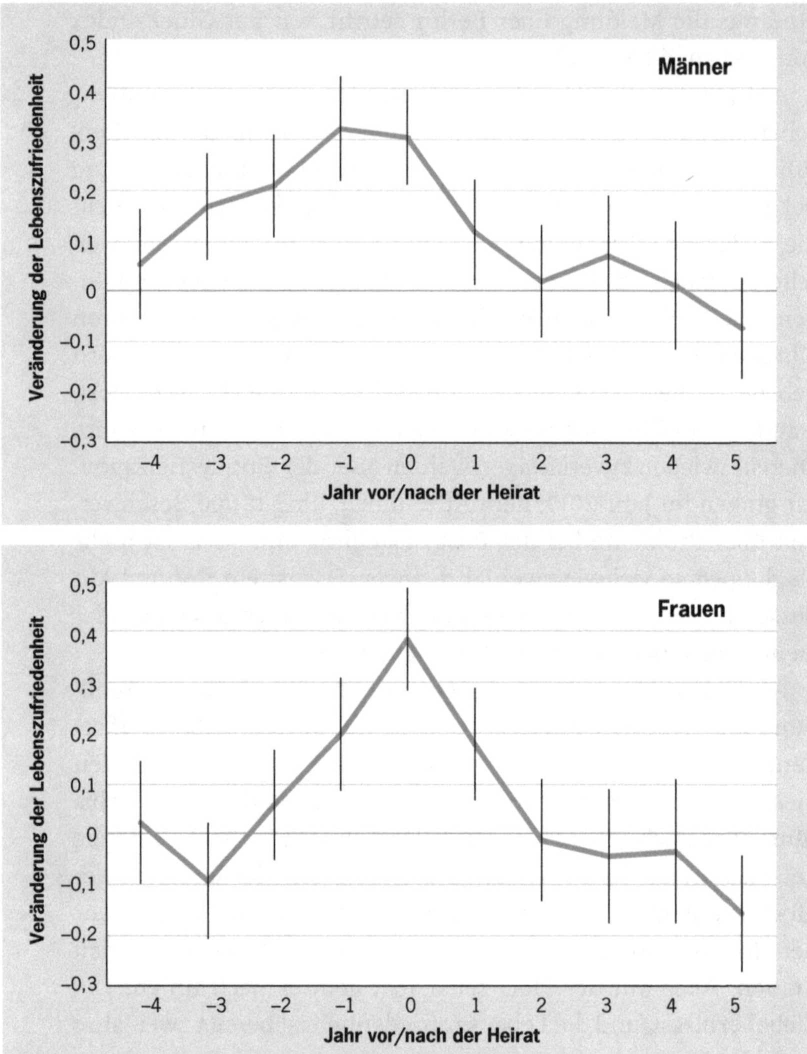

Abbildung 6.2: Zufriedenheit mit dem Leben vor und nach der Heirat
(Für Experten: Vertikale Striche geben 95%-Konfidenzintervalle an.[63] Abgetragen sind Veränderungen verglichen mit dem Ausgangsjahr.)

7. Wie man früher stirbt

Mindestens so prominent wie Ratschläge zur Verlängerung des Lebens sind Warnungen vor einem vorzeitigen Tod. Auch die sind immer mal wieder für eine Unstatistik gut. Besonders die von vielen Medien so geliebten »vorzeitigen Todesfälle« sind eine ärgerliche und stete Quelle von Unfug aller Art. So meldet etwa die *Tageschau*, Feinstaub sei ebenso gefährlich wie Rauchen. Der Beweis: »300 000 vorzeitige Todesfälle durch Feinstaubbelastung.« Die Quelle war wohl das *Deutsche Ärzteblatt*, das wiederum auf eine Studie der EU-Umweltagentur EEA verweist.[64] Demnach wären im Jahr 2019 in der Europäischen Union insgesamt 307 000 Menschen vorzeitig an den Folgen von Feinstaubbelastung gestorben, davon 53 800 in Deutschland. Das Fernsehmagazin *Monitor* hält die Anzahl der von der EEA ausgewiesenen Zahl der deutschen Feinstaubtoten sogar für zu niedrig – es wären in Wahrheit mehr als 100 000, davon die Hälfte allein aufgrund von Emissionen der Landwirtschaft (insbesondere der Massentierhaltung).[65] In Deutschland kommen dann noch 6 000 vorzeitige Todesfälle durch Stickstoffdioxid[66] und 3 350 durch bodennahes Ozon hinzu. Auch der durch die Abgasmanipulationen bei VW verursachte höhere Schadstoffausstoß sei für 1 200 vorzeitige Tote verantwortlich, 500 in Deutschland und 700 in den Nachbarländern.[67] Und alle Umweltbelastungen zusammengefasst erreichen fast die Ausmaße eines dritten Weltkriegs – laut der UN-Umweltagentur UNEP sterben pro Jahr weltweit nahezu 13 Millionen Menschen an den Folgen irgendeiner Umweltverschmutzung. Das wäre nahezu jeder vierte Todesfall.[68]

Wollen Sie noch mehr davon? Zu den Feinstaub-, Stickstoff- und Ozontoten kommen europaweit jährlich 40 000 vorzeitige

Todesfälle wegen fehlender Grünflächen,[69] rund 100 000 vorzeitige Todesfälle aufgrund von Weichmachern in Konsumprodukten (pro Jahr in den USA),[70] 5 Millionen vorzeitige Todesfälle aufgrund von Bewegungsmangel (pro Jahr, weltweit)[71] sowie 11 Millionen vorzeitige Todesfälle aufgrund falscher Ernährung (pro Jahr, weltweit).[72] Zuweilen hat man den Eindruck, dass die Summe dieser vorzeitigen Todesfälle die Anzahl der tatsächlichen Todesfälle sogar übersteigt.

Die Medien lieben diese Zahlen, weil man damit Eindruck macht. 300 000 vorzeitige Todesfälle! Das ist eine Stadt wie Bielefeld. Auch Analphabeten verstehen diese Zahl. Selbst wenn sie glauben, dass Bielefeld nicht existiert.

In Wahrheit sind diese Schreckenszahlen kaum mehr als ein irreführendes Produkt von unsicheren statistischen Modellannahmen, zweifelhaften Definitionen (die UN zählt auch Selbstmörder und Unfallopfer als Umwelttote), möglicherweise verzerrten Stichproben und höchst angreifbaren Annahmen über den Zeitverlauf der Sterblichkeit. Denn zunächst einmal stirbt kein Mensch direkt an Feinstaub, Bewegungsmangel oder fehlenden Grünflächen; diese Diagnosen kommen in der Internationalen Klassifikation der Krankheiten und Todesursachen nicht vor. Menschen sterben an Erkrankungen, die durch Feinstaub, Bewegungsmangel oder fehlenden Grünflächen (mit) verursacht sein können, es aber nicht sein müssen. Es lässt sich nie mit Sicherheit entscheiden, ob der Herzinfarkt eines Verstorbenen ursächlich auf die von Massentierhaltung oder Abgasmanipulationen verursachten Emissionen zurückzuführen ist. Vielleicht hat er oder sie ja auch im Lotto gewonnen und sich bei dieser Nachricht so erschreckt, dass daraufhin das Herz zum Stillstand kam.

Für die Quantifizierung der frühzeitigen Todesfälle sind also eine Reihe von Annahmen, Schätzungen und Überschlagsrechnungen nötig, jede davon mehr oder weniger angreifbar und zweifelhaft. Die erste, bereits überaus fehleranfällige Zutat dieser beeindruckenden Frühtodstatistiken sind in der Regel epidemiologische Studien, welche die Lebensdauer von Menschen, die einer bestimmten Umweltbelastung ausgesetzt sind, mit der Lebensdauer von Menschen mit keiner oder einer geringen solchen Umweltbelastung vergleichen. Dabei handelt es sich zumeist um Beobachtungsstudien, mit all den schon im Kapitel über Korrelation und Kausalität vorgestellten Problemen bei der Identifikation von kausalen Effekten jedweder Art: Wenn Menschen, die Vögel als Haustiere halten, im Mittel ein Jahr früher sterben als andere, so muss es nicht der Wellensittich sein, der durch seine Minifedern den Opa umbringt. Dergleichen Unterstellungen wurden in den frühen 1990er Jahren, als es eine regelrechte Hausvogelhysterie in Deutschland gab, allenthalben kolportiert. Bis sich dann herausstellte, dass es unter den Haltern von Ziervögeln überproportional viele Raucher gibt.[73] Damit war die Hysterie dann schnell vorbei.

Die »Attributable Fraction«

Unterstellen wir das Kausalitätsproblem aber einmal als gelöst und nehmen an, diese Studien lieferten zumindest einen Anhaltspunkt, um wie viel kürzer Menschen mit einer hohen Umweltbelastung im Vergleich zu Menschen mit einer niedrigen Umweltbelastung im Mittel leben. Dann bleibt immer noch Problem Nummer 2: Wie viele Menschen sind deshalb vorzeitig verstorben? Denn genau diese Zahlen sind es ja, mit denen die Medien uns so gern erschrecken. Vorzeitig gestorben heißt dabei: Ohne die Umweltbelastung wäre der Tod erst später eingetreten.

Aber woher will man das wissen?

Die hierfür zumeist verwendete Formel heißt in der Literatur auch »Attributable Fraction«. Die Details müssen hier nicht interessieren. Die wichtigsten Inputs sind die Sterberisiken für Menschen mit Umweltbelastung verglichen mit denen ohne. Angenommen, eine epidemiologische Studie findet heraus, dass 1,1 Prozent der mit Feinstaub Belasteten und 1,0 Prozent der anderen in einem Jahr versterben. Alle anderen Einflussfaktoren seien korrekt neutralisiert (was in der Praxis niemals zutrifft); es ist also ausgeschlossen, dass die Feinstaubbelasteten in der Stichprobe auch noch wie die Schlote rauchen. Die »Attributable Fraction« ist dann

AF = (1,1–1,0)/1,1 = 0,1/1,1 = 0,091 = 9,1 %.

Angenommen, 500 000 der in einem Jahr in Deutschland Verstorbenen seien mit Feinstaub belastet. Dann sind nach dieser Formel 9,1 Prozent davon, also 45 500, wegen Feinstaub gestorben.

Das ist die Standardvorgehensweise. Es gibt auch kompliziertere. Und alle liefern aus verschiedenen Gründen falsche Ergebnisse. Das ist lange bekannt. Nehmen wir einmal ein perfektes Experiment mit drei Paaren von eineiigen Zwillingen, jeweils einer mit einer hohen Feinstaubbelastung und einer nicht. Damit sind alle möglichen Störfaktoren ausgeschaltet. Wir warten, bis alle sechs gestorben sind. Von einem solchen Experiment unter idealen Bedingungen können Statistiker nur träumen. Tabelle 7.1 zeigt vier verschiedene Szenarien der Sterbealter zusammen mit der Anzahl der vorzeitigen Todesfälle. In allen Szenarien geht in der belasteten Gruppe im Durchschnitt ein Lebensjahr verloren. Aber die Zahl der vorzeitigen Todesfälle in den verschiedenen Szenarien variiert zwischen 1 und 3.[74]

In Szenario 1 stirbt der erste (der belastete) Zwilling des ersten Paars mit 78, der zweite, unbelastete mit 79 Jahren. Bei Paar zwei betragen die Sterbealter 79 Jahre und 80 Jahre, bei Paar drei 80 und 81 Jahre. Es gibt also drei vorzeitige Todesfälle, und in jedem Einzelfall und damit auch im Mittel sterben die Belasteten ein Jahr früher.

In Szenario 2 stirbt der belastete wie der unbelastete Zwilling des ersten Paars mit 79. Bei Paar zwei sterben sowohl der belastete als auch der unbelastete Zwilling mit 80, und nur bei Paar drei hat der unbelastete einen Vorteil: Er lebt drei Jahre länger. In diesem Szenario gibt es nur einen vorzeitigen Todesfall, aber auch hier sterben die Belasteten im Durchschnitt ein Jahr früher.

	Szenario 1		Szenario 2		Szenario 3		Szenario 4	
	Sterbealter, belastet	Sterbealter, nicht belastet	Sterbealter, belastet	Sterbealter, nicht belastet	Sterbealter, belastet	Sterbealter, nicht belastet	Sterbealter, belastet	Sterbealter, nicht belastet
Zwillingspaar 1	78	79	79	79	79	79	78	79
Zwillingspaar 2	79	80	80	80	78	80	80	80
Zwillingspaar 3	80	81	78	81	80	81	79	81
Vorzeitige Todesfälle	**3**		**1**		**2**		**2**	

Tabelle 7.1: Vorzeitige Todesfälle in einem perfekten Experiment

Die Szenarien 3 und 4 enthalten zwei vorzeitige Todesfälle, aber auch hier sterben die Belasteten im Mittel wie in den anderen Szenarien genau ein Jahr früher. Damit sagt ein gegebener mittlerer Verlust an Lebenszeit nur wenig über die Zahl der vorzeitigen Todesfälle aus; der an sich schon fehlerhaft gemessene Indikator »verlorene Lebenszeit« wird durch das Umrechnen in frühzeitige Todesfälle nochmals weiter verfälscht. Diese Zahl hat in seriösen Medienberichten nichts zu suchen. Vielleicht wird unser Buch ja auch in der Redaktion der *Tagesschau* gelesen und die frühzeitigen Todesfälle kommen in der deutschen Medienlandschaft in Zukunft nicht mehr vor. Wenn man nämlich – wie wir im Folgenden zeigen werden – die richtige Metrik verwendet, verlieren die Horror-Zahlen zu den Feinstaubtoten ihren Schrecken.

Auf die verlorenen Lebensjahre kommt es an

Tabelle 7.1 zeigt noch etwas: Auch die Unbelasteten müssen sterben. Das ist nicht nur in dieser Tabelle, sondern auch im wahren Leben so. Viele Medienberichte erwecken den Eindruck, als hätten die vorzeitig Verstorbenen ansonsten ewig leben können. Das tun sie aber nicht. Sie sterben nur an etwas anderem. Der korrekte Indikator für die schädliche Wirkung einer Umweltbelastung sind damit allein die durchschnittlich verlorenen Lebensjahre. Um wie viel sind die 307 000 angeblichen europäischen Feinstaubopfer des Jahres 2019 früher gestorben? Fünf Minuten? Fünf Stunden? Fünf Tage? Fünf Monate? Fünf Jahre? Das ist doch die Information, auf die es ankommt. Für Menschen in entwickelten Industrienationen sind die größten bekannten Lebenszeitverkürzer immer noch das Rauchen, Bewegungsmangel, Übergewicht und übermäßiger Alkoholgenuss. Den dadurch verlorenen Lebensjahren wären dann, zur Einschätzung des Risikos, die Verluste durch Umweltschäden gegenüberzustellen.

In unserem Beispiel in Tabelle 1 sind diese für alle Szenarien gleich: genau ein Jahr. In der epidemiologischen Praxis sind diese verlorenen Lebensjahre zunächst aus den vorhandenen Sterbedaten und sonstigen Informationen zur Umwelt der Gestorbenen zu schätzen, und das auch noch ohne verlässliches Ausschalten von Störfaktoren und basierend auf Stichproben, mit all den Fallstricken, die hier einer korrekten Antwort entgegenstehen.

Wenn wir das einmal ignorieren, beliefen sich die durch Feinstaub verlorenen Lebensjahre laut einer Begleitpublikation der EEA[75] in der EU im Jahr 2019 auf jährlich 3,7 Millionen, in Deutschland auf jährlich 560 800, in Österreich auf jährlich 53 700 und in der Schweiz auf jährlich 34 400. Bei 83 Millionen Einwohnern verlöre damit jeder Deutsche durch Feinstaub knapp 2,5 Tage Lebenszeit pro Jahr. Für Österreich ergibt sich bei 8,859 Millionen Einwohnern eine durchschnittliche Verkürzung der Lebenszeit durch Feinstaub von 2,2 Tagen und in der Schweiz (bei 8,545 Millionen Einwohnern) von 1,5 Tagen. Und den 6 000 vorzeitigen Todesfällen in Deutschland durch Stickstoffdioxid und den 3 350 durch bodennahes Ozon steht eine Verkürzung der durchschnittlichen Lebenszeit von 6,5 beziehungsweise knapp 4 Stunden pro Jahr gegenüber.

Die 2,5 in Deutschland durch Feinstaub pro Jahr verlorenen Tage addieren sich über das ganze Leben hinweg natürlich zu einer weitaus größeren Zahl. Die hängt davon ab, wie lange wir im Durchschnitt noch leben werden. Das Statistische Bundesamt spricht hier von der »ferneren Lebenserwartung in einem bestimmten Alter«, und die kann den sogenannten Periodensterbetafeln[76] entnommen werden. Diese geben an, wie viele Männer oder Frauen eines bestimmten Jahrgangs prozentual gesehen im nächsten Jahr versterben (geschätzt aus den Daten der letzten drei Jahre). Bei einer durchschnittlichen Lebenserwartung bei Geburt von knapp 79 Jahren bei Männern und 83 Jahren bei Frauen würden derzeit geborene Jungen bei gleich bleibender Feinstaubbelastung im Durchschnitt über das erwartete Leben knapp 6,5 Monate und Mädchen fast 7 Monate verlieren. Männer, die bereits ein Alter von 65 Jahren erreicht haben, leben im Mittel noch weitere 18 Jahre und 65-jährige Frauen weitere 21 Jahre. Für diese Gruppe verkürzt die derzeitige Feinstaubbelastung das Leben im Durchschnitt um 1,5 beziehungsweise 1,75 Monate. Auch diese Zahlen hören sich im Vergleich zu den von den Medien veröffentlichten vorzeitigen Todesfällen weniger dramatisch an und werden wohl genau deshalb auch nicht weiter diskutiert.

Aber leben heute geborene Jungen wirklich im Mittel 79 Jahre? Und heute geborene Mädchen im Mittel 83?

Diese Lebenserwartungen basieren auf den eben schon erwähnten Periodensterbetafeln. Damit gibt aber die statistische Lebenserwartung keinesfalls die durchschnittliche Lebenszeit von heute geborenen Menschen an. Sie sagt allein: Wenn alle altersspezifischen Mortalitätsraten (Todesfälle pro Altersklasse pro Jahr) auch in Zukunft so bleiben, wie sie heute sind, dann wird ein heute geborener Junge im Mittel 79 und ein heute geborenes Mädchen in Deutschland im Mittel 83 Jahre alt. Nach der aktuellen Sterbetafel etwa werden 0,32 Prozent aller 50-jährigen deutschen Männer vor ihrem 51. Geburtstag sterben[77]. Bei den Frauen sind es 0,18 Prozent. Diese altersspezifischen Sterberaten nehmen mit wachsendem Alter zu. Im Alter von 60 etwa betragen sie für Männer derzeit 0,96 Prozent und für Frauen 0,51 Prozent. Aber alle diese Prozentsätze beruhen auf Bevölkerungs- und

Sterbedaten der Jahre 2018 bis 2020. Vielleicht sterben im Jahr 2040 nur noch 0,25 Prozent aller 50-jährigen Männer vor ihrem 51. Geburtstag?

Über die vergangenen 150 Jahre haben diese altersspezifischen Mortalitätsraten aufgrund des medizinisch-technischen Fortschritts und erfolgreicher Seuchenbekämpfung stetig abgenommen. Sie werden vermutlich auch in Zukunft weiter abnehmen, wenn auch weniger rasant. Daher werden heute geborene Kinder im Durchschnitt voraussichtlich weitaus länger leben als die derzeit vom Statistischen Bundesamt ausgewiesenen 79 Jahre bei Jungen und 83 Jahren bei Mädchen. Das ist für die Betroffenen erfreulich, für die Rentenversicherung eher schlecht. Einige Demografen erwarten sogar für heute geborene Mädchen eine mittlere Lebensdauer von über 90 Jahren und eine Explosion der Zahl der 100-Jährigen ab der Mitte des Jahrhunderts.

Konkurrierende Risiken

Anders als Todesfälle durch Umweltschäden sind Todesfälle durch Unfälle oder konkrete Krankheiten im Prinzip problemlos zu erfassen. Es gibt immer wieder mal fehlerhafte Totenscheine, und auch die Debatte um Sterbefälle *mit* Corona versus Sterbefälle *an* Corona ist vielen noch in Erinnerung. Aber verglichen mit der Quantifizierung vorzeitiger Todesfälle durch Umweltschäden hat man diese Probleme gut im Griff.

Die Quelle der Konfusion liegt hier woanders: nämlich in der Einschätzung der Lebensjahre, die uns konkrete Krankheiten sozusagen stehlen, unabhängig davon, wer oder was diese Krankheit nun letztendlich verursacht hat, der Feinstaub, der Berufsstress oder Marlboro. Oder umgekehrt: der Einschätzung der Jahre, die wir durch den Sieg über eine bestimmte Krankheit gewinnen. Hier kursieren oft völlig falsche Vorstellungen. So würde etwa ein Sieg über die aktuelle Menschheitsgeißel Krebs unser Leben im Mittel um kaum drei Jahre verlängern und als

Nebeneffekt das Vorkommen von Alzheimer und Herz-Kreislaufleiden begünstigen.

Das sagt die statistische Theorie der konkurrierenden Risiken. Diese zieht die unangenehme Wahrheit in Betracht, dass bei Wegfall eines Risikos die Wahrscheinlichkeit für das Eintreten aller anderen ganz automatisch steigt. Man kann sich das so vorstellen: Bei unserer Geburt sitzen alle möglichen Todesursachen um einen Tisch herum und würfeln um unsere Seele. Der Würfel hat 100 Seiten, derjenige mit der kleinsten Zahl gewinnt. Die mittlere Augenzahl ist unsere Lebenserwartung. Um wie viel wird die größer, wenn der Spieler »Pocken« ausfällt? Und danach der Spieler »Cholera«? Und danach der Spieler »Tbc«? Und so weiter. Man sieht dann sofort: Je mehr Spieler ausfallen, desto öfter kommen andere zum Zug. Je besser also die Umweltqualität, je geringer also die Gefahr von Infektionskrankheiten und Seuchen aller Art, desto mehr Menschen sterben dann an Krebs und Herzinfarkt. Damit ist auch die Zahl der an einer bestimmten Ursache überhaupt verstorbenen Menschen (von den vorzeitig verstorbenen ganz abgesehen) ebenfalls kein seriöser Indikator für die dadurch drohende Gefahr. Insbesondere und anders, als uns manche Medien glauben machen wollen, deutet eine hohe Krebsmortalität eher auf ein gut funktionierendes Gesundheitswesen und eine intakte Umwelt hin. Zu den Ländern mit der derzeit höchsten Krebsmortalität von jeweils über 30 Prozent (zum Vergleich: in Deutschland starben im Jahr 2019 nur 25 Prozent aller Verstorbenen an Krebs) zählen etwa Island und Japan. Aber dort verzeichnet man auch eine erheblich höhere Lebenserwartung als bei uns. Damit ist eine hohe Krebsmortalität fast schon ein positives Qualitätsmerkmal.

Verwirrende Zahlen zur Corona-Sterblichkeit

Auch während der Corona-Pandemie trugen Mortalitätszahlen mehr zur Verwirrung als zur Aufklärung des Geschehens bei. Das Internetportal Statista etwa meldete im Februar 2021 für

Deutschland eine Mortalitätsrate von 3,02 Prozent. Das *Deutsche Ärzteblatt* dagegen konstatierte eine Rate von nur 1,4 Prozent, und der bekannte Medizin-Statistiker John Ioannidis von der US-amerikanischen Stanford University bezifferte die Corona-Mortalität gar ganz allgemein auf weniger als ein halbes Prozent.

Ein Teil dieser Konfusion liegt in der Natur der Daten begründet. Zunächst gibt es bei Raten immer einen Zähler und einen Nenner, wobei im Fall der Corona-Pandemie beide Komponenten alles andere als einfach zu messen sind. Dass etwa der Zähler eigentlich die *an* Corona und nicht die *mit* Corona verstorbenen Menschen zählen sollte, ist zwar allgemein akzeptiert, aber nicht durchgehend implementiert. So meldete der *Spiegel*, dass selbst bei hochbetagten Patienten rund 7 Prozent der mit Corona Verstorbenen an anderen Ursachen als an Corona verstorben seien.[78] Trotzdem gehen auch sie in die Statistik der Corona-Todesfälle ein.

Schwerer wiegt, dass der Zähler der Mortalitätsrate, wie die Statistiker sagen, eine »Flussgröße«, der Nenner dagegen eine »Bestandsgröße« ist. Dies bringt gewisse technische Probleme mit sich. Im Zähler stehen die innerhalb eines bestimmten Zeitraums Verstorbenen. Aber welcher Zeitraum? Diese Größe wird dann durch eine bestimmte Anzahl Menschen an einem bestimmen Tag geteilt. Aber welche Menschen und an welchem Tag? Alle Menschen eines Landes insgesamt, die mit dem Corona-Virus Infizierten oder die an Corona tatsächlich auch Erkrankten?

Streng genommen spricht man nur dann von Mortalität, wenn im Nenner alle Menschen eines Landes stehen. In den beiden anderen Fällen spricht man von Letalität. Das Auseinanderhalten der beiden letzten Gruppen – die mit dem Corona-Virus Infizierten und die an Corona tatsächlich Erkrankten – ist dabei nicht einfach. Nur etwa jeder dritte vom Corona-Virus befallene Mensch entwickelt einschlägige Symptome. Bei den anderen hält das körpereigene Immunsystem den Eindringling in Schach. Das Robert-Koch-Institut dagegen wertet alle labordiagnostischen Nachweise von SARS-CoV-2 unabhängig von klinischen Symptomen als Covid-19-Fälle. So gehen dann Unfallopfer oder Gebärende, die beim Betreten des Krankenhauses standardmäßig auf Corona getestet werden, auch ohne krank zu sein in die Zahl der Corona-Kranken ein.

In der Epidemiologie unterscheidet man zudem zwischen dem »Fall-Verstorbenen-Anteil« (Case Fatality Rate, CFR) und dem »Infizierten-Verstorbenen-Anteil« (Infection Fatality Rate, IFR). Ersterer setzt die Verstorbenen in Bezug zu den bestätigten Fällen, wobei dabei noch unterschieden wird, ob – wie beim RKI – alle bestätigten Infektionen (auch die ohne Symptome) oder nur tatsächlich Erkrankte eingehen. Im letzten Fall spricht man auch vom »Symptomatischen Fall-Verstorbenen-Anteil«. Der Infizierten-Verstorbenen-Anteil versucht darüber hinaus die Dunkelziffer der klinisch relevanten, aber nicht diagnostizierten Fälle zu berücksichtigen, also diejenigen, die zwar infiziert, aber nicht getestet wurden und keinerlei Krankheitssymptome aufweisen. Diese Dunkelziffer ist naturgemäß schwer zu bestimmen.[79]

Abbildung 7.1 fasst die verschiedenen Konzepte zur Berechnung noch einmal zusammen. Es wird deutlich, dass bei einem konstanten Nenner die Corona-Sterblichkeitsrate höher ausfällt, wenn der Zähler alle mit Corona Gestorbenen und nicht nur die an Corona Gestorbenen misst. Erfasst man, wie in Deutschland, im Zähler alle mit Corona Gestorbenen, ist die Mortalitätsrate üblicherweise kleiner als der Infizierten-Verstorbenen-Anteil und dieser wiederum kleiner als der Fall-Verstorbenen-Anteil. Am höchsten ist die Sterberate üblicherweise beim Symptomatischen Fall-Verstorbenen-Anteil, da hier im Nenner nur die nachweislich Infizierten mit Krankheitssymptomen berücksichtigt werden. Im Medienalltag werden diese unterschiedlichen Berechnungsweisen oft in einen Topf geworfen, mit deutlichen Konsequenzen. Teilt man etwa im Extremfall die Zahl der Verstorbenen statt durch die Zahl der gemeldeten Erkrankten durch die Zahl der Infizierten, ob gemeldet oder nicht, sinkt die Mortalitätsrate auf ein Drittel.

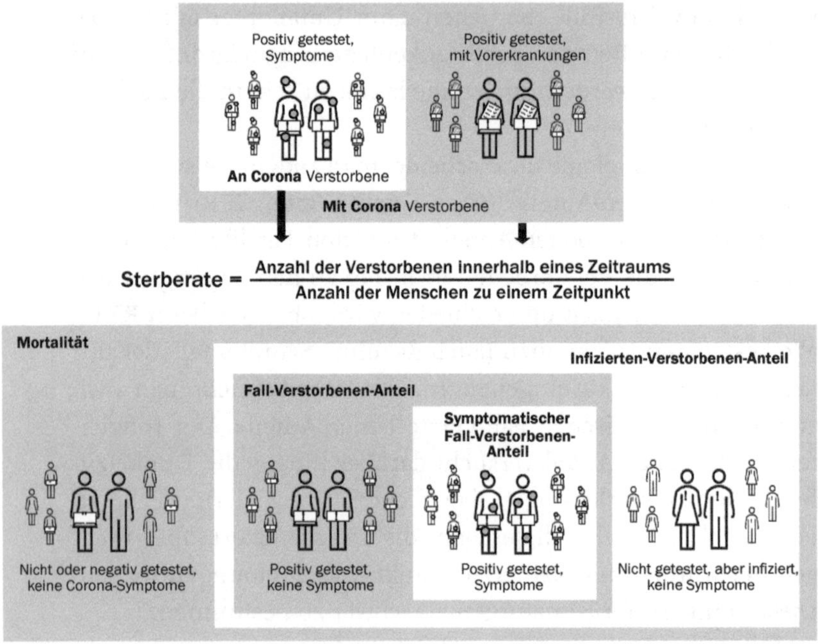

Abbildung 7.1: Unterschiedliche Sterberaten

Im Zähler der Sterberate, der Zahl der Verstorbenen, kommt es ferner auf die Zeitspanne an, über die man die Verstorbenen zählt: ein Tag, eine Woche, ein Monat, der komplette Zeitraum seit Beginn der Pandemie? Oder idealerweise die Zeitspanne zwischen Infektion und Entscheidung »Überleben ja oder nein«? Je nach Auswahl kommen hier sehr unterschiedliche Raten zustande. Theoretisch erhält man bei einer Zählweise über Jahre hinweg sogar Mortalitätsraten von über 100 Prozent.

Selbst wenn man sich bei Zähler und Nenner auf eine einheitliche Vorgangsweise verständigen könnte, bliebe immer noch eine unterschiedliche Bevölkerungsstruktur, die etwa einen sinnvollen Vergleich über Länder hinweg sehr erschwert. So sind etwa US-Amerikaner im Durchschnitt sechs Jahre jünger als Deutsche, mit einem Anteil an Über-80-Jährigen von knapp 4 Prozent, verglichen mit fast 6 Prozent in der Bundesrepublik. Aber vor allem in der Altersklasse der Über-80-Jährigen stellt Corona eine große Bedrohung dar. Mit dieser Information im Hinterkopf ist daher die von Statista gemeldete US-Mortalitätsrate von nur 1,77 Prozent verglichen mit den bundesdeutschen 3,02 Prozent nicht mehr ganz so positiv zu sehen.

Für sinnvolle Vergleiche über Raum und Zeit hinweg benötigt man eine standardisierte Altersstruktur. So hat John Ioannidis, ausgehend von den Corona-Todesfällen auf dem Kreuzfahrtschiff »Diamond Princess« und anderen Statistiken, seine bekannte Mortalitätsrate von weniger als einem halben Prozent für die Standard-Bevölkerung extrapoliert. Aber auch hier bleibt offen, welche Standard-Bevölkerung man nimmt. Die der USA oder die der Bundesrepublik Deutschland? Aufgrund dieser Probleme kann man nur raten, auf nationaler Ebene auf die absoluten Todeszahlen zu achten (und darauf, wie die Corona-Todesfälle definiert sind), während man internationale Vergleiche eher als interessante Zahlenspielereien denn als seriöse Statistiken verstehen sollte.

8. Was künstliche Intelligenz alles (nicht) kann

Am Abend des 19. Dezember 2016 ermordete ein islamistischer Terrorist den Fahrer eines schweren Lastwagens und raste damit in den Berliner Weihnachtsmarkt am Breitscheidplatz. Er tötete zwölf Besucher und verletzte 49 weitere. Im Jahr darauf begann der Bundesminister des Inneren ein Pilotprojekt »Sicherheitsbahnhof Berlin Südkreuz«; es sollte untersuchen, ob man mit Gesichtserkennungssystemen die etwa 600 vermuteten Gefährder in Deutschland identifizieren und damit die Polizeiarbeit erleichtern könnte. Im Oktober 2018 meldete das Bundesministerium des Innern, für Bau und Heimat stolz in einer Pressemitteilung: »Projekt zur Gesichtserkennung erfolgreich«. Der Präsident des Bundespolizeipräsidiums sagte: »Die Technik erlaubt es, Straftäter ohne zusätzliche Polizeikontrollen zu erkennen und festzunehmen. Dies bedeutet einen erheblichen Sicherheitsgewinn.« Der Bundesinnenminister war begeistert und äußerte sich zuversichtlich, dass landesweite Überwachung nun machbar und wünschenswert sei: »Die Systeme haben sich in beeindruckender Weise bewährt, sodass eine breite Einführung möglich ist.«[80]

In Wahrheit handelt es sich um eine Fehleinschätzung der Möglichkeiten und Grenzen der künstlichen Intelligenz (KI). Um das zu verstehen, benötigt man ein hier leider fehlendes statistisches Denken. Es schützt sowohl gegen Marketing-Hype und »religiösen« Techno-Glauben als auch gegen Technik-Skepsis und Weltuntergangsszenarien. Gefragt ist *digitale Risikokompetenz,* was bedeutet, die Möglichkeiten und Risiken digitaler Technologien zu verstehen und entschlossen zu sein, in einer digitalen Welt die Kontrolle zu behalten.[81]

Solange jedoch für viele statistisches Denken eine Fremdsprache ist – Politiker und Führungskräfte eingeschlossen –, kann man nicht erwarten, dass die Möglichkeiten und Risiken von digitalen Techniken verstanden werden. Eine Studie mit über 3 000 »Digital Natives« in den USA berichtet, dass 96 Prozent von ihnen nicht wissen, wie man die Vertrauenswürdigkeit von Webseiten beurteilt, und eine Studie von über 400 Vorständen der deutschen DAX- und MDAX-Unternehmen fand bei 92 Prozent keine erkennbare oder dokumentierte Erfahrung mit Digitalisierung.[82] Das Problem ist nicht KI, sondern mangelndes Verständnis von KI.

Falsch positiv, falsch negativ und positiver Vorhersagewert

Die Begeisterung des Innenministeriums beruhte auf zwei Zahlen in der Pressemitteilung. Die erste war eine Trefferquote von 80 Prozent bei dem besten der drei getesteten Systeme, das heißt, dass von je 100 Gefährdern (welche von Testpersonen gespielt wurden) 80 richtig erkannt und nur 20 übersehen wurden. Die zweite Zahl war eine Falsch-Alarm-Rate von 0,1 Prozent, das heißt, dass von je 1 000 Normalbürgern (welche nicht als Testpersonen teilnahmen) nur einer zu Unrecht als verdächtig klassifiziert wurde. Das klingt nach einer perfekten Gesichtserkennung! Die beiden Zahlen wurden in *tagesschau.de* und anderen Medien kritiklos wiederholt. Sollte man also so schnell wie möglich auf allen Bahnhöfen Kameras mit Gesichtserkennung installieren, um uns vor den als gefährlich eingestuften Islamisten und anderen gesuchten Personen zu schützen? Oder gleich wie in China die totale Überwachung aller Bürger auf allen Straßen, öffentlichen Plätzen und Gebäuden einführen?

In der Debatte, die danach entbrannte, stritt man sich darum, ob mehr Sicherheit mehr Überwachung rechtfertigen kann. Die eine Seite meinte, man müsste wohl einen Preis für die Sicherheit zahlen. Die andere Seite befürchtete einen massiven Eingriff in die Grundrechte der Bürger; die Kameras wären der erste Schritt zu den »Telemonitoren« in George Orwells *1984*. Beide Seiten nahmen die Genauigkeit und den Sicherheitsgewinn des Systems für bewiesen an, ganz wie der Innenminister und der Polizeichef.

Aber genau hier liegt das Problem. Zunächst einmal hat keines der drei getesteten Systeme eine Trefferquote von 80 Prozent über beide Testphasen (zweimal ein halbes Jahr) hinweg erreicht; die 80 Prozent sind auch nicht der Durchschnitt der drei Systeme. Diese Zahl bekam man nur nachträglich, indem man die Treffer aller drei Systeme addierte (das heißt, wenn mindestens eines der Systeme einen Treffer hatte, galt das als Treffer). Dabei waren auch noch die Bilder der »Gesuchten«, die den Systemen zur Verfügung standen, anders als Fahndungsfotos, so gut wie perfekt. In der ersten Testphase mit 312 Freiwilligen wurden diese mit hochauflösenden Kameras aufgenommen. In der zweiten Phase, an der nur noch 201 Testpersonen teilnahmen, wurden dann sogar die von den Überwachungskameras in der ersten Phase aufgenommenen Bilder verwendet, das heißt, am gleichen Ort, wo getestet wurde – damit bekam man bessere Werte, als man sie in der Wirklichkeit (in der man keine erste Testphase mit den Gefährdern hat) je erreichen könnte. Die Zahlen beruhen auch nicht auf allen erhobenen Daten, sondern nur auf einer Auswahl, wobei nicht angegeben wurde, wie diese Daten ausgewählt wurden. All das macht eine Bewertung unklar. Aber der interessante Punkt kommt jetzt.

Das Problem bei Massenüberwachungssystemen sind Fehlalarme. Auf dieses fundamentale Problem haben wir schon in Kapitel 1 nachdrücklich hingewiesen. Fehlalarme passieren, wenn Normalbürger von Gesichtserkennungssystemen fälschlicherweise als »Verdächtige« klassifiziert werden. Was ist nun die Wahrscheinlichkeit, dass eine Person, die das System als »verdächtig« anzeigt, tatsächlich ein Gefährder ist? Eben nicht 80 Prozent. Und auch nicht 0,1 Prozent.

Eine Überschlagsrechnung kann diese Frage beantworten. Jeden Tag nutzen rund 12 Millionen Menschen die Deutsche Bahn. Laut Abschlussbericht der Studie gibt es derzeit etwa

600 Verdächtige, die als islamistische Gefährder eingestuft werden und die das System erkennen sollte.[83] Um die Rechnung einfach zu machen, nehmen wir an, dass sich davon täglich 100 an Bahnhöfen aufhalten (etwa der gleiche Anteil wie bei der Normalbevölkerung). Es halten sich also 100 Gesuchte und 12 Millionen andere Personen auf den Bahnhöfen auf (Abbildung 8.1).

Wie genau ist nun eine positive Diagnose? Das kann man leicht mittels eines Häufigkeitsbaums veranschaulichen. Von den 100 Verdächtigen erwarten wir, dass etwa 80 (80 Prozent) erkannt werden, und von den rund 12 Millionen anderen Menschen werden täglich nochmals etwa 12 000 (0,1 Prozent von 12 Millionen) falsch als gesuchte Person eingestuft. Die Wahrscheinlichkeit, dass jemand eine gesuchte Person ist, wenn die Kamera Alarm schlägt, ist demnach 80/12 080, also knapp 7 in 1 000 oder 0,7 Prozent. In anderen Worten, etwa *99,3 Prozent* der Alarme des Systems sind falsch.

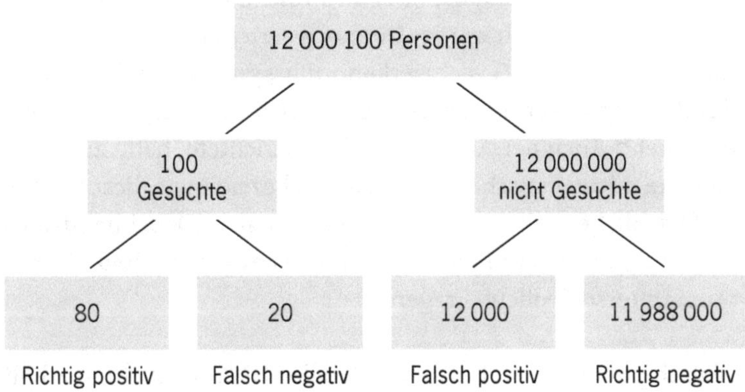

Abbildung 8.1: Häufigkeitsbaum für eine Massenüberwachung durch automatische Gesichtserkennungssysteme

Jedem Alarm sollte ein Einsatz der Polizei zur Abklärung folgen. Da eine flächendeckende Überwachung an Bahnhöfen jedoch etwa 12 000 falsche Alarme pro Tag erwarten ließe, würden jeden

Monat über 350 000 Personen unnötigerweise kontrolliert. Das wäre nicht nur enorm aufwendig und teuer, unsere Bahnhöfe hätten dann auch Kontrollzonen ähnlich wie an den Flughäfen. Selbst wenn es statt 600 doppelt so viele Gefährder gäbe, änderte sich das Ergebnis nur wenig; etwa 98,7 Prozent aller Alarme des Systems wären dann immer noch falsch.

Es gibt noch eine dritte irreführende Zahl im Bericht und in der Pressemitteilung: Es wird gesagt, dass sich die Falsch-Alarm-Rate durch eine Zusammenführung aller drei Systeme auf »bis zu 0,00018 %« reduzieren ließe. Was nicht gesagt wird: Dadurch würde zugleich die Trefferquote deutlich reduziert. Der verängstigte Bürger merkt's ja nicht.

Das Problem liegt nicht bei der Technik, die in Berlin angewandt wurde, sondern bei Politikern und einigen Medien, die nicht verstehen, was das Massenscreening durch Gesichtserkennungssysteme kann und was es nicht kann, und an fehlender statistischer Bildung. In Großbritannien fand man bei einem Massenscreening ebenfalls, dass 98 Prozent der positiven Übereinstimmungen falsch waren. Dennoch verteidigte die Chefin der Londoner Polizei die Gesichtserkennungssysteme damit, dass die Öffentlichkeit erwarte, dass die Polizei »Cutting Edge«-Technologien testet.[84] Auch der Artikel, der dies berichtete, hatte zunächst Probleme mit statistischem Denken und bezeichnete diese 98 Prozent fälschlicherweise als »Falsch-positiv-Rate.« Dabei handelt es sich um den sogenannten *Positiven Vorhersagewert*. Beide beantworten unterschiedliche Fragen:

- Falsch-positiv-Rate: Welcher Anteil der Nicht-Gesuchten erhält falsche Testergebnisse? Beim Test am Südkreuz lag dieser Wert bei 0,1 Prozent.
- Positiver Vorhersagewert: Welcher Anteil der positiven Testergebnisse ist richtig, welcher falsch? Dieser Wert lag am Südkreuz bei 1 Prozent richtig und 99 Prozent falsch.

Abbildung 8.1 zeigt, wie man beide Werte berechnen kann. Wenn man die beiden Konzepte nicht unterscheiden kann, dann entsteht ein typischer Denkfehler: Aus einer Falsch-Alarm-Rate von 0,1 Prozent wird fälschlicherweise geschlossen, dass das System in 99,9 Prozent der Fälle richtig klassifizieren würde.

Zahlenblinde Politiker

Vielen Politikern, Polizeipräsidenten, Journalisten, aber auch uns Bürgern würde statistisches Denken helfen, die Genauigkeit digitaler Techniken zu verstehen und zu hinterfragen. Das Südkreuz-Projekt wurde 2017 unter Innenminister de Maizière begonnen, obgleich man erwarten konnte, dass Massenüberwachung durch Gesichtserkennung zu Massen von falschen Alarmen führen würde. Beispielsweise überprüfte im gleichen Jahr die Polizei von Cardiff die Gesichter von 170 000 Fußballfans beim Champions-League-Finale zwischen Real Madrid und Juventus Turin. Das System fand 2 470 Übereinstimmungen mit einer Datenbank von einer halben Million Fotos von Kriminellen. 93 Prozent davon waren falsche Alarme.[85] Amazons Gesichtserkennungssystem verglich die Fotos von 535 US-Kongressabgeordneten mit einer Datenbank von Straftätern und fand bei 28 Abgeordneten eine Übereinstimmung, alle waren falsch.

Zum Ende des Südkreuz-Projektes war Horst Seehofer Innenminister. Auch er schien nicht zu wissen, dass eine kleine Falsch-Alarm-Rate bei einer kleinen Basisrate von Gefährdern zu einer untragbar hohen Anzahl von falschen Verdächtigungen führt. Als ein Kommentator auf Twitter den Sachverhalt richtig erklärte, unterstellte die CSU-Politikerin Monika Hohlmeier dem Autor mangelnde Mathematik-Kenntnisse: »Irgendwie sollten Sie an Ihrer Mathematik arbeiten: 0,1 Prozent Fehlerquote bedeutet 99,9 Prozent Treffer bei fachlich optimierter Anwendung. Das ist optimal.«[86] Sie ist dem oben beschriebenen Denkfehler zum Opfer gefallen. Als andere ihr ihren Denkfehler erklärten, räumte sie diesen keineswegs ein, sondern behauptete jetzt, dass es gar nicht um Fehlerquoten, sondern um ganz andere Ziele gehe: »Ich kenne Stochastik und auch Wahrscheinlichkeitsrechnung. Das benötige ich hier aber nicht, denn es geht nicht darum, wie viele Gesichter aufgenommen und dann gelöscht werden, sondern um den präventiven und aufklärenden Effekt gegen Personen, die Straftaten begehen.«

Abbildung 8.1 zeigt, dass die Zusammenhänge leicht verständlich werden, wenn man einen Häufigkeitsbaum verwendet. Da dieser nur natürliche Zahlen und keine relativen Zahlen verwendet, wird diese Technik auch »natürliche Häufigkeiten« genannt. Sie ist wohl die anschaulichste Weise, wie man den »Satz von Bayes« ohne verwirrende Wahrscheinlichkeiten veranschaulichen kann. Experimente zeigen, dass mit natürlichen Häufigkeiten bereits die meisten Viertklässler verstehen können, was ein positiver Test bedeutet.[87] Inzwischen hat das Bayerische Kultusministerium sich von unseren Experimenten überzeugen lassen, und alle Schüler der 11. Klasse werden diese Technik und somit statistisches Denken nun lernen. Damit besteht Hoffnung, dass zukünftige Politiker (zumindest bayerische) besser statistisch denken können.

Sag mir, wonach du suchst, und ich sag dir, was du hast

Suchmaschinen erzeugen Massen von Daten, allein Google erhält jeden Tag drei bis vier Milliarden Suchanfragen. Daten, so verspricht man uns, sind das »neue Öl« oder das »neue Gold«. Könnte man also dieses »Gold« nicht nutzen, um Krankheiten frühzeitig zu erkennen und die Verbreitung von Infektionen zeitnah vorherzusagen?

Der bekannteste Versuch war Google Flu Trends, ein Algorithmus, mit dem Google zwischen 2007 und 2015 die Verbreitung der Grippe (Influenza) wöchentlich vorhergesagt hat. Dieser Big-Data-Algorithmus basierte auf der Analyse von 50 Millionen Suchbegriffen und mehr als 100 Millionen statistischen Modellen.

Google Flu Trends wurde von den Medien und in Bestsellern wie *Big Data*[88] als der große Erfolg von Big Data gefeiert. Doch stellte sich bald heraus, dass die Vorhersagen systematisch danebenlagen, und auch mehrere Versuche der Google-Ingenieure, ihn komplexer und damit vermeintlich besser zu machen, scheiterten. Unabhängige Wissenschaftler demonstrierten dagegen, dass man *mit einem einzigen Datenpunkt* – den grippebezogenen Arztbesuchen der letzten Woche – weit bessere Vorhersagen machen kann als alle Versionen von Googles Big-Data-Algorithmus, und zwar über den gesamten Zeitraum von acht Jahren hin.[89] Weniger kann mehr sein.

Google Flu Trends wurde am Ende ohne Fanfare begraben – die Medien, die Big Data anfangs zelebriert hatten, waren still. Die Lektion, die man daraus hätte lernen können, wurde somit auch nicht gelernt: das *Prinzip der stabilen Welt*.[90] Big-Data-Algorithmen funktionieren in Situationen, die stabil sind, etwa in Spielen wie Schach und bei astronomischen Vorhersagen, nicht aber in instabilen Situationen, in denen die Welt von morgen anders sein kann als die von gestern. Das Verhalten von Viren und Menschen ist eine Quelle für Instabilität. Hier kann Big Data, also Daten aus der Vergangenheit, in die Irre führen, da die Zukunft anders ist als die Vergangenheit. Darum kann auch ein einziger Datenpunkt, und zwar der neueste – wie die grippebezogenen Arztbesuche letzte Woche – oft besser die Zukunft vorhersagen als Massen von Daten.

Microsofts Suchmaschine erkennt Bauchspeicheldrüsenkrebs

Nachdem Google Flu Trends still begraben worden war, haben Forscher von Microsoft und der Columbia University ihr Glück versucht. Diesmal nicht mit Grippe-Frühwarnung, sondern mit der Früherkennung von Bauchspeicheldrüsenkrebs (Pankreaskrebs), einer der tödlichsten Krebserkrankungen überhaupt.[91]

Stellen Sie sich vor, Sie sind auf Bing, der Suchmaschine von Microsoft, unterwegs. Plötzlich geht ein Fenster auf: »ACHTUNG!

Es gibt Anzeichen, dass Sie Bauchspeicheldrüsenkrebs haben. Bitte gehen Sie sofort zu Ihrem Arzt.« Wie würden Sie sich jetzt fühlen? Wären Sie tief beunruhigt und einem Herzinfarkt nahe? Würden Sie darüber nachdenken, jetzt noch schnell Ihr Testament zu schreiben? Vermutlich nicht. Grenzt es nicht dennoch an ein Wunder, dass die KI allein aufgrund Ihrer Suchbegriffe weiß, dass Sie Krebs haben – und damit vielleicht Ihr Leben gerettet hat?

Viele Medien zeigten sich beindruckt. Die *Süddeutsche Zeitung* berichtete in ihrer Online-Ausgabe unter dem Titel »Krebsdiagnose aus der Suchmaschine«: »In 5 bis 15 Prozent der Fälle gelang ihnen die Früherkennung. Beeindruckender ist die sehr niedrige Zahl von Fehlalarmen. Von 10 000 Nutzern wurde weniger als einer fälschlicherweise als krebskrank eingestuft.«[92] Die *New York Times* schrieb, diese Früherkennung kann »die 5-Jahres-Überlebensrate der Patienten von 3 % auf 5 bis 7 % erhöhen.«

Sehen wir uns die Studie und die Medienberichte genauer an. Die Microsoft-Wissenschaftler hatten die Suchanfragen von 6,4 Millionen Nutzern nach Symptomen wie unerklärlichem Gewichtsverlust und nach Risikofaktoren wie Alkoholabhängigkeit durchsucht. Aus dem Muster der Anfragen versuchte man dann Nutzer zu identifizieren, die später tatsächlich Krebs bekamen. Letzteres schloss man aus Anfragen wie »Warum bekam ich Bauchspeicheldrüsenkrebs?« Die Nutzer selber wurden – wie üblich – nicht gefragt. Aber was soll's, wenn sich die Überlebensrate dadurch verdoppelt? Schließlich ist ja gezeigt worden, dass Bing Leben rettet.

Wirklich? Ein Anstieg von 5-Jahres-Überlebensraten sagt *nichts* darüber aus, ob Früherkennung Leben rettet. Das ist gut zu erklären. Denken Sie an 100 Menschen, die alle im Alter von 70 Jahren an invasivem Krebs sterben. Wenn diese nicht zum Screening gehen, dann wird der Krebs spät entdeckt und die 5-Jahres-Überlebensrate ist klein. Gehen sie zum Screening, wird der Krebs früh entdeckt und die 5-Jahres-Überlebensrate ist groß. In diesem Beispiel lebt also niemand einen Tag länger, sondern nur länger mit der Diagnose. Studien zeigen entsprechend, dass höhere

Überlebensraten nach einem Screening nicht mit niedriger Sterblichkeit einhergehen.

Der Trick mit den irreführenden Überlebensraten ist nicht neu. Man versucht damit beispielsweise schon seit Jahrzehnten, Frauen über den Nutzen des Brustkrebs-Screenings hinters Licht zu führen.[93] Jetzt versucht man, uns mit demselben Trick vom Nutzen von Big Data zu überzeugen.

Aber was ist mit der von den Medien hervorgehobenen kleinen Falsch-positiv-Rate von 1 in 10 000? »Kaum ein Fehlalarm«, schrieb der *Tages-Anzeiger* beeindruckt.[94] Heißt das, unter den vom Algorithmus als positiv klassifizierten Nutzern kommen so gut wie keine Fehler vor? Wieder nein. Auch das kann man einfach erklären, und zwar auf die gleiche Art wie bei der automatischen Gesichtserkennung.[95] Nehmen wir 100 000 Nutzer, von denen 10 unerkannt Bauchspeicheldrüsenkrebs haben. Bei einer Erkennungsrate von 10 Prozent (das Mittel aus 5 Prozent und 15 Prozent, siehe oben) erwarten wir, dass von diesen 10 nur einer als positiv klassifiziert wird, die anderen 9 Krebserkrankungen werden übersehen. Von den 99 990 Nutzern, die keinen Krebs haben, erwarten wir, dass 10 dennoch positiv eingeschätzt werden (die Falsch-positiv-Rate von 1 in 10 000). Das heißt, von den insgesamt 11 Personen mit

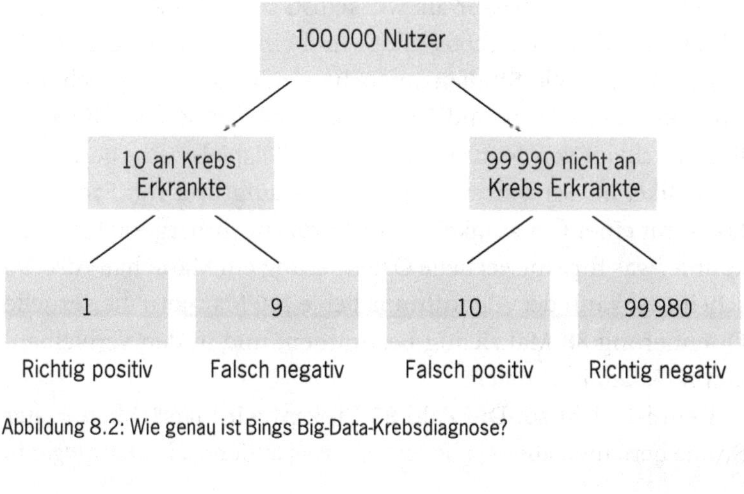

Abbildung 8.2: Wie genau ist Bings Big-Data-Krebsdiagnose?

positivem Ergebnis hat einer Bauchspeicheldrüsenkrebs und 10 haben keinen. Über 90 Prozent von jenen, bei denen der Algorithmus Krebsverdacht ankündigte, werden also fälschlicherweise als krebskrank eingestuft. Damit ist die Wahrscheinlichkeit, dass ein Krebsalarm richtig ist, 1/11, also etwa 9 Prozent. Selbst bei einer kleinen Falsch-positiv-Rate kann bei seltenen Erkrankungen wie dem Bauchspeicheldrüsenkrebs der Anteil der Falsch-Positiven an allen Positiven dennoch hoch sein.

Und noch eine Bemerkung: Derart kleine Falsch-positiv-Raten werden mit genaueren medizinischen Tests kaum je erreicht, was uns zweifeln lässt, ob diese Werte einer unabhängigen Überprüfung standhalten. Von Microsofts Krebsfrüherkennungsalgorithmus hat die Welt seither nichts mehr gehört. Wie auch von den vielen anderen unbegründeten Hoffnungen, die in den Medien schon vor Big Data alle paar Wochen als die neue Waffe im Krieg gegen Krebs verbreitet wurden. Ob Dr. Google oder Dr. Bing: Für kommerzielle Unternehmen bedeutet Big Data in erster Linie Big Business und nicht notwendigerweise eine bessere Medizin.

Facebook-Likes identifizieren Homosexualität

Google kennt uns besser als wir selbst, so sagt man uns. Oder: »Zeige mir deine Facebook-Likes, und ein Algorithmus sagt dir, wer du bist.« Viele Studien versuchen, mittels Likes, psychometrischen Online-Tests und Facebook-Profilen Aussagen über die Persönlichkeit von Nutzern zu treffen. Beispielsweise berichtete ein Artikel im Schweizer *Magazin*, dass aufgrund von Facebook-Likes mit einer Genauigkeit von 88 Prozent vorhergesagt werden könnte, was für eine sexuelle Orientierung ein Mann hat. Also, so scheint es, kann der Algorithmus bei je 100 Männern die sexuelle Orientierung 88 Mal richtig bestimmen, und in den verbleibenden 12 Fällen irrt er sich.

Dem ist nicht so. Die Zahl 88 Prozent wird tatsächlich in der Studie berichtet, aber sie bedeutet etwas anderes als *Das Magazin* und andere Medien glauben.[96] Sie ist eine statistische Größe, die man AUC (»area under the curve«, also Fläche unter der Kurve) nennt. Diese bedeutet: Nimmt man Paare mit je einem homosexuellen und einem heterosexuellen Mann, dann kann der Algorithmus in 88 Prozent der Fälle den homosexuellen Mann (und damit auch den heterosexuellen Mann) richtig identifizieren. Allein durch das Werfen einer Münze kann man eine AUC von 50 Prozent erwarten. Die AUC bezieht sich auf eine ganz spezifische Situation, wo man Paare hat und damit immer gleich viele Homosexuelle wie Heterosexuelle. Die 88 Prozent beziehen sich nicht auf die Frage, wie gut der Algorithmus in der wirklichen Welt homosexuelle Männer identifizieren kann.

Was ist der Unterschied? Bei der AUC setzt man die Grundraten der Homo- und Heterosexuellen künstlich gleich. Wenn man nun in der wirklichen Welt versuchen würde, die sexuelle Orientierung *eines* Mannes durch diesen Algorithmus herauszufinden, hat man es mit einem anderen Problem zu tun. Dazu bräuchten wir die Grundrate von Homosexuellen. Nehmen wir an, diese sei 10 Prozent, das heißt, unter 1 000 Männern kann man 100 mit homosexueller und 900 mit heterosexueller Orientierung erwarten. Was folgt daraus für die Wahrscheinlichkeit, dass ein Mann wirklich homosexuell ist, wenn der Algorithmus ihn als homosexuell bestimmt? Das kann man wieder mit einem Baumdiagramm mit natürlichen Häufigkeiten leicht erkennen (Abbildung 8.3).

Nehmen wir der Einfachheit halber an, dass die Trefferquote des Facebook-Algorithmus 80 Prozent ist, und die Falsch-positiv-Rate 20 Prozent (was einer AUC von 88 Prozent entspricht). Von den 100 Homosexuellen erwarten wir, dass 80 richtig erkannt werden, und von den 900 Heterosexuellen erwarten wir, dass 180 fälschlicherweise als Homosexuelle eingestuft werden. Die Wahrscheinlichkeit, dass ein Mann wirklich homosexuell ist, wenn der Algorithmus dies anzeigt, liegt also lediglich bei 31 Prozent (80/(80+180) = 0,31). Eine AUC von 88 Prozent klingt jedoch viel beeindruckender.

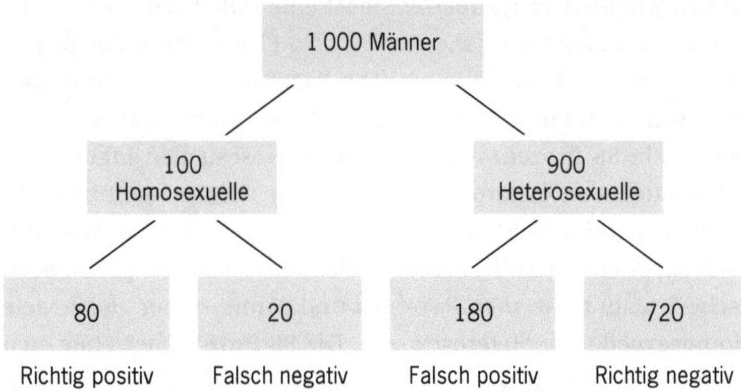

Abbildung 8.3: Wie wahrscheinlich ist es, dass ein als »homosexuell« identifizierter Mann wirklich homosexuell ist?

Was heißt all das? In einer realen Situation sind die Mehrzahl der Bestimmungen »homosexuell« falsch – ganz ähnlich wie bei der Massenüberwachung durch Gesichtserkennungssysteme, nur nicht ganz so extrem. Bei Frauen, deren sexuelle Orientierung der Algorithmus aus den Likes weniger gut diagnostizieren kann, erhält man noch mehr falsche Diagnosen. Wenn man einfach Männer und Frauen nach ihrer sexuellen Orientierung fragen würde, könnte man bessere Ergebnisse erwarten, selbst wenn nicht alle ehrlich antworten. Am Ende sollten wir uns vielleicht eher fragen, warum zum Teufel sich Facebook überhaupt für unsere sexuelle Orientierung interessiert.

9. Warum Prognosen immer falsch sind

Eine Korrektur vorweg: Prognosen sind durchaus nicht immer falsch. Nur echte Prognosen sind (fast) immer falsch. Aber das Beiwort »echt« im Titel hätte wohl manchen Leser verwirrt, deswegen haben wir es weggelassen. Folgendes ist zum Beispiel keine echte Prognose (eine Parodie auf gewisse Bauernregeln zum Wetter): »Wenn der Hahn kräht auf dem Mist, dann ändert sich das Wetter oder es bleibt, wie es ist.« Diese Prognose ist nicht nur zuweilen richtig, sie ist immer richtig. Sie ist von dem Typ »wenn A, dann B« und zwar von einer ganz bestimmten Sorte: Der B-Teil ist immer wahr. Damit ist auch die Prognose immer wahr – und völlig wertlos obendrein.

Echte Prognosen sind solche, die im Prinzip danebengehen können. Und in aller Regel tun sie das dann auch. Mehr oder weniger. Oder um mit der alten Lästerzunge Mark Twain zu sprechen: Prognosen sind schwierig, besonders, wenn sie die Zukunft betreffen. Am schwierigsten, und damit auch am mutigsten, sind Prognosen, deren A-Teil komplett fehlt. Man sagt dazu auch »unbedingte Prognosen«, im Gegensatz zu bedingten Prognosen, die nur dann Gültigkeit beanspruchen, wenn der A-Teil eintritt. Hier sind einige historische Beispiele unbedingter Prognosen, von sehr mutigen Menschen, die sich dann auch über Spott nicht zu beklagen hatten:[97]

- Die weltweite Nachfrage nach Kraftfahrzeugen wird 1 Million nicht übersteigen, allein schon aus Mangel an Chauffeuren (Gottlieb Daimler, 1901).

- Der große Krieg in Europa wird nie kommen (David Starr Jordan, Präsident der Stanford University, 1913).
- Kino ist nur eine Modeerscheinung (Charlie Chaplin, 1916).
- Es gibt auf der Welt einen Bedarf von maximal fünf Computern (IBM-Chef Thomas J. Watson, 1943).
- Zu meinen Lebzeiten wird keine Frau Premierministerin von England werden (Margaret Thatcher, 1974).
- Es gibt keine Chance für eine Wiedervereinigung (Gerhard Schröder, 1989).
- Das Internet ist nur ein Hype, damit verdient man niemals Geld (Bill Gates, 1995).

Die Prognose zum Ersten Weltkrieg erscheint uns heute fast schon gruselig, sie wurde aber seinerzeit von vielen, auch einflussreichen, Menschen geteilt und geglaubt. Wie Florian Illies in seinem Weltbestseller *1913* sehr schön nacherzählt, folgte man damals gerne den Argumenten des britischen Autors Norman Angell, der in seinem mehrfach neu aufgelegten und vielfach übersetzten Bestseller *The Great Illusion* dargelegt hatte, »dass das Zeitalter der Globalisierung [gab es auch schon damals] Weltkriege unmöglich mache, da alle Länder längst wirtschaftlich zu eng miteinander verknüpft seien.« Oder in den Worten des Präsidenten der Stanford University: »Die Bankiers werden nicht das Geld für einen solchen Krieg auftreiben, die Industrie wird ihn nicht in Gang halten, die Staatsmänner können es nicht. Es wird keinen großen Krieg geben.« Wie wenig wir aus diesen Irrtümern gelernt haben, zeigt nicht zuletzt der Ukraine-Krieg.

Um sich vor solchen Blamagen zu schützen, setzen Propheten in der Regel einen A-Teil vor ihre Aussagen über die Zukunft. Es sei denn, sie haben zu biblischen Zeiten gelebt oder heißen Nostradamus. Dann kann man auch mit unbedingten Prognosen reüssieren, vorausgesetzt, sie sind unbestimmt genug:

Früher oder später wird großes Unheil über
(undeutlich schreiben) *kommen;*
es wird regnen Hunde und Katzen,
die (undeutlich schreiben) *werden fressen ihre Kinder,*
und der große Fürst des Morgenlandes (und so weiter)

Wir haben hier etwas paraphrasiert. Mit dieser Methode hat Nostradamus die Atombombe, den Zweiten Weltkrieg, die Berliner Mauer und den Tod von Prinzessin Diana vorhergesagt. Und noch heute stricken Boulevardzeitungen so ihre Horoskope: »Sie werden morgen einen Menschen treffen, der ihr Leben verändern könnte«. Gibt es jemanden, der am nächsten Tag keine Menschen trifft? Selbst auf der Intensivstation im Krankenhaus kommt mal eine Pflegekraft vorbei. Und wenn man die dann heiratet, hat sie tatsächlich unser Leben verändert. Und wenn nicht, hat das Horoskop trotzdem recht: Sie hätte uns ja heiraten können.

Auch andere Propheten befolgen konsequent die scherzhaft so genannte »Goldene Regel der Prognose«: Sage, was geschieht oder wann etwas geschieht, aber nie beides gemeinsam. Der Crash kommt! Wie viele Börsengurus gibt es, die von dieser Prognose leben? Und sie haben alle recht – noch ist auf jedes konjunkturelle Hoch irgendwann eine Rezession gekommen. Die Welt geht unter! Das geschieht todsicher, und zwar spätestens in 6 Milliarden Jahren, wenn die Sonne sich zu einem Roten Riesen aufbläht und die nächstgelegenen Planeten inklusive der Erde auffrisst (danach wird sie dann zu einem weißen Zwerg, aber das muss uns nicht mehr interessieren).

Wer möchte, dass eine Prognose eintritt, kann auch die Wirklichkeit im Sinn der Prognose uminterpretieren. So haben etwa die christlichen Evangelisten, ganz besonders Matthäus, keine Kosten und Mühen gescheut, ihren Helden Jesus Christus als Nachkommen von König David darzustellen. »Der Messias wird aus dem Hause David kommen«, prophezeite Samuel, und so wurde die Familiengeschichte der Eltern Christi derart umgedichtet, dass Jesus aus dem Hause David kam.

Der Prophet hat immer recht

Auch bedingte Prognosen können zu Extremen führen, etwa dergestalt, dass der B-Teil logisch aus dem A-Teil folgt. Auch solche Prognosen sind immer richtig und damit nicht echt. Es gab sie zu Dutzenden während der Corona-Zeit. »Wenn die Reproduktionszahl bei zwei liegt und sich ein Jahr lang nicht ändert, sind nächstes Jahr 60 Millionen Bundesbürger mit Corona infiziert.« Klar. Wenn ich nach dem Abitur anfange zu sparen und jeden Monat 100 Euro zurücklege, erhalte ich bei 3 Prozent Verzinsung beim Renteneintritt 114037 Euro ausgezahlt. Und wer es genau wissen will: plus 30 Cent. Mit solchen Prognosen hat man noch zu unserer Jugendzeit den Kindern das Sparbuch schmackhaft gemacht. Und lange Zeit hatten derartige Prognosen ja auch Hand und Fuß – bis dann aus den 3 Prozent Verzinsung auf das Sparbuch 0 Prozent geworden sind.

Wir wollen nicht übertreiben: Nicht alle derartigen logisch unwiderlegbaren Aussagen waren als Prognosen gemeint; oft dienen solche arithmetischen Fingerübungen nur dazu, den großen Raum der Möglichkeiten etwas dichter abzustecken. Und solange das aus der Präsentation auch deutlich wird, ist aus Sicht der Statistik nichts dagegen einzuwenden. Bedenklich wird das Ganze – und wurde deshalb von uns mehrfach als Unstatistik des Monats aufgespießt –, wenn man die Bedingungen, also den A-Teil, unterschlägt oder nicht genau spezifiziert. Denn nur damit ist der Informationsgehalt einer Prognose korrekt einzuschätzen. Wenn wir also lesen: »Wenn wir es nicht schaffen, dieses britische Virus abzuhalten, dann haben wir bis Ostern eine zehnfache Inzidenz« (Bundeskanzlerin Merkel zu Beginn des Jahres 2021), dann würde man schon gerne wissen, welche Annahmen über die berüchtigte englische Virusvariante B.1.1.7 in diese Prognose eingegangen sind.

Auch das Robert-Koch-Institut (RKI) hatte sich an Prognosen zur Entwicklung der Coronavirus-Variante B.1.1.7 gewagt (siehe Abbildung 9.1). In der Öffentlichkeit kam jedoch nur an, dass das RKI mit der schwarzen Kurve einen steilen Anstieg vorhersagte –

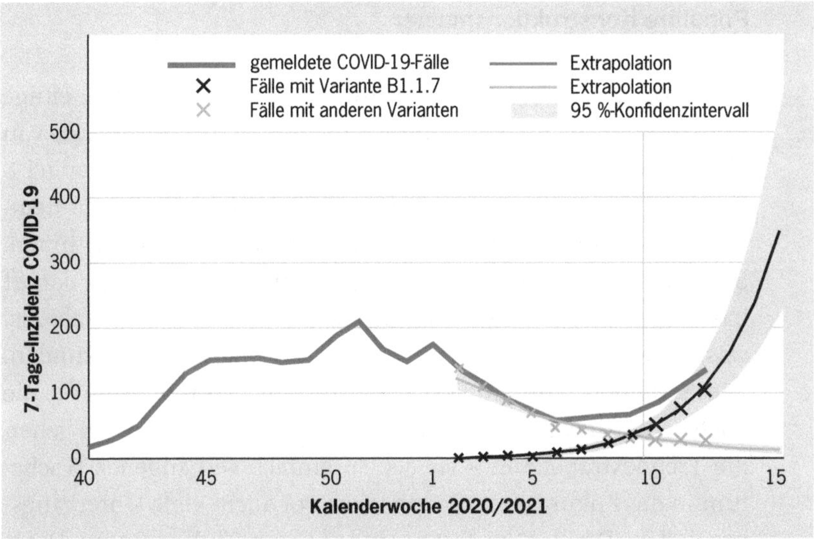

Abbildung 9.1: RKI-Prognose zur Entwicklung der Corona-Virus-Variante B.1.1.7.
Quelle: Bericht zu Virusvarianten von SARS-CoV-2 in Deutschland, 31.März 2021, S. 14[98]

nicht jedoch, wie groß die prognostizierten Unsicherheiten in der grauen Fläche waren. Entsprechend groß war die Kritik in den sozialen Medien, als die Welle deutlich kleiner ausfiel. Auf eine Omikron-Prognose hat sich das RKI, wohl auch als Folge dieser kommunikativen Bauchlandung, nicht mehr eingelassen.

Ein Vorbild ist hier das Statistische Bundesamt, das seine »Bevölkerungsprognose« korrekterweise nicht als Prognose, sondern als »Bevölkerungsvorausberechnung« verkauft. So wird zum einen deutlich, dass die künftigen Werte aus der aktuellen Alters- und Geschlechtsstruktur und gewissen Annahmen über Geburten und Todesfälle sowie Wanderungen mit den vier Grundrechenarten ermittelt worden sind. Und es wird ebenfalls deutlich, dass die Prognosen nicht glaubwürdiger sein können als die Annahmen, auf denen sie beruhen. Nimmt man davon die plausibelsten, wird die Zahl der Menschen im Erwerbsalter zwischen 20 und 66 Jahren in Deutschland bis 2035 um 4 bis 6 Millionen abnehmen, und im Jahr 2050 ist jeder zehnte Deutsche mehr als 80 Jahre alt.[99]

Populäre Konstruktionsmuster

Für Leser und Adressaten von Prognosen ist es hilfreich, einige Konstruktionsprinzipien dahinter zu kennen. Das populärste von allen ist die Devise: Es bleibt alles, wie es ist. Wie in Kapitel 8 beschrieben wurde, kann man damit den Verlauf der Grippe deutlich besser vorhersagen als mit Googles Big-Data-Algorithmen. So sollen Spaßvögel einmal ausgerechnet haben, dass darauf basierende Wetterprognosen nur minimal schlechter sind als das, was Meteorologen jeden Abend nach der *Tagesschau* verkünden. Diese Methode funktioniert bei kurzzeitigen Prognosen für die nächste Woche oder den nächsten Tag. Einen Schritt weiter gehen die Trendextrapolierer – sie setzen einfach vergangenes Wachstum in die Zukunft fort. Davon leben vor allem viele Untergangspropheten. Die berühmtesten sind die vom Club of Rome. Diese von Medien oft als »Denkfabrik« beschriebene Vereinigung von Zahlenkünstlern hat in ihrem berühmten Bericht von 1972 und basierend auf damals aktuellen Trends noch für das letzte Jahrtausend das Ende der Erdölbestände, eine große Knappheit an Rohstoffen wie Zink, Aluminium oder Blei und große Hungersnöte auf der Welt vorhergesagt.[100] Bekanntlich ist keine dieser Prognosen eingetroffen und fast alle vom Club of Rome mit Knappheitsszenarien belegten Rohstoffe waren zehn Jahre später billiger zu haben.[101] Man hat einfach die Fähigkeit von Marktwirtschaften, sich an veränderte Rahmenbedingungen anzupassen und neue Wege zu alten Zielen zu finden, dramatisch unterschätzt.

Noch einen Schritt über die reine Trendextrapolation hinaus gehen sogenannte *Chartanalysten*. Diese Propheten-Spezies ist vor allem auf Kapitalmärkten zu Hause und gibt vor, aus vergangenen Mustern in Börsenkursen künftige Entwicklungen vorhersagen zu können. Ausgangspunkt ist die Unterstellung, dass Kursreihen bestimmte Muster aufweisen; und wenn man diese früh genug erkenne, könne man den weiteren Kursverlauf in gewissen Grenzen vorherbestimmen. Solche Muster wie »Flaggen«, »Wimpel« oder »Keile« (entsprechend den durch die Begrenzungslinien der Kursdiagramme gebildeten geometrischen Figuren) oder die bekannten Kopf-Schulter-, V- oder M-Formationen würden tendenziell von immer den gleichen Kursverläufen gefolgt (eine Kopf-Schulter-Formation beispielsweise von einem Kursverfall). Ein rechtzeitiges Erkennen solcher Muster oder Formationen liefe also auf die Möglichkeit einer Prognose von Börsenkursen hinaus.

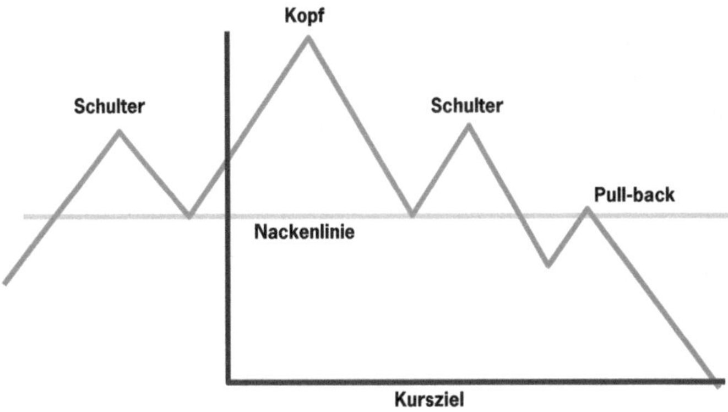

Abbildung 9.2: Die berühmte Kopf-Schulter-Formation bei einem Aktienkurs

Aber mit solchen Prognosen ist unseres Wissens noch niemand reich geworden. Denn was tun Börsianer, die all dies wissen? Sie kaufen, wenn ein Muster Gewinn verspricht, und verkaufen bei drohendem Verlust. Tun das viele, steigt oder fällt der Preis, und zwar sofort. In beiden Fällen kommt die erhoffte künftige Entwicklung viel zu früh. Gerade das Bemühen der Chart-Anhänger, ihre vermeintliche Kenntnis der Zukunft auszunutzen, macht ebendiese Bemühungen zunichte. Wer etwa beim Heraufziehen einer Kopf-Schulter-Formation einen Verfall der Kurse erwartet und durch Verkauf die Kurse drückt, macht einen weiteren Verfall der Kurse eher unwahrscheinlich. Genauso wird, wenn alle Chartanalysten für morgen einen höheren Kurs erwarten, schon heute in das fragliche Papier investiert und damit schon heute der Kurs angehoben. Dass der Kurs von heute auf morgen dann tatsächlich steigt, ist genauso wahrscheinlich wie das Gegenteil.

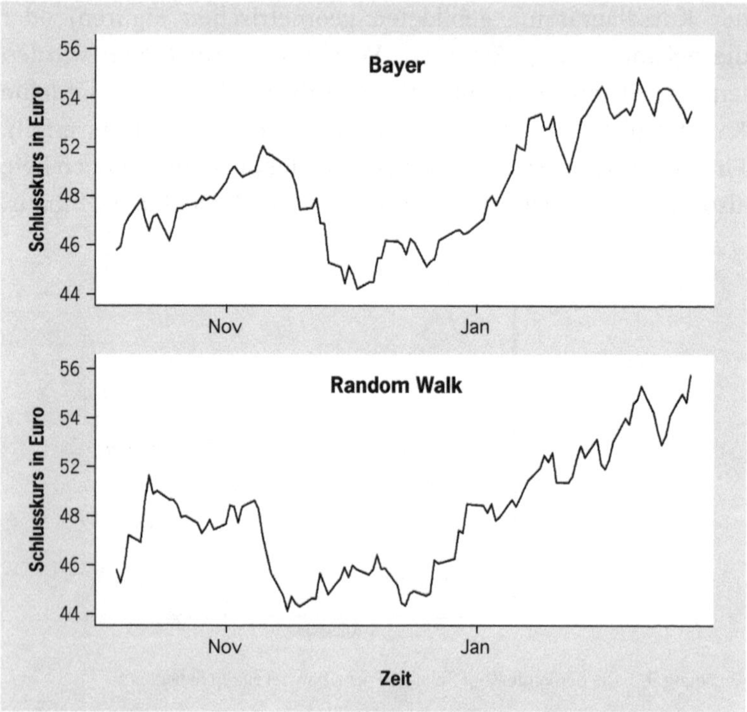

Abbildung 9.3: Tagesschlusskurse von Bayer-Aktien 2021/22 und analoger Random Walk: Wenn man nicht wüsste, welches echte Kurse sind und welches falsche – das Muster selbst verrät es uns nicht

In einem effizienten Markt – und Kapitalmärkte sind in aller Regel sehr effizient – kümmern sich die Kurse risikobehafteter Wertpapiere nicht um die Vergangenheit; sie rollen das Weltgeschehen quasi aus der Zukunft auf: Investoren, die ein Wertpapier zu einem »korrekten« alias »fundamental gerechten« Preis erwerben wollen, fragen nicht danach, was das Papier vor einem Tag oder vor einem Jahr gekostet *hat*; sie wollen wissen, was das Papier ein Jahr später kosten *wird*. Für die Börse zählt allein die Zukunft. Sie schaut wie ein Steuermann im Nebel nur nach vorn, nie nach hinten, sie ändert ihren Kurs in aller Regel nur dann, wenn aus diesem Nebel neue, bis dato unbekannte Fakten sichtbar werden. In der Mathematik werden solche Zeitreihen auch

Irrfahrten genannt (engl. *random walk*). Und eine typische Kursreihe ist von einer auf dem Rechner erzeugten Irrfahrt nicht zu unterscheiden (siehe Abbildung 9.3).

Affen sind die besten Investoren

Die Tageszeitung *Chicago Sun Times* ließ einmal mehrere Jahre lang Anfang Januar einen Affen fünf Aktien zu einem Portfolio zusammenstellen. Der Affe hieß Adam Monk und saß mit einem Bleistift vor dem aufgeschlagenen *Wall Street Journal*; die Aktien, die er ankreuzte oder umkringelte, wurden gekauft.

Die meisten Jahre hat Adam Monk den Dow-Jones-Index geschlagen. Damit lag er über dem Durchschnitt aller hoch bezahlten Wertpapierberater.

Adam Monk hat Kollegen überall in der Welt. In Russland gab es den Schimpansen Lusha, der 8 aus 30 Aktien wählte, die als Bauklötze verkleidet waren. Das Portfolio verdreifachte sich das Jahr darauf und katapultierte Lusha in die besten 5 Prozent aller russischen Investmentfonds. Eine Artgenossin, das Schimpansenmädchen Raven, durfte Pfeile auf eine Liste mit 130 Internetunternehmen werfen. Das so ausgewählte Portfolio wuchs im ersten Jahr um 79 Prozent und im zweiten Jahr um 213 Prozent. Damit wäre Raven der 22. von mehreren Hundert amerikanischen Investmentmanagern des Jahres 2000 gewesen. In Südkorea war es ein Papagei. Er belegte in einem sechswöchigen Börsenspiel zusammen mit zehn professionellen Börsenmaklern Platz 3. Seine Aktien suchte er mit dem Schnabel aus.

Wovon man in solchen Pressemeldungen in aller Regel nichts erfährt, sind die vielen Affen oder Papageien, die schlechter waren als der Markt. Selbst Adam Monk war nicht jedes Jahr besser als der Dow Jones. In den Jahren 2005 und 2007 zum Beispiel war er schlechter (seine Karriere währte von 2003 bis 2010; dann ging er mit dem für Affen biblischen Alter von 40 Jahren in den Ruhestand).

Das dennoch für Anleger auf den ersten Blick beunruhigende Fazit solcher Experimente ist: Affen sind verglichen mit hoch bezahlten Investmentmanagern im Mittel nicht schlechter – ob man seine Gelder einem Schimpansen oder einem Harvard-Absolventen zum Verwalten überlässt, ist im Prinzip egal. Der einzige Unterschied: Der Affe ist billiger. Natürlich gibt es immer wieder Ausnahmen wie die Krake Paul, die bei der Fußballweltmeisterschaft 2010 alle Ergebnisse der deutschen Mannschaft korrekt vorhergesagt hatte. Aber das ist reiner Zufall – wenn man lange genug ins Spielcasino geht, kommt irgendwann auch zehnmal hintereinander Rot.

All das sind schöne Geschichten. Doch auch eine Reihe wissenschaftlicher Experimente zeigt, dass einfachste Anlagestrategien von Investmentfonds kaum zu schlagen sind. Eine der einfachsten Strategien ist, nur Aktien zu kaufen, deren Namen man kennt, und die Finger von jenen zu lassen, die unbekannt sind. Studien in Deutschland und in den USA zeigen, dass Aktien-Portfolios mit bekannten Namen im Mittel genauso viel oder mehr Rendite erzielten wie Investmentfonds, Marktindizes (DAX und Dow) und Zufallsportfolios.[102] Bei solch einfachen Strategien fallen auch keine Beratungsgebühren an.

Echte Prognosen

Nicht alle Prognosen, über die man in der Zeitung liest oder mit denen Scharlatane Geld verdienen wollen, sind billige arithmetische Fingerübungen oder Übertölpelungen unseres Intellekts. Ein Beispiel sind die Konjunkturprognosen führender deutscher Wirtschaftsforschungsinstitute, die diese zweimal jährlich im Rahmen ihrer sogenannten Gemeinschaftsdiagnose abgeben. Diese Konjunkturprognosen sind eine wichtige Planungsgrundlage für die Bundesregierung, etwa für den Haushaltsplan. Der ist ohne eine realistische Abschätzung der künftigen Steuereinnahmen, die wiederum vom Wirtschaftswachstum und der Entwicklung der Beschäftigung abhängen, nicht seriös zu erstellen. Und für Unternehmen sind diese Konjunkturprognosen für Investitionsentscheidungen von Bedeutung. Nicht ohne Grund sind diese Prognosen im Rahmen der halbjährlichen Gemeinschaftsdiagnose zur Entwicklung des Wirtschaftswachstums im kommenden Jahr fast immer eine Topmeldung der Fernsehnachrichten und Tageszeitungen.

Diese Prognosen entstehen aus einer großen Zahl von Indikatoren. Dazu zählen die Entwicklung des Außenhandels und des Umsatzes im Einzelhandel, die der Agentur für Arbeit gemeldeten offenen Stellen, die Erwartungen von Konsumenten und Unternehmen, der Containerumschlag in bedeutenden Häfen zur Abschätzung der Entwicklung des Welthandels, aber auch Wetterdaten. Diese Daten werden dann in verschiedene statistische Modelle eingespeist, um eine erste Einschätzung der konjunkturellen Entwicklung der kommenden Monate zu erhalten. Jedes dieser Modelle trifft verschiedene Annahmen, die verwendeten Daten enthalten noch Fehler, und nicht alle politischen Entwicklungen können in den Modellen adäquat berücksichtigt werden. Daher kommen die Experten der Gemeinschaftsdiagnose vor der Prognose immer mehrere Tage zusammen, um hier Klarheit über die gemeinsam getragenen Annahmen zu schaffen: Haben die Auseinandersetzungen zwischen den USA und China Auswirkungen auf den Welthandel? Wird sich der Dollar-Kurs verändern? Welche Konsequenzen hat das neue Konjunkturprogramm der Bundesregierung? Ist mit einer Änderung der Geldpolitik der Zentralbank zu rechnen? Und so weiter.

Diese Prognosen basieren auf dem zum Zeitpunkt ihrer Erstellung vorhandenen Wissen und aus Annahmen über die Zukunft. Gibt es Andeutungen, dass die Zukunft anders abläuft als die Vergangenheit? Zeigen irgendwelche Indikatoren auffällige Entwicklungen? Haben wir so etwas in der Vergangenheit schon einmal gesehen? Und wenn ja, wann? Schließlich werden frühere Prognosen evaluiert und es wird gefragt, warum man eventuell danebenlag. Diese Diskussionen werden im Bericht der Gemeinschaftsdiagnose dokumentiert. Dieser enthält zudem immer eine ausführliche Beschreibung der Annahmen und der Risiken der Prognose sowie die in der öffentlichen Wahrnehmung meist ignorierten Prognoseintervalle. So war in den Zeitungen nach der Vorstellung des Frühjahrsgutachten im Jahr 2021 zu lesen: »Wirtschaftsexperten erwarten für 2021 ein Wirtschaftswachstum von 3,7 Prozent und für 2022 von 3,9 Prozent« und nicht »Wirtschaftsexperten erwarten für 2021 ein Wirtschaftswachstum zwischen 3,0 und 4,4 Prozent und für 2022 zwischen 1,6 und 6,2 Prozent«.

Die Prognoserisiken werden gleichfalls gerne ignoriert. So ist etwa die zum Teil extreme Kritik an den Wirtschaftsforschungsinstituten zu erklären, sie hätten die Finanzkrise nach dem Zusammenbruch der Bank Lehman Brothers in den USA nicht vorhergesehen. Diese begann am 9. August 2008, da stiegen die Zinsen für Interbankfinanzkredite sprunghaft an, und dieses Risiko wurde von den Wirtschaftsforschungsinstituten auch durchaus erkannt. So beginnt das Leibniz-Institut für Wirtschaftsforschung (RWI) den Abschnitt »Risiken« des weltwirtschaftlichen Teils seines zweiten Konjunkturberichts des Jahres 2007 wie folgt: »Die Grundannahme dieser Prognose, dass die Hypothekenkrise beherrschbar bleibt und deshalb keine allzu großen Auswirkungen auf die Realwirtschaft haben wird, ist freilich mit großer Unsicherheit behaftet, zumal es durchaus Indizien gibt, die auf die Möglichkeit einer Bankenkrise hinweisen.« Es folgt eine vergleichsweise genaue Beschreibung der späteren Finanzmarktkrise.[103]

Unsere Lieblingsprognose[104] soll diesen zweiten Teil des Buches abschließen. Ihr Autor ist der bekannte Fußballprofi Karl-Heinz Rummenigge. Er war im April 1991 Gast im *ZDF Sportstudio* und wurde gefragt, ob Kaiserslautern deutscher Fußballmeister werden könnte. »Niemals« hat Rummenigge angeblich sehr bestimmt gesagt. »Das wäre so, als würde der Stich Wimbledonsieger.« Bekanntlich wurde Michael Stich 1991 Wimbledonsieger und Kaiserslautern deutscher Fußballmeister.

TEIL III
WIE WIR UNS SELBST BETRÜGEN

10. Warum Grenzwerte niemals objektiv sind

Gewisse Grenzwerte sind durchaus objektiv. Bei null Grad Celsius wird Wasser zu Eis (oder umgekehrt: Wenn man von unten kommt, wird Eis zu Wasser). Nicht immer und überall – mit Salz im Wasser sinkt der Gefrierpunkt ab. Deshalb gibt es bei gleichen Minustemperaturen in der Ostsee Eis und in der Nordsee nicht – aber unter gewissen vorab definierbaren Bedingungen schon. In diesem Sinne ist dieser Grenzwert tatsächlich objektiv und absolut.

Geht man aber von unbelebter zu belebter Materie über, verschwindet diese Objektivität. Das gilt selbst für einen Grenzwert, vor dem uns allen graut: Ab wann ist ein Mensch tot? In der Mehrzahl der Fälle gibt es da keine großen Diskussionen, aber eine beunruhigende Grauzone verbleibt.[105] Besonders die Transplantations- und Rechtsmediziner wissen davon ein Lied zu singen. Ab wann darf man einem Menschen, da er tot ist, Organe entnehmen? Im sogenannten Harvard-Bericht von 1968 wurde etwa erstmals der Hirntod im Sinn eines irreversiblen Komas als Kriterium benannt. Aber auch ein in diesem Sinne toter Mensch kann mit künstlicher Ernährung noch jahrelang als biologisches Wesen weiterexistieren. Genau deswegen hat man ja diese Definition gewählt: um die Organentnahme sowohl juristisch auf feste Füße zu stellen als auch technisch zu erleichtern. Viele halten solche Menschen allerdings für durchaus nicht tot. Und wer sogar an die Existenz einer menschlichen Seele glaubt, hat nochmals eine andere Vorstellung von der Grenze zwischen Sein und nicht mehr Sein. Diese existiert einfach nicht.

Vollends unübersichtlich und immer wieder zur Quelle von Unstatistiken aller Art wird diese Grenzwertdebatte aber dann, wenn Grenzwerte von politischen Interessengruppen als Scheidepunkte zwischen gut und böse, ungefährlich und krankmachend, schädlich und unschädlich, Angst und keine Angst plakatiert und ausgezeichnet werden. Da hatten wir etwa, um mit einem vergleichsweise harmlosen Beispiel zu beginnen, den Feinstaub und die Silvesterböllerei von 2017. Das war der Gegenstand unserer Unstatistik vom Januar 2018. Hier gibt es einen EU-Höchstrichtwert von 50 Mikrogramm pro Kubikmeter und Tag. Mit Sätzen wie »Die Deutschen haben ihre Luft an Silvester mit Lust und Vorsatz vergiftet« geißelten die *Süddeutsche Zeitung* oder *Focus Online* in den ersten Januartagen die private Böllerei.[106] Was für viele Menschen in Deutschland als gute Tradition zum Jahreswechsel gilt, gehöre angesichts der Feinstaubbelastung als »nicht mehr zeitgemäßes Vergiften der Luft« verboten, wird etwa die Deutsche Umwelthilfe (DUH) zitiert. Die Medien beriefen sich dabei auf die hohen Feinstaubkonzentrationen um 1 Uhr nachts, also unmittelbar nach dem Böller-Höhepunkt. Zu dieser Zeit wurden etwa in Berlin und Leipzig Spitzenwerte erreicht, die den EU-Grenzwert um ein Vielfaches überschritten. Gleichzeitig wiesen die Artikel auf die negativen Folgen wie Atemwegs- und Herz-Kreislauf-Erkrankungen hin.

Diese Medien-Hysterie war aus mehreren Gründen übertrieben: Zum einen gibt es keine Belege für gesundheitliche Risiken durch punktuell hohe Feinstaubbelastungen bei gesunden Menschen. Außerdem bezieht sich der EU-Richtwert auf Tagesdurchschnitte. Diese steigen durch die private Knallerei natürlich an. Ihre Auswirkung verliert aber, auf 24 Stunden verteilt, viel von ihrem erschreckenden Ausmaß. So steht etwa dem um 1 Uhr nachts gemessenen Spitzenwert für Leipzig von 1860 Mikrogramm pro Kubikmeter ein Durchschnitt von 133 Mikrogramm pro Kubikmeter über den ganzen Tag entgegen. Für Berlin betrugen die entsprechenden Werte 647 respektive 47 Mikrogramm pro Kubikmeter für die Nacht und für den Tagesdurchschnitt. Das ist zugleich der zweite Grund für die Entwarnung: Feinstaub verflüchtigt sich sehr schnell. Schon am 2. Januar wurden selbst in Städten, die wie Berlin und Leipzig in der Silvesternacht extrem hohe Feinstaubbelastungen aufwiesen, keine Grenzwertüberschreitungen mehr festgestellt. Haupteinflussfaktor für die Beständigkeit von Feinstaub ist das Wetter: Weht beispielsweise wenig Wind, bleibt die Feinstaubkonzentration in den betroffenen Gebieten länger hoch. Das hat bei anhaltender Feinstaubzufuhr wie etwa durch innerstädtischen Verkehr viel verheerendere Auswirkungen als zeitlich begrenzte Aktivitäten wie die Silvesterböllerei – wie auch immer man zu Letzterer stehen mag.

Der dritte Grund für die Entwarnung: Der EU-Richtwert ist mit 50 Mikrogramm pro Kubikmeter sehr vorsichtig bemessen und in die Grundregel eingebettet, dass dieser nicht mehr als 35 Mal im Jahr überschritten werden darf. Zum Vergleich: Für drei Milliarden Menschen in Entwicklungsländern, die ihre Mahlzeiten mangels Strom und Gas mit Feuerholz zubereiten, sind durchschnittliche Feinstaubbelastungen von etwa 900 Mikrogramm pro Kubikmeter tagtäglich fast die Norm. Das sind die Missstände, die etwa die Weltgesundheitsorganisation bei ihrem Kampf für saubere Luft vor allem im Auge hat. In Deutschland sorgt das Böllern an Neujahrstagen zwar immer mal wieder für einen Tag der Grenzwertüberschreitung, doch allein eine veränderte Wetterlage »verbraucht« in den meisten Jahren mehrere der verbliebenen 34 Tage. Nur an wenigen Orten Deutschlands kommt es tatsächlich an mehr als 35 Tagen im Jahr zu Überschreitungen, und die sind dann meist dem Straßenverkehr zuzuschreiben.

Grenzwerte sind immer subjektiv

Der eigentliche Punkt ist aber ein anderer: Selbst wenn die Feinstaubbelastung gleichmäßig und eindeutig zu messen wäre, einen sozusagen objektiven und vom lieben Gott vorgegebenen Grenzwert, einen eindeutigen Scheidepunkt zwischen gut und böse gäbe es dann immer noch nicht. Schadstoffgrenzwerte sind nie objektiv, sondern immer das Ergebnis einer subjektiven

Entscheidung: Ab wann wird die Belastung zu groß? Und was heißt »zu groß«?

Vergleichsweise einfach ist das noch bei unmittelbar toxischen Substanzen aller Art. »Zu groß« heißt hier: Das Gift wirkt – und »zu klein«: Das Gift wirkt nicht. Der Grenzwert ist dann auch der Schwellenwert. Die Quantifizierung dieser Dosis-Wirkungs-Beziehung geschieht heute mittels fortgeschrittener Methoden der mathematischen Statistik. Abbildung 10.1 gibt eine solche idealtypische, aus Tierexperimenten abgeleitete Dosis-Wirkungskurve wieder. Auf der waagerechten Achse ist dabei die Menge, auf der senkrechten Achse die experimentell ermittelte Wirkung (im Sinne des Prozentsatzes toter Tiere) abgetragen. Der LD50-Wert bezeichnet dabei diejenige Schwelle, bei der 50 Prozent der untersuchten Tiere sterben. Dann nehmen die Effekte mit sinkender Belastung stetig ab, und unterhalb eines bestimmten Schwellenwertes sind sie weg.

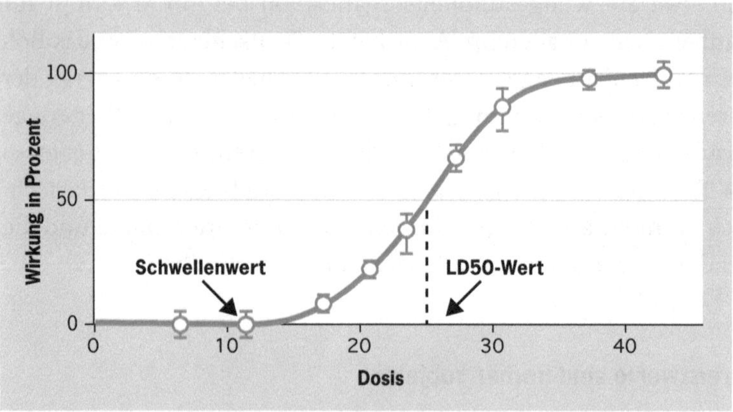

Abbildung 10.1: Eine idealtypische Dosis-Wirkungs-Kurve
(Die Kreise sind die Messpunkte, die senkrechten Balken Konfidenzintervalle.)

In der Toxikologie wird heute davon ausgegangen, dass ein solcher positiver Schwellenwert für die überwiegende Mehrzahl aller giftigen Substanzen existiert; Expositionen unterhalb dieser Dosis haben keinen gesundheitlichen Effekt. Nur in seltenen Ausnahmefällen gibt es solche positiven Schwellenwerte nicht.

Auch die monoton steigende Gestalt der Dosis-Wirkungs-Kurve ist für die überwiegende Mehrzahl aller toxischen Substanzen nachgewiesen. Je mehr, desto giftiger. Nur in seltenen Ausnahmefällen nimmt die Toxizität eines Stoffes nach einem Maximum mit wachsender Dosis wieder ab.

Üblicherweise sind die aus solchen Dosis-Wirkungs-Kurven abgeleiteten Grenzwerte wie ADI (Acceptable Daily Intake), AEL (Acceptable Exposure Level) oder NOAEL (No Observed Adverse Effect Level) um einen Faktor bis zu 100 überhöht. Man ermittelt zunächst einen Wert, bei dem sich im Tierversuch keine Schädigung erkennen lässt. Dann setzt man den Grenzwert für den Menschen bei einem Hundertstel dieser unschädlichen Dosis an. Selbst bei Überschreitung eines solchen Grenzwerts ist also in aller Regel noch nicht von einer Gefahr für die Gesundheit auszugehen.

Das ist vielleicht auch der Grund, warum für viele Giftstoffe verschiedene Grenzwerte existieren. So wurden etwa während der Dioxin-Panik Anfang 2011 Millionen von Frühstückseiern aus dem Verkehr gezogen, weil sie angeblich mit mehr als einem Grenzwert von 3 Billionstel Gramm (3 Pikogramm) an Dioxin belastet waren. Zur gleichen Zeit wurden völlig legal deutsche Flussaale und Ostseefische auf den Märkten angeboten, die eine mehr als zehnfach so hohe Dosis Dioxin pro Kilogramm enthielten.

Die gleichen Widersprüche gibt es bei Grenzwerten für Acrylamid und Dioxin. Aufgrund des Seveso-Unfalles wurden diese sehr niedrig festgelegt und betragen derzeit bei Müllverbrennungs- und Müllverwertungsanlagen 1 Nanogramm (1 Milliardstel Gramm) pro Kilo im Boden und 0,1 Nanogramm in der Abluft. Damit ist inzwischen eine Müllverbrennungsanlage sauberer als ein Dieselmotor oder eine Kohleheizung. Oder warum sollen zur Abwehr von Krebsgefahr durch Acrylamid für Backwaren tausendfach höhere Richtwerte gelten als für das Trinkwasser?

Noch kritischer wird das Ganze bei Substanzen wie Feinstaub oder Stickstoffdioxid oder bei Belästigungen wie Lärm, denen man in mehr oder weniger großem Ausmaß ständig ausgesetzt ist oder ständig unterliegt. Der EU-Grenzwert (Jahresmittelwert) für die Stickstoffdioxidkonzentration (NO_2) in der Außenluft beträgt 40 Mikrogramm pro Kubikmeter – der Arbeitsplatzgrenzwert ist mit 950 Mikrogramm pro Kubikmeter wesentlich höher. Generell übersteigt die Stickstoffdioxidkonzentration in geschlossenen Räumen die EU-Grenzwerte um das Zehn-bis Zwanzigfache – und bei einem Gasherd oder einem Adventskranz in der Wohnung noch viel mehr.

Ähnlich drastisch sind die Unterschiede in der Feinstaubbelastung, die den Menschen zugemutet werden darf. Der europaweite Tagesgrenzwert beträgt hier, wie bereits erwähnt, 50 Mikrogramm pro Kubikmeter und darf nicht öfter als 35 Mal im Jahr überschritten werden. Der zulässige Jahresmittelwert beträgt 40 Mikrogramm pro Kubikmeter. Aber an vielen industriellen Arbeitsplätzen liegt die Belastung ganz legal um ein Vielfaches darüber.

Alle diese Unterschiede sind rational nicht zu begründen. Diese Grenzwerte sind keine Verstandes-, sondern eine Verhandlungssache. Wenn etwa Mobilfunkgegner in einer Stadt besonders heftig opponieren, werden die Vorschriften für Sendemasten dort eben verschärft. Die Fronten bei diesen Verhandlungen sind klar. Die Risikoverursacher hätten die Grenzwerte gerne möglichst hoch; das reduziert die Kosten. Die Aktivisten hätten gerne Grenzwerte von null. Ein erster Schritt in Richtung besseres Verständnis von Grenzwerten wäre also die Einsicht, dass diese keine Naturkonstanten wie Gefrierpunkte oder die Lichtgeschwindigkeit, sondern Produkte von menschlichen Entscheidungen und Verhandlungen sind.

Grenzwerte als Geldmaschine

Neben Umweltschützern gibt es noch weitere Kräfte, die hartnäckig versuchen, gewisse Grenzwerte möglichst klein zu drücken. Das sind gewisse Ärzte und die Pharma-Industrie. So hat etwa die Weltgesundheitsorganisation entschieden, dass Blutdruckwerte höher als 140/90 als Indikator einer Krankheit und damit als behandlungsbedürftig einzustufen sind.

Es wäre ein Wunder, wären nicht auch Vertreter der Pharma-Industrie an dieser Entscheidung beteiligt gewesen. Allein mit seinem Blutdrucksenker Diovan machte der Schweizer Pharmakonzern Novartis einen Umsatz von mehr als 1 Milliarde Euro jährlich. Bei Grenzwerten von 145/95 wäre dieser Umsatz vielleicht nur halb so groß.

Inzwischen hat man in den USA die Grenzwerte auf 130/80 abgesenkt. »The number of adults with high blood pressure, or hypertension, will rise to 103 million from 72 million under the previous standard«, schreibt die *New York Times*.[107] Die Firma Novartis, wie auch viele andere Pharmaproduzenten, wird das freuen.

In Deutschland sind die Deutsche Hochdruckliga und die Bundesvereinigung der deutschen Apothekerverbände für die Grenzwerte zuständig. In gemeinsamen Verhandlungen hat man sich vorerst der Weltgesundheitsorganisation angeschlossen. Aber wer kann verhindern, dass die beiden Interessengruppen eines Tages beschließen, dass 2 + 2 dann doch besser 5 ergibt, und mit einem Federstrich ihre Klientel vergrößern?

Die gleichen monetären Interessen sind auch bei der Diagnose der Zuckerkrankheit zu erkennen. Derzeit soll es in Deutschland zwischen 5 und 15 Millionen Diabeteskranke geben, je nachdem, wo man die Grenze zieht. Dabei gilt ein Diabetes mellitus als gesichert, wenn der Glukosegehalt im Blut einen Wert von 200 Milligramm pro Deziliter übersteigt. Aber warum nicht 180 oder 220? Auch hier nimmt das Heer der Behandlungsbedürftigen mit jedem Anheben der Schwelle ab und mit jedem Absenken der Schwelle zu.[108]

Dann wieder gibt es Ärzte, die warnen vor zu viel Cholesterin im Blut. Das gilt inzwischen als Risikofaktor Nr. 1 für Arterienverkalkung und Herz-Kreislauf-Erkrankungen aller Art. Die deutsche Lipid-Liga, an der auch die Pharma-Industrie beteiligt ist, propagierte hier lange einen Grenzwert von 250 Milligramm pro Deziliter. Aber auch hier kann man natürlich fragen: Warum nicht 230 oder 270? Und auch hier erhält man dieselbe Antwort: Weil bei 270 die Ärzte und die Pharmaindustrie weniger verdienen. Inzwischen ist man bei 220. Und man darf prognostizieren, dass in einigen Jahren ein Grenzwert von 210 als angemessen gelten wird.

In den USA ist man bereits so weit. Hier gilt ein Cholesteringehalt über 200 Milligramm pro Deziliter als grenzwertig (*borderline high*), ab 230 und ganz sicher ab 240 ist man krank.

In der angelsächsischen Literatur wird diese Krankmacherei unter dem Namen *disease mongering* diskutiert. Das australische Autorenduo Ray Moynihan (Journalist) und David Henry (Arzt) hat diesem Thema ein ganzes Buch gewidmet.[109] Unter anderem schildern sie darin, wie aus trauernden Witwen Opfer von Depressionen und aus eher schüchternen Menschen Soziophobe werden, oder wie der US-amerikanische Pharma-Riese Merck, der gerade ein Haarwachstumsmittel erfunden hatte, hart daran arbeitete, Haarverlust bei Männern als Krankheit durchzusetzen. Damit hätte man allein in Deutschland 20 Millionen Kunden mehr. Ein anscheinend wohlgemeintes, in Wahrheit aber von einem Arzneimittelkonzern gesponsertes medizinisches Erziehungsprogramm klärt die Australier über das sogenannte Reizdarmsyndrom auf. Das äußert sich durch Krämpfe im Bauch, Völlegefühl oder Probleme beim Stuhlgang und verschwindet meist nach einiger Zeit von selbst. Oder wenn man dem Patienten ein Placebo gibt. Aber wozu ein Placebo, wenn man auch richtige Arzneimittel verkaufen kann?

Und dann gibt es natürlich immer wieder auch Personen oder Firmen, abseits der Ärzte und der Pharmaindustrie, die auf einer Panikflamme ihre höchst privaten Suppen kochen und ein großes monetäres Interesse daran haben, dass diese Panikflamme nicht erlischt. Etwa die Asbest-Sanierer. Vor allem in den 1990er Jahren haben die sich mit völlig überzogenen Anti-Asbest-Maßnahmen mehr als nur eine goldene Nase verdient. Der Eingreifwert für eine Asbestsanierung ist eine Belastung von 1000 Fasern pro

Kubikmeter Luft (zum Vergleich: Die sogenannte MAK-Liste für maximale Arbeitsplatzkonzentrationen und biologische Arbeitsstofftoleranzwerte der ständigen Senatskommission zur Prüfung gesundheitsschädlicher Arbeitsstoffe der Deutschen Forschungsgemeinschaft hält eine Belastung von 250 000 Fasern pro Kubikmeter Luft für ungefährlich). Wenn wir einem Menschen, der dieser Belastung ein Jahrzehnt lang unterliegt, ein Risiko von 1 zuordnen, dann hätte Tod durch Blitzschlag den Risikowert 3, ein tödlicher Fahrradunfall 75, ein ebensolcher Fußgängerunfall 290, ein Flugzeugabsturz 730 und der Tod durch Lungenkrebs 8 800. Das Krebsrisiko von Kindern, deren Eltern rauchen, ist durch Passivrauchen etwa hundertmal höher als die Krebsgefahr durch Asbest in einem Schulgebäude. Die durch die Medien ausgelöste Asbestpanik war eine der unsinnigsten Geldvernichtungsaktionen der Nachkriegsgeschichte in Deutschland, aber auch in anderen reichen Industrienationen, und die einzigen, denen die Asbestsanierung wirklich geholfen hat, waren die Asbestsanierer selbst.

Die Zeitschrift *Science* hat für die USA errechnet, dass dort höchstens ein Mensch von 10 Millionen jährlich durch erhöhte Asbestbelastung in den Schulen stirbt. Dagegen kommen unter 10 Millionen Schülern mehr als 300 jährlich als Fußgänger durch Verkehrsunfälle um. *Science* schließt daraus, dass die durch die Asbestsanierung der Schulgebäude erzwungenen Zwangsferien weit mehr Schüler das Leben gekostet haben, als durch Asbest auch unter schlimmsten Annahmen jemals hätten sterben müssen.[110]

11. Warum Früherkennung falsche Hoffnungen weckt

Auf einer Konferenz der königlich-niederländischen Akademie der Wissenschaften über die Reduktion von Krebserkrankungen hielt Robert Weinberg, ein weltbekannter Krebsbiologe am MIT, die Hauptrede. Seine Botschaft war überraschend:[111] Obgleich er sein Leben damit verbracht hatte, die biologischen Ursachen von Krebs zu erforschen, sagte er, die wirkliche Chance zur Bekämpfung von Krebs läge in der Förderung der Gesundheitskompetenz von Kindern und Jugendlichen: Etwa die Hälfte aller Krebserkrankungen sind verhaltensbedingt. Rauchen, ungesunde Ernährung und Bewegungsmangel, der zu Fettleibigkeit führt, gehörten zu den entscheidenden Faktoren. Diese Verhaltensweisen werden früh in der Adoleszenz gelernt, und daher müssen wir darin investieren, Kindern und Jugendlichen Gesundheitskompetenz zu vermitteln.

Weinberg versuchte, gemeinsam mit einem von uns (Gerd Gigerenzer) ein Schulprogramm zur Gesundheitskompetenz zu entwerfen und umzusetzen. Es soll Einstellungen und Fertigkeiten wie Freude am Kochen und am Sport, Wissen über gesundes Essen, über den eigenen Körper und den Einfluss von Werbung auf das eigene Verhalten lehren. Dazu gehört auch das Verständnis von Zahlen und die Fähigkeit, im Internet vertrauenswürdige (statt werbegeleitete) Gesundheitsinformation zu finden. Das Programm zielte darauf, junge Menschen stark und kompetent zu machen, statt sie mit Zwang oder erhobenem Zeigefinger zu steuern. Nach unseren Berechnungen könnte man so mehr Krebstote verhindern als durch die derzeit begrenzten Möglichkeiten von Medikamenten und Krebsfrüherkennung. Dazu würde es reichen, das Verhalten von nur 20 Prozent der Jugendlichen positiv zu beeinflussen.

Der Vorstandsvorsitzende der niederländischen Krebsgesellschaft war zunächst an der Finanzierung von Schulprogrammen in Gegenden mit hohem Übergewicht bei Kindern interessiert. Doch dann hat ihn die Industrie überredet, die Mittel in die Big-Data-Forschung zu Krebstherapie zu stecken. Das war das Ende des Projekts, jungen Menschen Gesundheitskompetenz zu vermitteln. Alle Gelder wanderten in die Industrie.

Diese Geschichte illustriert ein Kernproblem im Kampf gegen Krebs: Die meisten Mittel fließen in Technik, Medikamente und Big-Data-Algorithmen. Dagegen wird kaum etwas dort investiert, wo man die meisten Leben vor dem Krebs retten könnte: in kompetente Menschen, die selbst informiert entscheiden können und wissen, wie man ein gesundes Leben führt. Gesundheitskompetenz wäre der Schlüssel zu einem gesunden Leben.

Irrweg Früherkennung

Auch in Deutschland wird verblüffend wenig in die Förderung der Gesundheitskompetenz investiert. Es gibt kaum einschlägige Lehrstühle an Universitäten, und die wenigen Zentren, wie das von Doris Schaeffer an der Universität Bielefeld und das Harding-Zentrum für Risikokompetenz an der Universität Potsdam, erhalten kaum oder keine finanzielle Unterstützung von ihren Universitäten und müssen ihre Mitarbeiter durch Drittmittel und private Spenden finanzieren. Zugleich gibt es genügend Forschungsmittel zur Bekämpfung von Krebs, aber die fließen in andere Kanäle. Einer davon ist die Früherkennung.

Früherkennung, oder Screening, ist für Personen gedacht, die keine einschlägigen Krankheitssymptome haben. Das wäre eine gute Idee, könnte man tatsächlich damit Leben retten. Das ist aber selten der Fall. Jedes Jahr werden in Deutschland Milliardenbeträge für Krebsfrüherkennung ausgegeben, ohne dass man den

Menschen klar und ehrlich erklärt, wo der Nutzen und Schaden liegt.

Ein besonders krasser Fall ist die Früherkennung von Eierstockkrebs durch vaginalen Ultraschall. Das ist eine sogenannte individuelle Gesundheitsleistung (IGeL), für die Frauen 25 bis 50 Euro aus eigener Tasche bezahlen. Jedes Jahr wird sie von Frauenärzten millionenfach ohne viel Aufklärung empfohlen. Diese Frauen erfahren auch nicht, dass ärztliche Fachgesellschaften von dieser Früherkennung abraten, da sie keinen nachgewiesenen Nutzen hat, aber zu schwerem gesundheitlichem Schaden führen kann.

Der Nutzen und der Schaden lässt sich transparent in einer Faktenbox veranschaulichen (Abbildung 11.1). Links ist die Situation für Frauen, die nicht zur Früherkennung gehen. Nach etwa 11 Jahren sind 3 von je 1000 Frauen an Eierstockkrebs und 69 insgesamt verstorben (einschließlich an Eierstockkrebs). Rechts ist das Ergebnis für Frauen, die zur Früherkennung gehen. Wie man sieht, ändert sich durch Früherkennung nichts; diese Frauen sterben genauso oft an Eierstockkrebs und leben auch nicht länger. Der einzige Unterschied sind die gesundheitsschädlichen Folgen des Screenings. Der vaginale Ultraschall ist kein zuverlässiger Test und fast alle verdächtigen Befunde sind falsch (96 von 100). Da dies vielen Frauen nicht gesagt wird, sind nach einem verdächtigen Befund viele Frauen in einem Zustand von Angst, und lassen sich, um sicherzugehen, die Eierstöcke entfernen. Derartig unnötige operative Eingriffe werden an etwa 32 von je 1000 Frauen vorgenommen, die zum Screening gehen (rechte Seite in der Faktenbox). Davon muss eine Frau mit Komplikationen bei der Operation rechnen. Der Verlust der Eierstöcke führt zu einem plötzlichen Ende der Hormonproduktion, diese Frauen brauchen bis zum Ende ihres Lebens medizinische Betreuung. In Deutschland verlieren jedes Jahr über 10000 gesunde Frauen ihre Eierstöcke durch diese schädliche Form von Früherkennung, die von uninformierten oder auch unverantwortlichen Ärzten empfohlen wird.

Eierstockkrebs-Früherkennung
durch regelmäßige Ultraschalluntersuchungen

HARDING-ZENTRUM FÜR RISIKOKOMPETENZ

Die Zahlen stehen für Frauen im Alter von 50 bis 74 Jahren ohne Symptome in Hinblick auf Eierstockkrebs, die innerhalb von durchschnittlich 11 Jahren entweder an einer jährlichen Ultraschalluntersuchung der Eierstöcke zur Früherkennung nicht teilgenommen oder teilgenommen haben.

	1.000 Frauen ohne Früherkennung	1.000 Frauen mit Früherkennung
Nutzen		
Wie viele starben an Eierstockkrebs?	Kein Unterschied: Etwa 3 in jeder Gruppe.	
Wie viele starben insgesamt?	Kein Unterschied: Etwa 69 in jeder Gruppe.	
Schaden		
Wie vielen ohne Eierstockkrebs wurde fälschlicherweise eine auffällige Gewebeveränderung (Fehlalarm) mitgeteilt, woraufhin sie unnötig operiert wurden (z.B. Entfernung gesunder Eierstöcke)?	-	32
Bei wie vielen fälschlicherweise operierten Frauen traten operationsbedingte Komplikationen auf?*	-	1

*z.B. Infektionen, Blutgerinnungsstörungen (Thrombosen), Probleme beim Wundverschluss, Narkoseprobleme.

Kurz zusammengefasst: Die Eierstockkrebs-Früherkennung konnte die Anzahl der Frauen, die an Eierstockkrebs starben, nicht senken. Sechs richtigen Eierstockkrebs-Diagnosen unter 1.000 Teilnehmerinnen standen 32 Frauen gegenüber, denen aufgrund der Früherkennung durch eine unnötige Operation einer oder beide gesunden Eierstöcke entfernt wurden.

Quellen: [1] Jacobs et al. Lancet 2016; 387(10022):945-956. [2] Henderson et al. JAMA 2018;319(6):595-606. [3] Menon et al. Lancet Oncol 2009;10(4):327-340.

Letzte Aktualisierung: März 2021 www.hardingcenter.de/de/faktenboxen

Abbildung 11.1: Faktenbox zum Nutzen und Schaden der Eierstockkrebsfrüherkennung.
Quelle: hardingcenter.de

Allgemein kann man das heutige Wissen über Krebsfrüherkennung so zusammenfassen:

- Früherkennung beziehungsweise die darauffolgenden Eingriffe haben für viele Menschen gesundheitliche Schäden zur Folge.
- Es gibt ein halbes Dutzend von Früherkennungen, welche (anders als bei Eierstockkrebs) die krebsspezifische Sterblichkeit verringern. Dazu gehören die Mammografie, der Stuhltest für Darmkrebs und das PSA-Screening für Prostatakrebs. Bei keiner von diesen ist jedoch nachgewiesen, dass die Mortalität insgesamt zurückgeht.[112] Das sieht man etwa anhand der Brustkrebsfrüherkennung durch Mammografie. Bei Frauen ab 50 Jahren verringert das Screening die Sterblichkeit an Brustkrebs von 5 in 1000 Frauen auf 4 in 1000 Frauen (nach 11 Jahren, siehe Kapitel 1). Das heißt, eine von 1000 Frauen, die am Screening teilnehmen, stirbt weniger an Krebs. Die Anzahl

der Frauen, die in diesem Zeitraum an Krebs (einschließlich Brustkrebs) sterben, bleibt jedoch gleich (22), egal ob diese am Screening teilnehmen oder nicht. In der Screening-Gruppe stirbt eine Frau mehr an einem anderen Krebs. Es wird also kein Leben gerettet. Diese Fakten werden Frauen (und Männern bei PSA-Screening) immer noch selten klar und vollständig weitergegeben.

- Transparente und vollständige Aufklärung über Nutzen und Schaden des Krebs-Screenings ist in Deutschland immer noch die Ausnahme (anders als etwa in der Schweiz). Positive Beispiele mittels leicht verständlicher Faktenboxen kann jeder unter *hardingcenter.de* finden.

Weltsensation Bluttest

Der kommerzielle Erfolg des Krebs-Screenings beruht im Wesentlichen auf der Angst der Menschen und darauf, dass man ihnen durch verdrehte Zahlen das Screening als eine moralische Verpflichtung hinstellt. Aber selbst in Universitätskliniken führt die Aussicht auf finanziellen Gewinn manchmal dazu, dass man wissend Tests zur Früherkennung anpreist, die der Gesundheit der Patienten mehr schaden als nutzen. Der nächste Fall grenzt an Kriminalität: Eine Pressemitteilung des Universitätsklinikums Heidelberg pries einen neuen Bluttest für Brustkrebs als »Meilenstein in der Brustkrebsdiagnostik« an. Auf der Titelseite der *Bild-Zeitung* wurde der Test sogar als »Weltsensation aus Deutschland« gefeiert. Die *Tagesthemen* berichteten positiv; der *Focus* bejubelte die »Sensation«. Ein Bluttest, so wurde erklärt, sei ein Frühwarnsystem, das Brustkrebs schon Jahre früher als Mammografie erkennen könne. In beiden Quellen wurde die Sensation mit einer Trefferrate von 75 Prozent begründet – der Test würde 75 Prozent des Brustkrebses richtig erkennen und nur 25 Prozent übersehen. Bereits in der Pressemeldung wurde der Test als marktfähig angesprochen.

Nach üblichen wissenschaftlichen Standards erscheinen solche Studien zunächst in einer medizinischen Fachzeitschrift, werden dort begutachtet und gehen erst dann an die Presse. Beim Bluttest wurde dieser Standard nicht eingehalten. Die Forscher gingen zuerst medienwirksam zu *Bild*. Eine wissenschaftliche Veröffentlichung gab es nicht. Bei der Pressekonferenz saß vielmehr neben dem Erfinder des Bluttests und Leiter der Uni-Frauenklinik, Professor Christof Sohn, auch der Geschäftsführer der HeiScreen GmbH auf dem Podium, der den Bluttest vermarkten sollte.

Sind 75 Prozent eine Weltsensation? Ein paar Tage nach der Pressekonferenz veröffentlichten wir dazu eine Unstatistik. Wir erklärten, dass diese Frage niemand beantworten könne, da die Pressemitteilung, wie auch *Bild*, die dazu notwendige Information nicht berichtet hätte: die Falsch-Alarm-Rate. Man muss neben der Trefferrate immer auch die Falsch-Alarm-Rate kennen, also wie oft der Test bei gesunden Frauen einen falschen Verdacht auf Krebs feststellt. Das kann man nicht oft genug betonen, wir selbst haben es bereits in Kapitel 1 getan.

Warum muss man beides wissen? Ein weiteres einfaches Beispiel verdeutlicht das. Wenn man blind bei jeder Frau, ob gesund oder krank, einen Tumor diagnostiziert, dann wird jeder Tumor gefunden, dieser Test hat eine Trefferrate von 100 Prozent. Diese 100 Prozent sind aber nicht beeindruckend, denn die Falsch-Alarm-Rate dieses Tests beträgt ebenfalls 100 Prozent – jede gesunde Frau wird falsch mit Brustkrebs diagnostiziert. Oder etwas komplizierter: Wenn man zwei Münzen wirft und immer Krebs diagnostiziert, sofern nicht zweimal »Zahl« erscheint, dann hat man – wie beim Bluttest – eine Trefferrate von 75 Prozent, denn jede Frau mit Krebs hat eine Chance von 75 Prozent, dass die »Diagnose« Krebs lautet. Aber dies gilt auch für jede Frau ohne Krebs, die Falsch-Alarm-Rate ist ebenfalls 75 Prozent. Also ist eine hohe Trefferrate nur dann beeindruckend, wenn die Falsch-Alarm-Rate sehr niedrig ist. Das Mammografie-Screening hat beispielsweise eine Trefferrate von etwa 80 Prozent bei einer Falsch-Alarm-Rate von 5 bis 10 Prozent, je nach Alter der Frau.

Einige Monate nach der Pressemeldung ist es uns gelungen, Informationen über die Falsch-Alarm-Rate des Bluttests zu erhalten. Ein Mediziner sandte uns die Folien eines Vortrags »Liquid Biopsy in der gynäkologischen Onkologie« von Professor Sohn. Dort war die Falsch-Alarm-Rate angegeben. Über alle getesteten Frauen hinweg betrug sie 46 Prozent. Kein Wunder, dass die Pressemitteilung und die *Bild-Zeitung* sich darüber ausschwiegen.

Was bedeutet eine Falsch-Alarm-Rate von 46 Prozent? Wenn dieser »zuverlässige« Test zum Brustkrebs-Screening bundesweit eingeführt worden wäre, dann hätte fast die Hälfte aller gesunden Frauen in Deutschland einen verdächtigen Befund erhalten! Einen derart schlechten Test zu vermarkten und von den Krankenkassen bezahlen zu lassen, wie die Heidelberger Forscher ankündigten, wäre unverantwortlich. Gerade bei einem Bluttest sollte man Frauen ehrlich über dessen Zuverlässigkeit informieren, da diese mit einem falschen Befund bis zu fünf Jahre in Sorge leben müssen. Erst dann werden Tumore so groß, dass man mit einem bildgebenden Verfahren weiteruntersuchen kann, ob wirklich ein Tumor vorliegt.

Wie erwähnt saß bei der Pressekonferenz auch der Geschäftsführer der HeiScreen GmbH mit auf dem Podium, der den Bluttest auf den Markt bringen sollte. Inzwischen ermittelt die Mannheimer Staatsanwaltschaft, die Universität Heidelberg hat sich entschuldigt und eine Untersuchungskommission eingesetzt. Die *Tagesschau* hat gemeldet, dass der Bluttest noch nicht marktreif sei. Das Kernproblem der hohen Falsch-positiv-Rate erwähnte sie dabei nicht.[113]

Die Heidelberger Forscher haben wissenschaftliche Standards verletzt. Sie sind direkt zur *Bild-Zeitung* gegangen, ohne zuvor die Studie begutachten und veröffentlichen zu lassen. Sie haben mit der Sensation von »75 Prozent« Tausende von Frauen in die Irre geführt. Und sie scheinen in Kauf genommen zu haben, dass im Falle einer gelungenen Vermarktung des Tests Millionen von Frauen unnötigerweise unter einer falschen Krebsdiagnose leiden würden. Die Heidelberger Forscher sollten sich schämen.

Was sie getan haben, grenzt an Betrug. Aber warum haben sie das getan?

Zunächst war von Dusseligkeit und Hochmut die Rede. Dann aber eröffnete sich durch Recherchen der *Rhein-Neckar-Zeitung* ein Sumpf von Insiderhandel mit Aktien und finanziellen Verstrickungen, denen die Staatsanwaltschaft nachging. Die Pressemitteilung, verstärkt durch *Bild*, soll den Wert der Aktien der chinesischen Pharmafirma NKY Medical von 12 auf 22 Yuan nach oben getrieben haben. Diese Firma soll an HeiScreen beteiligt sein und sollte das Produkt auf dem chinesischen Markt vertreiben. Zudem soll der Test ursprünglich von der chinesischen Wissenschaftlerin Rongxi Yangan entwickelt worden sein, einer Mitarbeiterin von Sohn, die dieser nach sieben Jahren aus dem Projekt ausgeschlossen hatte und die sich ausgebootet sieht.

Und was passierte mit Sohn? Nach einer Auszeit ist er wieder an seinen Arbeitsplatz zurückgekehrt und tut so, »als sei nichts gewesen«[114], wie Klinikmitarbeiter berichten. Die Vorgehensweise der Heidelberger Forscher entspricht einem Verständnis von Medizin, welche diese immer mehr zum Geschäft macht.

Rettet das Lungenkrebs-Screening Leben?

Anfang des 20. Jahrhunderts war Lungenkrebs so gut wie unbekannt. Man rauchte Pfeife und Zigarren – die begünstigten aber andere Krebsarten. Zigaretten wurden erst im Ersten Weltkrieg beliebt. Heute verursacht Zigarettenrauchen 20 bis 30 Prozent aller Krebserkrankungen, rund 90 Prozent aller Lungenkrebse werden darauf zurückgeführt.

Lungenkrebs ist ein Musterbeispiel für eine Krankheit, die durch eine Förderung der menschlichen Gesundheitskompetenz weitgehend verhindert werden könnte. Dazu müsste man früh in der Adoleszenz beginnen, denn wenn Menschen einmal abhängig sind, fällt es schwer, wieder aufzuhören. Genau das tut man aber kaum, sondern investiert stattdessen in die Früherkennung von Lungenkrebs. Im Jahr 2020 erschien die sogenannte NELSON-Studie, an der 13195 Männer (und 2594 Frauen) zwischen 50 und 74 teilgenommen hatten, alles Raucher.[115] Sie wurden zufällig in Gruppen aufgeteilt; die einen erhielten ein Screening auf Lungenkrebs mit CT (Computertomografie) mit niedriger Dosis, die anderen nicht. Nach zehn Jahren wurde ermittelt, ob Leben gerettet wurden. Was war das Ergebnis? Die *Ärztezeitung* gab bekannt: »Lungenkrebs-Screening per Low-Dose-CT rettet Leben«.[116] Sie berichtete, CT-Screening reduziere die Lungenkrebssterblichkeit bei Männern um 24 Prozent und bei Frauen sogar um 33 Prozent (Abbildung 11.2). Der *Wiener Standard* empfiehlt: »Raucher in die Röhre schicken«. »Das wären für Österreich mehr als 1000 gerettete Menschenleben jährlich« erklärt *science.at*.[117] Eine Flut von Pressemeldungen verkündete, dass nun bewiesen sei, dass Lungenkrebs-Screening Leben rettet und man für die flächendeckende Einführung Milliarden ausgeben sollte.

Was hat die NELSON-Studie wirklich gezeigt? Die Ergebnisse kann man einfach verständlich machen, indem man je 1000 Personen in der Screening- und in der Kontrollgruppe betrachtet. Sehen wir uns einmal die Männer an (Abbildung 11.3). Nach zehn Jahren waren etwa 24 Männer mit der Diagnose Lungenkrebs in der Screening-Gruppe gestorben, in der Kontroll-Gruppe waren es 32. Das ist der berichtete Wert von 24 Prozent (in der vereinfachten Darstellung in Abbildung 11.3 sind es 25 Prozent wegen der Rundung). Keines der genannten Medien berichtete jedoch, dass in der Kontrollgruppe insgesamt 130 Personen und in der Screening-Gruppe 132 Personen gestorben sind. (Im Abstract der NELSON-Studie wird das auch nicht erwähnt.) Im Klartext: Insgesamt wurde kein einziges Leben gerettet. In der Screening-Gruppe starben zwar weniger Menschen mit der Diagnose Lungenkrebs, dafür mehr mit einer anderen Krebsdiagnose. Die Anzahl der Menschen, die an Krebs (einschließlich Lungenkrebs) verstorben sind, ist die zuverlässigere Größe, genau wie die Gesamtsterblichkeit. Unter den Männern, die Lungenkrebs-Screening mit CT machten, starben also genauso viele an Krebs (einschließlich Lun-

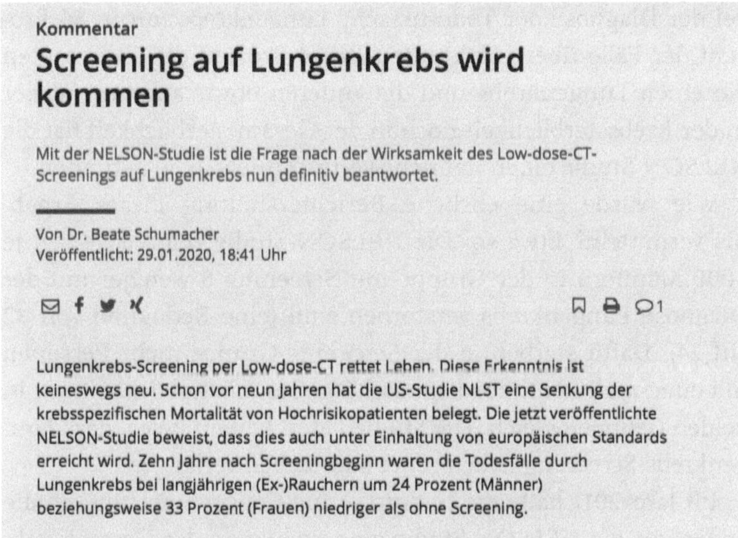

Kommentar

Screening auf Lungenkrebs wird kommen

Mit der NELSON-Studie ist die Frage nach der Wirksamkeit des Low-dose-CT-Screenings auf Lungenkrebs nun definitiv beantwortet.

Von Dr. Beate Schumacher
Veröffentlicht: 29.01.2020, 18:41 Uhr

Lungenkrebs-Screening per Low-dose-CT rettet Leben. Diese Erkenntnis ist keineswegs neu. Schon vor neun Jahren hat die US-Studie NLST eine Senkung der krebsspezifischen Mortalität von Hochrisikopatienten belegt. Die jetzt veröffentlichte NELSON-Studie beweist, dass dies auch unter Einhaltung von europäischen Standards erreicht wird. Zehn Jahre nach Screeningbeginn waren die Todesfälle durch Lungenkrebs bei langjährigen (Ex-)Rauchern um 24 Prozent (Männer) beziehungsweise 33 Prozent (Frauen) niedriger als ohne Screening.

Abbildung 11.2: Kommentar in der *Ärztezeitung* zur NELSON-Studie zum Lungenkrebs-Screening

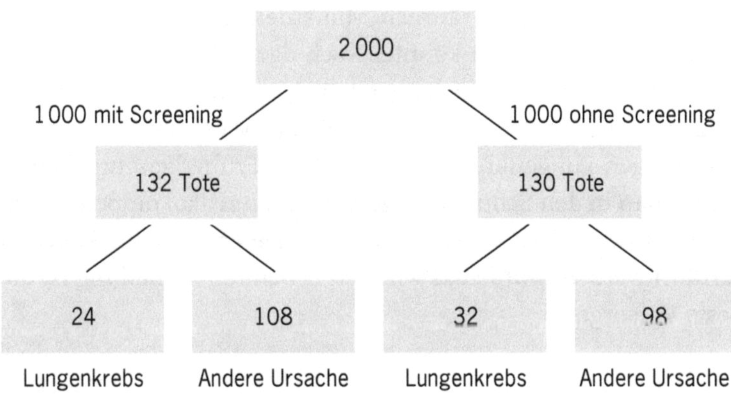

Abbildung 11.3: Transparente Darstellung der Ergebnisse der NELSON-Studie

genkrebs) wie unter denen ohne Screening. An welchem Krebs genau jemand gestorben ist, lässt sich oft nur schwer feststellen, wenn der Krebs gleichzeitig in mehreren Organen auftritt. Die Autoren der NELSON-Studie berichten selbst, dass die Experten bei der Diagnose der Todesursache Lungenkrebs nur in 86 Prozent der Fälle übereinstimmten. In 14 Prozent der Fälle sagten die einen Lungenkrebs und die anderen etwas anderes. Weder in der Krebssterblichkeit noch in der Gesamtsterblichkeit hat die NELSON-Studie einen nennenswerten Unterschied gefunden.

Wie würde eine ehrliche Berichterstattung dieses Ergebnis vermitteln? Etwa so: Die NELSON-Studie zeigt, dass von je 1000 Männern in der Gruppe mit Screening 8 weniger mit der Diagnose Lungenkrebs verstorben sind (eine Reduktion von 32 auf 24). Dafür starben in der Screening-Gruppe mehr Personen mit einer anderen Krebsdiagnose. Die Gesamtsterblichkeit war in beiden Gruppen gleich. Die Studie liefert keinen Beleg, dass Lungenkrebs-Screening Leben rettet oder Leben verlängert.

Im Jahr 2011 hatte die National-Lung-Cancer-Screening-Studie anders als die NELSON-Studie eine Reduktion der Gesamtsterblichkeit berichtet. Doch war diese bei einer Folgeanalyse im Jahr 2019 nicht mehr nachweisbar. Ein flächendeckendes Lungenkrebs-Screening würde jährlich Milliarden kosten, die man woanders besser brauchen könnte. Noch dazu würden die Teilnehmer am Screening nicht länger leben, sondern nur unter den Folgen der Behandlungen leiden. Dabei gäbe es eine so wirksame Waffe gegen Lungenkrebs: Vorsorge hilft, Früherkennung kaum. Wenn man in den Schulen junge Menschen risikokompetent machen würde, sodass sie verstehen, wie sie später zum Rauchen verführt werden, würde das wirklich Leben retten. Bildung ist die beste Vorsorge.

12. Wovor wir unnötig Angst haben

Um gleich zu Anfang ein häufiges Missverständnis auszuräumen: Angst als solche ist etwas Wunderbares. Ohne Angst wäre die Spezies Homo sapiens schon lange ausgestorben. Vermutlich gab es auch bei den ersten Menschenaffen Exemplare, die keine Angst hatten. Die blieben einfach furchtlos stehen, wenn der Säbelzahntiger nahte, und wurden aufgefressen. Mit anderen Worten: Diese Gene haben sich nicht vererbt. Angst zu haben ist genetisch wertvoll und für das Überleben einer Spezies ganz zentral.

Aber zu viel Angst ist auch nicht gut. Und vor den falschen Dingen Angst zu haben schadet unserem Wohlbefinden noch viel mehr.

Aber der Reihe nach: Zunächst einmal sind viele Instinkte und Automatismen, die vor einer Million Jahren im Urwald nützlich waren, im 3. Jahrtausend nach Christus eher kontraproduktiv. Nehmen wir nur die bei vielen fast schon automatische Angst vor Schadstoffen und Giften aller Art. Die war so lange nützlich, wie nur wirklich lebensgefährliche Dosen an Schadstoffen und Gift aufgefunden wurden und aufgefunden werden konnten. Sobald aber durch moderne Analyseverfahren schon kleinste Mengen aller möglichen Gifte sichtbar werden, gibt es für die resultierende Panik keinen Grund. Ein Beispiel ist die republikweite Dioxin-Panik im Winter 2011, siehe das Kapitel über Grenzwerte. Da hatte ein Futtermittelhersteller in Schleswig-Holstein einem Futterfett dioxinbelastete Rückstände aus Bio-Diesel beigemischt. Über das Hühnerfutter kam das Dioxin in die Eier und über das Schweinefutter auch in die Schweine. Und schnell brach eine rekordverdächtige Panik aus. Die Mitarbeiter der betroffenen Futtermittelfirma wurden als »Mörder« beschimpft und mit den Worten »Wir machen euch fertig« bedroht. »Eine geldgierige, kriminelle Minderheit macht diese Systeme kaputt und der Staat merkt wie immer erst etwas, wenn der Schaden schon eingetreten ist.« ... »Diese Verbrecher schaden dem gesamten Volk.« ... »Firmeninhaber in die JVA. Komplettes Vermögen einziehen und an die Geschädigten verteilen.« Das sind einige Stimmen aus den Netzseiten von Bayern 3.

Auch bei vielen verantwortlichen Politikern brannten Sicherungen durch, oder lief man, wohl wissend, dass man nicht die Wahrheit sagte, der Wählermehrheit hinterher: »Härteste Bestrafung und die Zerschlagung oder Enteignung der verantwortlichen Firmen« fordert der Geschäftsführer des Bauernverbandes Nordharz. »Schonungslose Aufklärung« (die brandenburgische Verbraucherschutzministerin Anita Tack) und die »härteste Bestrafung der Verbrecher« (Bernd Buseman, Justizminister Niedersachen) werden dem Volkszorn entgegenkommend und ohne weitere Untersuchung angeboten. »Hier muss die Justiz hart durchgreifen« (Landwirtschaftsministerin Aigner), »Lebensmittelvergifter ins Gefängnis!« (der damalige bayrische Umweltminister Markus Söder).

Nach einem Monat stellte sich dann alles als Fehlalarm heraus. Die erlaubten Höchstwerte von 3 Billionstel Gramm Dioxin pro Gramm Fett im Ei oder 12 Billionstel Gramm (12 Pikogramm) pro Gramm Fett im Schwein wurden zwar hie und da überschritten, aber reale Gefahren für Gesundheit, Leib und Leben waren nie vorhanden. Und so wurde die Hetzjagd nach vier Wochen wieder abgeblasen.

Angstmache aktuell

Auch in den Jahren nach der großen Dioxinpanik sind uns immer wieder Medienbeiträge aufgefallen, die grundlos Angst verbreitet haben. Vor Corona waren der Feinstaub und der Stickstoff monatelang Deutschlands Angstmacher Nr. 1. Viele wissen das heute schon gar nicht mehr. So berichtete etwa das Umweltbundesamt im April 2018 von jährlich fast 6 000 Stickstofftoten in der Bundesrepublik. Da wollte eine in seinem Auftrag erstellte Studie herausgefunden haben, dass 5 996 Bundesbürger vorzeitig an Herz-Kreislauf-Krankheiten verstorben seien, die sie sich durch straßenverkehrsinduzierte NO_2-Belastung zugezogen hätten. Aber diese Zahl ist aus mehreren Gründen statistisch angreifbar. Zunächst einmal ist die Zahl nicht das Resultat einer Messung, vergleichbar dem Pegelstand des Rheins bei Köln am 01.01.2023 um Mitternacht, sondern das Produkt einer Modellrechnung, und Resultate von Modellrechnungen sind immer nur so gut und so verlässlich wie die Modelle, auf denen sie beruhen. Und die sind in einer bestürzend hohen Zahl an Fällen grottenschlecht. Dann gibt es zwar die berechtigte Vermutung, aber keinen Nachweis, dass NO_2 tatsächlich zum Tod durch Herz-Kreislauf-Erkrankungen führt. Kaum ein Arzt hat bisher die NO_2-Belastung als Todesursache angegeben. Völlig unglaubwürdig ist auch das Beiwort »straßenverkehrsinduziert«. Da hätte man besser schreiben sollen »zigaretten- oder adventskranzinduziert«. Die Feinstaub-Produktion von drei Zigaretten übertrifft die eine halbe Stunde lang am Auspuff eines alten Ford Mondeo Euro-3 Diesel auftretende um das Zehnfache. Und auch ein unschuldiger Adventskranz mit vier brennenden Kerzen kann bereits die Grenzwerte für NO_2 überschreiten. Aber das Ziel Panikmache wurde gleichwohl gut erreicht.

Völlig unabhängig davon ist die Zahl der durch ein Risiko gleich welcher Art verstorbenen Menschen selbst bei korrekter Berechnung nur ein sehr irreführender Indikator für die Gesundheitsgefahren, die von dieser Risikoquelle ausgehen. Denn diese Zahl kann selbst dann zunehmen, wenn die Gefahr selber abnimmt – ganz einfach dadurch, dass andere Risiken ausfallen, siehe das 6. Kapitel »Wie man ewig lebt«. Mit diesem Argument wurden etwa die jährlich 13 Millionen Umwelttoten der Weltgesundheitsorganisation zur Unstatistik des Monats Dezember 2017.

Und was ist mit der Krebsgefahr?

Der moderne Angstmacher par excellence ist natürlich Krebs. Bei Google führt das Stichwort »krebserregend« zu 560 000 Treffern. Wenn das keine Angst macht, was denn sonst? Und so hat das unbegründete Angstmachen mit allen möglichen Krebsgefahren in den Medien hohe Konjunktur. Unsere Unstatistik vom Oktober 2015 war etwa das um 18 Prozent erhöhte Risiko von Darmkrebs pro 50 Gramm täglich konsumierter Wurst. Damit wurde Wurst in die gleiche Kategorie wie Asbest oder Zigaretten eingestuft. Diese Meldung führte in Deutschland zu einer wahren Wursthysterie. Es gibt wohl keine Zeitung und keinen Radio- oder Fernsehsender, die nicht über dieses Ergebnis berichtet hätten. So warnte die *Bild*-Zeitung am 27. Oktober: »Wurst und Schinken als krebserregend eingestuft!«, und die *Zeit* fragte am 26. Oktober: »Rauchen kann töten, Wurst essen auch?«.

Aber was bedeuten diese 18 Prozent? Zunächst ist das ein relatives und kein absolutes Risiko. Dieser zentrale Unterschied zwischen relativem und absolutem Risiko kommt an vielen Stellen dieses Buches vor. Das absolute Risiko, irgendwann im Leben an Darmkrebs zu erkranken, beträgt rund 5 Prozent. Bei konsequenten Wurstessern steigt es auf 5,9 Prozent. Relativ gesehen ergibt das dann, wenn man auch die Nachkommastellen berücksichtigt, die gemeldeten 18 Prozent. Aber vermutlich sind schon die Ausgangsprozente falsch. Gemessen werden einmal nur Erkrankungen, nicht Todesfälle, und auch das Wurstessverhalten der Erkrankten beziehungsweise Verstorbenen ist durch retrospektive Befragungen ermittelt worden und damit alles andere als zuverlässig. Es ist kaum zu glauben, an was Menschen sich alles erinnern, wenn man sie nur oft genug fragt. Auf jeden Fall war die Angstmache vor dem Wurstessen durch die Fakten nicht gedeckt.

Eine weitere zuverlässige Quelle von Falschmeldungen zur Krebsgefahr sind lokale Häufungen aller Art. Die gibt es rein durch Zufall bei allen Krankheiten und natürlich auch bei Krebs. In den USA zum Beispiel meldet man übernatürlich hohe Häufig-

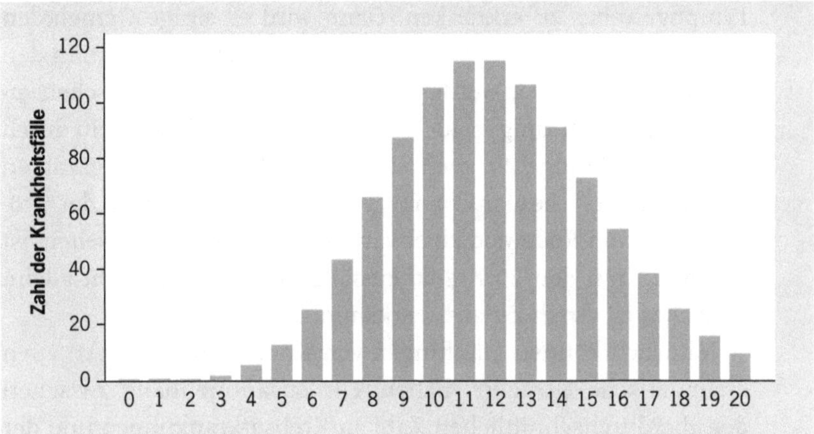

Abbildung 12.1: So viele Orte der Größe von Rodewald mit den angezeigten Krankheitsfällen sind in Deutschland zu erwarten, wenn die Erkrankungswahrscheinlichkeit 12/2500 beträgt

keiten von Leukämieerkrankungen in der Nähe von katholischen Kirchen. In Deutschland sind es die vermeintlich unnatürlichen Häufungen von Krebserkrankungen in der Nähe von Erdöl- oder Erdgasförderstätten sowie Fracking- und Atomanlagen, die seit Jahrzehnten die Menschen beunruhigen. Ein konkreter Anlass für eine unserer Unstatistiken war der Artikel »Die rätselhaften Krebsfälle von Rodewald« in der *Hannoverschen Allgemeinen Zeitung* vom 8. Mai 2016: Von den 2 500 Einwohnern dieses Ortes im Landkreis Nienburg sind im Zeitraum von 2005 bis 2013 20 Personen an Leukämie oder Tumoren des Lymphgewebes erkrankt. Im Durchschnitt seien aber nur 12 Fälle zu erwarten, so der Artikel, deshalb sei diese Häufung nicht durch Zufall zu erklären, also statistisch signifikant. Ein möglicher Auslöser sei das bei der Erdölförderung rund um Rodewald entwichene Benzol.

In Wahrheit sind solche Häufungen alles andere als signifikant. Sie sind im Gegenteil normal. Es gibt derzeit in Deutschland (Stand Ende 2020) 1008 Gemeinden mit 2000 bis 2999 Einwohnern, also von der Größe von Rodewald. Unterstellen wir einmal, in jeder davon unterliegen die Einwohner der gleichen durchschnittlichen Wahrscheinlichkeit von 12/2 500, an Leukämie oder Tumoren des

Lymphgewebes zu erkranken. Dann wird es einige Gemeinden geben, wenn auch nicht viele, in denen niemand erkrankt. In den meisten Gemeinden werden zwischen 10 und 15 Menschen erkranken, aber in einigen auch 20 oder mehr. Und zwar rein durch Zufall. Abbildung 12.1 zeigt einmal für die Erkrankungszahlen 0 bis 20, wie oft diese in den insgesamt 1 008 Gemeinden der Größenklasse von Rodewald zu erwarten sind. Und wie wir sehen, ist Rodewald mit den 20 Krankheitsfällen bei Weitem nicht allein. Und alles ist durch Zufall zu erklären.

Natürlich können Häufungen von Krankheiten aller Art auch systematische Ursachen haben, ein Zusammenhang zwischen der überdurchschnittlichen Zahl an Krebserkrankungen und der Erdölförderung in Rodewald ist daher nicht ausgeschlossen. Aber allein aus den Zahlen 12 und 20 ist dieser niemals abzuleiten. Oft ergibt das Nachforschen nach systematischen Gründen in solchen Fällen das Ergebnis: viel Lärm um nichts.

Die Rolle der Grenzwerte

Ein probates Mittel zur Panikerzeugung ist auch das Verschweigen der Grenzwerte, ab denen gewisse Stoffe gefährlich sind. Das passiert beispielsweise in Zeitschriften wie *Ökotest*. Zur Klärung dieser Debatte hilft die einzige uns bekannte naturwissenschaftliche Theorie, die auch 500 Jahre nach ihrer Entstehung nichts von ihrer Gültigkeit verloren hat. Weder Galilei noch Newton noch Einstein können das von ihren Theorien sagen. Das ist die These von der Dosis, die vom großen Paracelsus stammt. Wir hatten sie bereits in unserem Vorgängerbuch zitiert, aber zentrale Einsichten können nicht oft genug wiederholt werden:

> »Was das nit gifft ist? Alle ding sind gifft und nichts ist ohn gifft. Allein die dosis macht das ein ding kein gifft ist. Als ein Exempel: ein jegliche speiß und ein jeglich getranck, so es über sein dosis eingenommen wird, so ist es gifft.«

Die Dosis also, und nicht der Stoff an sich, ist die zentrale Größe jeder Schadstoffdiskussion. Angstmacher verschweigen das. Auch bestes Trinkwasser etwa ist in hohen Dosen giftig. In der Medizinliteratur ist von einer Hausfrau aus England zu lesen, die sich an ihrem Haushaltsreiniger verschluckt (die näheren Umstände erfährt man nicht). Die Frau gerät in Panik, ruft ihren Apotheker an, der sagt: Trink viel Wasser. Die Frau trinkt 12 Liter Wasser und stirbt eine Stunde später an Wasservergiftung. Aber auch Marathonläufer, Triathleten, Football-Spieler und Teilnehmer einer Yoga-Sitzung haben sich schon an Wasser zu Tode getrunken. Bei diesem als Hyperhydratation bekannten Phänomen führt eine exzessive Flüssigkeitszufuhr zu einer Störung des Salzhaushalts im Körper, es kommt zu einem Natriummangel im Blut, Wasser strömt in die Zellen und lässt diese anschwellen, auch im Gehirn, wo das besonders kritisch ist. Es folgen Übelkeit, Erbrechen, Krämpfe, Schwindel, Kopfschmerzen und im Extremfall auch der Tod.

Genauso also, wie (fast) jeder Stoff über einer gewissen Dosis giftig ist, ist (fast) jeder Stoff unter einer gewissen Dosis ungiftig. Wer das vergisst, macht sich unnötige Angst. Oder kommt aus der Panik überhaupt nicht mehr heraus. Da auf dieser Welt fast alles in fast allem existiert, wenn auch meistens nur in mikroskopischen Mengen, gibt es Millionen von Anlässen dazu. Der Schweizer Wissenschaftsjournalist Herbert Cerutti hat diese Alles-in-allem-These in der *Neuen Zürcher Zeitung* einmal am Beispiel des letzten Atemzuges von Julius Cäsar nachgerechnet.[118] Bevor Cäsar durch die Dolche seines Ziehsohns Brutus und anderer Verschwörer starb, inhalierte er noch rund zwei Liter Luft, das sind ungefähr 6 mal 10^{22} Luftmoleküle (eine Zehn mit 22 Nullen dahinter). Die hatten bis heute über 2000 Jahre Zeit, sich gleichmäßig in der aus rund 9 mal 10^{22} mal 10^{21} Luftmolekülen bestehenden Erdatmosphäre zu verteilen. Damit ist in 1,5 mal 10^{21} Luftmolekülen im Durchschnitt ein Cäsar-Atemmolekül enthalten. »Wenn wir nun normal atmen, nehmen wir pro Zug einen halben Liter Luft auf, was 1,5 mal 10^{22} Molekülen entspricht«, argumentiert Cerutti.

»Mit jedem Atemzug inhalieren wir deshalb 10 Luftmoleküle, die der Imperator höchstpersönlich noch ausgehaucht hatte.«

»Der Gedanke, tagein, tagaus mit jedem Atemzug außerdem mit Kleopatra, Jesus Christus und Wilhelm Tell in Kontakt zu stehen, mag erhebend sein«, fährt Cerutti fort. »Konsequent weitergedacht, sind wir auch mit Nero, Gessler und Konsorten im intimen Luftaustausch. Bei Stalin und Hitler ist es nur eine Frage der Zeit, bis die globale Luftzirkulation auch ihren giftigen Hauch jedem braven Menschen in die Lungen treibt.« Wenn das kein Grund zur Panik ist.

Also: Teuflische und göttliche Stoffe gibt es im und um den menschlichen Körper mehr als genug. Und peu à peu wird man sie auch alle finden!

Was passiert, wenn das Denken aussetzt, und man sich von mikroskopischen Giftfunden ins Bockshorn jagen lässt, zeigt der berühmte Schlecker-Babykost-Skandal. Deutsche Babykost darf nämlich keinerlei Pestizide enthalten. Dann wurden aber trotzdem Pestizide nachgewiesen. Die Mütter rannten deshalb auf den Markt und machten den Babybrei selbst, nicht wissend, dass Marktgemüse eine bis zu 200-mal höhere Schadstoffkonzentration aufweist und aufweisen darf, als jemals in den beanstandeten Schlecker-Produkten nachgewiesen wurde.

Diese Nebenwirkung beleuchtet ein weiteres irrationales Element der modernen Risikodebatte, ein verbreitetes Tunneldenken: Wir laufen vor einem Risiko davon und dafür einem anderen desto sicherer in die Arme. Wie einer von uns (Gerd Gigerenzer) nachgewiesen hat, sind durch die Panik nach dem 11. September 2001 in den USA sechsmal so viele Menschen ums Leben gekommen wie in den vier entführten Flugzeugen: Viele Amerikaner sind aus Angst nicht mehr geflogen, sondern lange Strecken mit dem Auto gefahren und auf der Straße umgekommen. Die Abbildung 12.2 zeigt, nach Monaten getrennt, die Anzahl von Todesopfern im US-amerikanischen Straßenverkehr für die Monate vor und nach dem Attentat, und zwar als Abweichung vom Durchschnitt der Jahre 1996 bis 2000. Vor dem 11. September gab es da

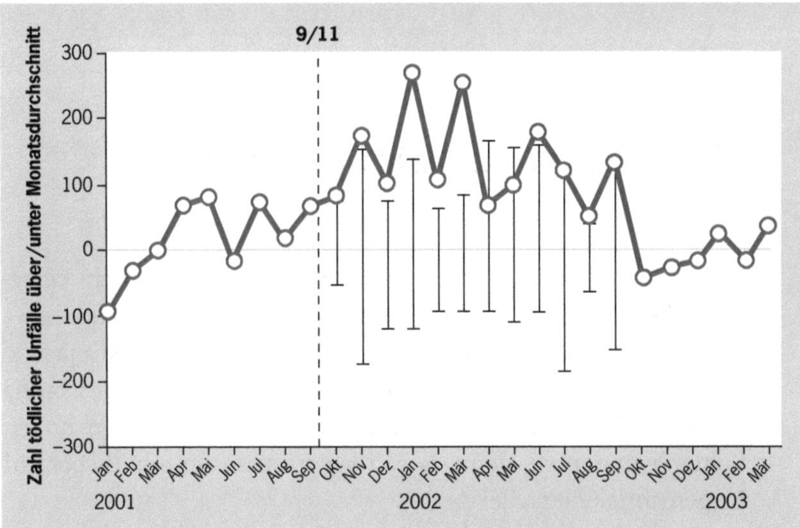

Abbildung 12.2: Todesfälle im US-amerikanischen Straßenverkehr für die Monate vor und nach den Terroranschlägen am 11. September 2001 im Vergleich zum langfristigen Durchschnitt. Siehe dazu auch: Gigerenzer, G. (2013): *Risiko: Wie man die richtigen Entscheidungen trifft.* Bertelsmann, S. 21

keine großen Auffälligkeiten. Aber danach lagen die monatlichen Todeszahlen ein Jahr lang über dem Durchschnitt (die horizontale Linie bei »0«), und meist sogar über dem Maximum der fünf Jahre zuvor. (Das Maximum und das Minimum sind für jeden Monat durch die Balken angezeigt). Erst zwölf Monate später pendelte sich das Unfallgeschehen wieder in den »normalen« Zonen ein. Bis dahin waren aber schätzungsweise 1600 Verkehrsteilnehmer mehr ums Leben gekommen, als ohne den Terroranschlag zu erwarten gewesen wäre. Das ist gewissermaßen »Terroranschlag Nr. 2«, der Terroristen mittels unserer Angst gelingt.

13. Wie und wo wir besser leben

Die Medien sind voll von angeblich wissenschaftlich belegten Erkenntnissen, wie wir bessere Menschen werden – etwa durch vegane oder vegetarische Ernährung, die dem Klima und dem Tierschutz hilft, die Gesundheit verbessert und vor Corona schützt.[119] Ferner achte man beim Frühstück auf einen hohen Kohlenhydratanteil, denn dann reagiere man empfindlicher auf Ungerechtigkeiten aller Art.[120]

Die Basis solcher Meldungen sind in aller Regel epidemiologische Beobachtungsstudien. Die konstatieren aber oft nur eine Korrelation und nicht notwendigerweise auch eine kausale Beziehung. Darauf kann man nicht oft und deutlich genug hinweisen. Nicht ohne Grund läuft uns dieses Thema auch in diesem Buch immer wieder über den Weg. Ließe sich diese Quelle statistischen Unfugs durch einen guten Geist von heute auf morgen austrocknen, wäre damit gut die Hälfte aller gesundheitsbezogenen Informationen aus den Medien verschwunden.

Nehmen wir einmal die Meldung, Pflanzenkost schütze vor Corona. In der Tat hat sich bei rund 3 000 besonders coronagefährdeten Personen aus dem Gesundheitswesen gezeigt (95 Prozent davon Ärzte), dass Menschen mit einer pflanzenbasierten Ernährung seltener als andere eine Corona-Infektion mit schwerem Verlauf erleben.[121] Anders, als die Meldung suggeriert, dürfte jedoch nicht die Ernährung die Ursache für einen milderen Krankheitsverlauf sein, sondern andere Faktoren, die sowohl mit der Ernährung als auch mit dem Krankheitsverlauf korrelieren. So geht etwa die Vorliebe für vegetarisches Essen oft mit einem gesundheitsbewussteren Verhalten in anderen Lebensbereichen und damit einer stärkeren Immunabwehr einher, die für sich allein genommen auch ohne vegetarisches Essen einen milderen Verlauf von Corona-Infektionen ermöglicht. Damit sind die Ergebnisse der Studie ähnlich einzuordnen wie die Beobachtung, dass mit zunehmendem Konsum von Softgetränken das Risiko für einen Kreislaufkollaps steigt. Das trifft auch zu, aber nicht, weil der Konsum von Softgetränken einen Kreislaufkollaps begünstigt, sondern weil man bei sommerlicher Hitze mehr Softgetränke konsumiert und zugleich der Blutkreislauf öfter kollabiert.

In diesen Fällen ist eine dritte Variable im Hintergrund der Treiber, der für die Korrelation der beiden Ausgangsgrößen sorgt. Bei der Meldung, eine vegetarische Lebensweise mache uns zu besseren Menschen,[122] führt dagegen die sogenannte zweiseitige Kausalität dazu. Darauf haben wir schon im zweiten Kapitel hingewiesen. Es ist zu vermuten, dass unkonventionelle und antiautoritäre Charaktere auch bei der Ernährung zu eher unkonventionellen Methoden neigen. Dann gäbe es zwar eine Kausalbeziehung, aber in die umgekehrte Richtung: nicht von der vegetarischen Ernährung zum Charakter, sondern vom Charakter zur vegetarischen Ernährung.

Eine zweite Meinung

Oft rät man Patienten, bei einer zweifelhaften Diagnose eine zweite Meinung einzuholen. Genauso ist es bei epidemiologischen Fragen sinnvoll, zum gleichen Thema möglichst viele Studien zu befragen. Was aber, wenn alle bei derselben Frage zu einem ähnlichen Ergebnis kommen? Muss man dann nicht davon ausgehen, dass dann tatsächlich eine kausale Beziehung existiert?

Diese Kombination verschiedener Studien zum gleichen Thema geschieht in der mathematischen Statistik in Form von sogenannten Meta-Analysen. Eine solche Meta-Analyse war beispielsweise Grundlage der Meldung, dass vegane Ernährung das Risiko einer Diabetes-II-Erkrankung um fast ein Viertel reduziere.[123, 124] Dazu wurden sieben Einzelstudien mit neun Schätzergebnissen zum Zusammenhang zwischen vegetarischer und veganer Ernährung und dem Risiko einer Diabetes-II-Erkrankung zusammengefasst. Die Meldungen betonten dabei durchweg, dass an diesen sieben Studien die beindruckende Zahl von etwas mehr als 300 000 Personen teilgenommen habe. Doch die Basis der Meta-Studie waren nicht die Beobachtungen von mehr als 300 000 Studienteilnehmern, sondern lediglich neun Schätzergebnisse. Und die waren auch noch in gewisser Weise vorselektiert, denn die für die Analyse verwendeten Ergebnisse stammen aus publizierten Studien und unterliegen damit dem sogenannten »publication bias«. Damit ist gemeint, dass wissenschaftliche Zeitschriften gerne statistisch signifikante Ergebnisse publizieren, Studien mit »nicht-signifikanten« Ergebnissen werden hingegen häufig gar nicht erst publiziert und gehen somit auch nicht in Meta-Studien ein. Wie viele Studien haben ergeben, dass vegane Ernährung das Risiko für Diabetes *nicht* reduziert? Man weiß es nicht.

Darüber hinaus ist wichtig, welche Schätzergebnisse denn eigentlich in die Meta-Analyse einfließen. Viele Studien führen sogenannte »Robustheitstests« durch, bei denen die jeweiligen Analysen für verschiedene Gruppen durchgeführt werden, um die Stabilität der Ergebnisse zu untermauern. Nimmt man alle Ergebnisse in die Meta-Analyse auf oder nur die von den Autoren präferierten? So wurden in obiger Studie beispielsweise neun Ergebnisse aus sieben Studien verwendet, also auch mehrere Ergebnisse einzelner Studien. Dann stellt sich aber die Frage, ob die Autoren auch die Ergebnisse von Robustheitstests berichtet haben, die ihr zentrales Ergebnis nicht unterstützen. Dies würde vielleicht die Publikationschancen verringern. Meta-Studien sind für den Erkenntnisgewinn durchaus sehr wichtig, jedoch ist auch hier Vorsicht geboten.

Lust und Liebe

Liebe macht bekanntlich blind – auch die Medien. Beim Thema Sex häufen sich deshalb die Falschmeldungen ganz besonders stark. So stärkt pflanzliche Ernährung angeblich auch die Männlichkeit. Speziell die in Obst und Gemüse enthaltenen Nährstoffe sollen vor Erektionsstörungen schützen. Und für Frauen verkündeten die Medien: »Erste Lustpille für Frauen kommt auf den Markt« und »Mehr Lust auf Lust«.[125] Der Anlass war die Markteinführung des Medikaments Flibanserin, das ein angebliches weibliches Defizit bei der Lust auf Sex beheben soll. Die offizielle Bezeichnung für den Mangel an sexueller Lust ist Hypoactive Sexual Desire Disorder (HSDD). Diese HSDD soll vornehmlich bei Frauen vorkommen, selten bei Männern. Daher muss es eine Art von Krankheit sein. Das »Viagra für Frauen« soll nun dagegen helfen. Es handelt sich dabei um die kleine rosa Pille »Addyi«, die Frauen täglich einnehmen sollen und die etwa 400 US-Dollar pro Monat kostet. Die deutschen Medien haben durchwegs kritisch über dieses Geschäft mit der Lust berichtet: Ein deutsches Pharmaunternehmen hatte diese Pille ursprünglich gegen Depression entwickelt und dann einen neuen Markt dafür gesucht. Die US-amerikanische Food and Drug Administration (FDA) hatte zunächst angesichts des minimalen Nutzens und der schlechten Verträglichkeit die Zulassung verweigert. Dann hatte eine US-Firma die Rechte gekauft, war aber nochmals an der FDA gescheitert. Erst als die Firma sehr viel Geld in eine massive Lobbykampagne steckte, ließ die FDA die Pille zu.

Eine Tatsache haben jedoch viele Medienberichte übersehen: Die Pille hilft überhaupt nicht gegen einen Mangel an Lust. Keiner der beiden dazu durchgeführten US-amerikanischen Studien gelang es, nachzuweisen, dass die Pille die sexuelle Lust erhöht. Lediglich die Anzahl »zufriedenstellender sexueller Ereignisse« pro Monat stieg von 3,7 (Placebo-Pille) auf 4,4 (Addyi). Das ist ein wichtiger Unterschied, denn die den Frauen attestierte Störung heißt »Mangel an sexueller Lust«, und gerade dagegen hilft die

Pille nicht. Auch die möglichen Nebenwirkungen wie Ohnmacht, Schwindelgefühl und Übelkeit werden kaum mehr Lust machen. Von Alkohol lässt man auch besser die Finger, denn die Pille verträgt sich damit nicht. Dass die Studien nur wenig Positives vorweisen können, obwohl sie vom Hersteller der Pille selbst finanziert wurden, sollte jede Frau skeptisch machen. Es gibt ja noch andere Wege zum Glück. Ein Glas Rotwein und mehr gemeinsame Zeit ergibt vielleicht sogar ein Ergebnis von 4,5.

Ortswechsel hilft?

Es gibt wohl keine schnellen und einfachen Abkürzungen auf dem Weg zum besseren und glücklicheren Menschen. Warum sollte man dann nicht wenigstens an einen Ort umziehen, an dem man länger lebt? Beispielsweise nach Vilcabamba in Ecuador – ins Tal der 100-Jährigen. Sie würden damit vielen bekannten Schauspielern und Millionären folgen. Angeblich hat etwa Larry Hagman, bekannt als J. R. aus der Fernsehsaga *Dallas*, zumindest für einige Zeit dort gewohnt. Dem Ort haftet der Mythos an, einer der gesündesten der Welt zu sein. Unter den knapp 4200 Einwohnern lebten relativ gesehen zehnmal mehr Hundertjährige als anderswo. Die Einwohner sind wohl sehr gesund, es gibt kaum Krankheiten, und wenn jemand stirbt, dann schlafe er oder sie einfach ein. Medizinische Erklärungen dafür gibt es nicht. Einige Mediziner haben intensiv nach einer Ursache gesucht, aber keine gefunden. Die Einwohner ernähren sich nicht besonders gesund, sie rauchen (unter anderem Chamico – getrocknete Blätter vom Stechapfel, die eine ähnliche Wirkung wie Marihuana haben) und trinken Alkohol. Zudem sind die hygienischen Zustände und die ärztliche Versorgung in dem kleinen Andendorf in Südamerika nicht mit denen in Deutschland zu vergleichen.[126]

Wie kommt es denn dann zur Langlebigkeit der Einwohner? Die Antwort ist verblüffend simpel: Hier wirkt das Gesetz der kleinen Zahl, wie wir dieses Phänomen einmal nennen wollen.

Abbildung 13.1: Vilcabamba im Tal der Hundertjährigen in Ecuador
Quelle: Alejandro Vivanco, Shutterstock 1711370710

Wir hatten es schon einmal im vorigen Kapitel erwähnt, bei den rätselhaften Krebsfällen in Rodewald. Genauso ist auch das Tal der 100-Jährigen wohl nur ein Produkt des Zufalls. Nimmt man alle Dörfer dieser Welt mit etwa 4200 Einwohnern, wird es rein zufällig Dutzende darunter geben, in denen Menschen besonders lange oder besonders gesund leben. Wer sucht, der findet. Abnorm viele Hundertjährige gibt es zum Beispiel im Dorf Ogimi in Japan oder im Dorf Perdasdefogu auf Sardinien. Aber nur Vilcabamba hat es geschafft, den Mythos zu versilbern. Es ist ein Touristenmagnet, und viele (ältere) Millionäre aus Europa und den USA siedeln sich dort an. Diese Zuwanderung sorgt zugleich dafür, dass der Mythos niemals stirbt. Zum einen leben wohlhabendere Menschen ohnehin länger, und zum anderen ziehen diese erst in höherem Alter dorthin. Würden wir in einer stillgelegten Kiesgrube in Bayern ein neues Dorf errichten und nur Über-80-Jährige hereinlassen, gäbe es dort in 20 Jahren sehr viele 100-Jährige.

Larry Hagman hat der Aufenthalt in Vilcabamba übrigens nichts gebracht – er ist mit 81 Jahren an Leukämie gestorben.

Warum gibt es keine einzige Großstadt auf der Erde mit abnorm vielen – prozentual zur Bevölkerung gesehen – 100-Jährigen? Weil es für den Zufall in Mexico-City sehr viel schwieriger ist, doppelt so viele 100-Jährige zu produzieren, als es dem Landesdurchschnitt entspricht, als in einem kleinen Andendorf.

Traumorte in Deutschland

Und wo lebt es sich in Deutschland am besten? Die Antwort gibt die »Große Deutschland Studie« der Prognos AG im Auftrag des ZDF.[127] Auf Basis von 53 Indikatoren aus den Kategorien »Arbeit und Wohnen«, »Gesundheit und Sicherheit« sowie »Freizeit und Natur« ermittelte die Studie die folgenden Top 10 (in dieser Reihenfolge, absteigend): München, Heidelberg, Starnberg, Potsdam, Garmisch-Partenkirchen, Landkreis München, Miesbach, Oberallgäu, Bad-Tölz-Wolfratshausen und Ulm.

Den letzten Platz in diesem Ranking der lebenswertesten Regionen Deutschlands nimmt die Stadt Gelsenkirchen ein. Das wurde im Ruhrgebiet breit und heftig diskutiert. Die Aufregung der Oberbürgermeister und Landräte wäre dabei wohl sehr viel kleiner gewesen, hätten sie das Städteranking des ZDF als das genommen, was es ist – eine Unstatistik (die auch von uns entsprechend ausgezeichnet wurde). Denn aus den gesammelten – und für sich genommen durchaus informativen – Indikatoren zur ökonomischen und kulturellen Situation der Regionen in Deutschland ein allumfassendes eindimensionales Ranking der Lebensqualität abzuleiten ist zumindest fraglich und birgt eine Vielzahl von Problemen.

Das erste ist die weitgehend willkürliche Gewichtung der einzelnen Indikatoren, die das Ergebnis solcher Rankings erheblich beeinflusst. Das viel grundlegendere Problem liegt jedoch in der Auswahl der Indikatoren selbst und deren Zuordnung zu einzelnen Kategorien. Auch sind viele der vom ZDF verwendeten Indikatoren hoch miteinander korreliert. So gehen etwa in die Kategorie »Arbeit und Wohnen« die Indikatoren Arbeitslosenquote, verfügbares Einkommen und Anzahl der privaten Schuldner je 100 volljährige Einwohner ein. Da aber eine hohe Arbeitslosenquote üblicherweise mit einem geringeren durchschnittlichen Einkommen und vielen privaten Schuldnern einhergeht, werden Regionen mit strukturellen ökonomischen Problemen nahezu automatisch ans Ende des Städterankings katapultiert. Daran ändern auch die in diesen Regionen üblicherweise geringeren Mieten aufgrund ihrer vergleichsweise geringen Gewichtung im Ranking nichts – die Mieten gehen nur einfach, das Einkommen geht wegen der hohen Korrelation mit anderen Indikatoren aber mehrfach in die Rechnung ein.

Diskussionswürdig ist auch die Zuordnung der Indikatoren zu den einzelnen Kategorien. Man kann sich schon fragen, was die Schulabbrecherquote oder der Frauenanteil in Kreistagen, Stadt- oder Gemeinderäten mit »Arbeit und Wohnen«, das Verhältnis der Abfälle pro Haushalt zu ihren Konsumausgaben mit »Gesundheit und Sicherheit« oder die Studierendendichte mit »Freizeit und Natur« zu tun haben. Auch wenn gewisse Studenten ihr Studium als Freizeit ansehen – für die überwiegende Mehrzahl ist das Studium eine Investition in ihre Zukunft. Nicht zuletzt ist die holzschnittartige Interpretation einiger Indikatoren als »gut« oder »schlecht« problematisch. Führen mehr Sonnenstunden pro Jahr wirklich zu einer höheren Lebensqualität? Noch im Rekordsommer 2018 haben viele Medien über die zahlreichen »vorzeitigen Todesfälle« aufgrund der Hitze berichtet. Und warum führt nur die Anzahl klassischer Kulturveranstaltungen mit eigenem Ensemble und institutioneller Förderung zu einer höheren Lebensqualität, nicht aber die Existenz eines traditionellen Fußballvereins in der 1. oder 2. Bundesliga? Die Gemeinde Wacken, in der jedes Jahr eines der weltweit größten Heavy-Metal-Festivals mit über 80 000 Teilnehmern stattfindet, würde den dazugehörigen Kreis Steinburg in Schleswig-Holstein in der Kategorie »Freizeit und Natur« sicherlich von einem unteren in die oberen Ränge schieben, wertete man Rockmusik auch als Kultur.

Solche Rankings lenken die Anreize für Lokalpolitiker in die falsche Richtung. Um darin möglichst schnell nach oben zu kommen, dürften ineffiziente Krankenhäuser nicht geschlossen werden (obwohl die Notfallversorgung anderweitig gewährleistet wäre) oder es würde das x-te hoch subventionierte Theater eröffnet. Maßnahmen, die sich nur sehr langfristig positiv auf das Ranking auswirken, wie beispielsweise die nachhaltige Ertüchtigung der Schulen, könnten hingegen in der Dringlichkeitsliste nach unten rücken.

Aufgrund des Erfolgs des Städterankings hat das ZDF im Jahr 2019 einen »Familienatlas« und einen »Seniorenatlas« nachgeschoben. Mehrere Oberbürgermeister und Landräte des Ruhrgebiets haben sich geweigert, daran teilzunehmen. Diesen Boykott haben wir von der Unstatistik damals unterstützt und – augenzwinkernd – ein kostenloses alternatives Ranking angeboten. Das könnte etwa basieren auf der Anzahl der Zuschauerplätze in Bundesliga-Fußballstadien, dem Anteil der ausgewiesenen industriekulturellen Flächen oder dem jährlichen Currywurst-Konsum pro Einwohner. Damit wären den Ruhrgebietsstädten die Spitzenränge sicher gewesen.

Ausblick: Wie wir die Zahlenblindheit überwinden

Als »blinden Fleck« bezeichnet man eine Stelle in unserem Gesichtsfeld, für die es keine lichtempfindlichen Zellen auf der Netzhaut gibt. Das Auge kann dort nichts »sehen«, hilft sich aber, indem es unbewusste Schlüsse zieht und den Fleck mit Inhalt füllt. Das Besondere an einem blinden Fleck ist, dass man in der Regel nicht erkennt, dass man einen hat. Ähnliches gilt für unser Bildungssystem. Es hat einen blinden Fleck, nämlich in Bezug auf statistisches Denken, aber man erkennt das nicht.

Wir lehren Kinder und Jugendliche die Mathematik der Gewissheit – Algebra, Geometrie und Trigonometrie. Aber wir lehren sie kaum die Mathematik der Ungewissheit – statistisches Denken. Das klassische deutsche Schulsystem wollte lange nichts mit den Themen Statistik und Daten zu tun haben.[128] Entsprechend landeten die Schüler in Deutschland im PISA-Test von 2003 mit dem Schwerpunkt Mathematik nur auf Platz 19 (von 41 Nationen); ein Viertel der Fragen hatte mit Wahrscheinlichkeit und Statistik zu tun. Erst im Jahr 2004 wurden Elemente der Statistik und Wahrscheinlichkeitsrechnung von der Kultusministerkonferenz verpflichtend in den Mathematikunterricht aufgenommen. Seither gibt es Themen wie »Daten, Häufigkeit und Wahrscheinlichkeit«.

Ein Problem ist aber, dass Statistik oft als Teil der Mathematik gelehrt wird, anhand von Beispielen mit Münzen, Würfeln und anderen Glücksspielen. Stattdessen sollte man Statistik als Problemlösungsstrategie lehren und den Schülern anhand von wirklichen Problemen nahebringen, bei denen man über den Inhalt und die Voraussetzungen nachdenken muss – deshalb sprechen wir von statistischem Denken. Man könnte zum Beispiel Infografiken im Kunstunterricht besprechen, um deutlich zu machen, dass auch Bilder lügen können. Oder man könnte KI-basierte Textanalysen im Deutsch- und Englischunterricht anbieten, um zu verdeutlichen, wie man damit Falschmeldungen entlarvt. Auch im Biologie- und im Physikunterricht gibt es zahlreiche geeignete Beispiele, weil der Prozess vom Beobachten und Datensammeln bis hin zum Ableiten von naturwissenschaftlichen Gesetzen nichts anderes ist als Wissensgewinnung aus Daten. Das gilt für die Mendelschen Regeln der Vererbung genauso wie für die Keplerschen Gesetze der Planetenbewegungen. Auch die Frage, wie viele Wörter man sich bei seinem persönlichen Sprechtempo überlegen muss, wenn ein Referat fünf Minuten dauern soll, ist eine sehr praktische Anwendung von Statistik. Ganz gleich ob bei der Trainingslehre im Sport oder bei den empirischen Grundlagen von Wirtschafts- und Sozialkunde: Daten spielen eine zentrale Rolle, wenn es darum geht, herauszufinden, welche Interventionen auf welche Art und Weise wirken. Das Fach Mathematik sollte jedenfalls nicht das einzige sein, in dem Daten- und Risikokompetenz gelehrt wird. Zu groß ist die Gefahr, dass der Eindruck entsteht: Mit dem echten Leben hat das nichts zu tun.

Auch der wenig anschauliche Begriff Stochastik verbirgt, dass es um den praktischen Umgang mit Risiken geht. Ein weiteres Problem liegt darin, Lehrer auszubilden, die statistisches Denken verstehen und Jugendliche für das Thema Daten- und Risikokompetenz interessieren können. Daher ist es wichtig, statistisches Denken statt mit Münzen und Würfeln mit dem Alltag zu verbinden – etwa wie treffsicher HIV-Tests und Wettervorhersagen sind, was Sieben-Tage-Inzidenzraten und Regenwahrscheinlichkeiten bedeuten und wie man aktuelle Medienberichte kritisch hinterfragt.

Der Weg dahin ist weit, aber ein Anfang ist gemacht. Wir erhalten vermehrt Post von Lehrern, die anfragen, ob sie eine Unstatistik im Unterricht verwenden dürfen – unsere Antwort ist grundsätzlich »ja«. Wir erhalten auch gelegentlich Zuschriften, in denen uns eine Klasse mitteilt, dass wir etwas übersehen hätten und sie zu einem anderen Schluss gekommen sei. Diese Zuschriften sind wunderbar, denn hier sieht man, dass die Schüler mitgedacht haben. Hans Magnus Enzensberger hat schon vor Langem mit seinem Buch *Zahlenteufel* versucht, Kinder und Zahlen mit Geschichten zu verbinden. Ein neueres schönes Buch zur Förderung der Risikokompetenz von Kindern und Jugendlichen ist *Wer wagt, gewinnt.*[129] Aber all dies ist nur der Beginn eines langen Wegs aus der Zahlenblindheit.

Zahlenblinde Mediziner

Die zwei Eigenheiten eines »blinden Flecks« manifestieren sich besonders deutlich im Gesundheitswesen: Man versteht Zahlen oft nicht und bemerkt nicht, dass man sie nicht versteht. Doch gerade hier ist statistisches Denken so nötig wie kaum in einem anderen Bereich. Wer sich über die Wirksamkeit von Impfungen, Medikamenten oder Früherkennung informieren möchte oder die Genauigkeit von Tests, muss sich mit Zahlen auseinandersetzen und zumindest die Grundkonzepte verstehen. Um ein Testergebnis zu verstehen, muss man etwa Konzepte wie Sensitivität (so wird die Trefferrate in der Medizin genannt), Spezifität (die Richtig-negativ-Rate, also das Komplement der Falsch-Alarm-Rate), und positiver und negativer Vorhersagewert verstehen. Am Ende des Medizinstudiums sollten alle angehenden Ärzte diese Grundbegriffe verstehen. Nur hat die Ausbildung an medizinischen Universitäten den gleichen blinden Fleck für statistisches Denken, wie ihn die Schulen haben. Um festzustellen, wie es darum wirklich bestellt ist, hat das Harding-Zentrum für Risikokompetenz einen Schnelltest entwickelt.[130] Dieser fragt zehn Grundkonzepte ab, mit jeweils vier möglichen Antworten. Hier sind die Fragen zu den ersten vier Konzepten. Versuchen Sie es einmal:

1. Die Sensitivität (Trefferrate) eines Tests ist:
   - Der Anteil der Personen mit einem positiven Test unter allen Personen mit der Krankheit.
   - Der Anteil der Personen mit einem negativen Test unter allen Personen mit der Krankheit.
   - Der Anteil der Personen mit einem positiven Test unter allen Personen ohne die Krankheit.
   - Der Anteil der Personen mit einem negativen Test unter allen Personen ohne die Krankheit.

2. Die Spezifität eines Tests ist:
   - Der Anteil der Personen mit einem positiven Test unter allen Personen mit der Krankheit.
   - Der Anteil der Personen mit einem negativen Test unter allen Personen mit der Krankheit.
   - Der Anteil der Personen mit einem positiven Test unter allen Personen ohne die Krankheit.
   - Der Anteil der Personen mit einem negativen Test unter allen Personen ohne die Krankheit.

3. Wie nennt man die Wahrscheinlichkeit, dass eine Person mit einem positiven Testergebnis wirklich die Krankheit hat?
   - Positiver Vorhersagewert
   - Negativer Vorhersagewert
   - Spezifität
   - Sensitivität

4. Wie nennt man die Wahrscheinlichkeit, dass eine Person mit einem negativen Testergebnis die Krankheit nicht hat?
   - Positiver Vorhersagewert
   - Negativer Vorhersagewert
   - Spezifität
   - Sensitivität

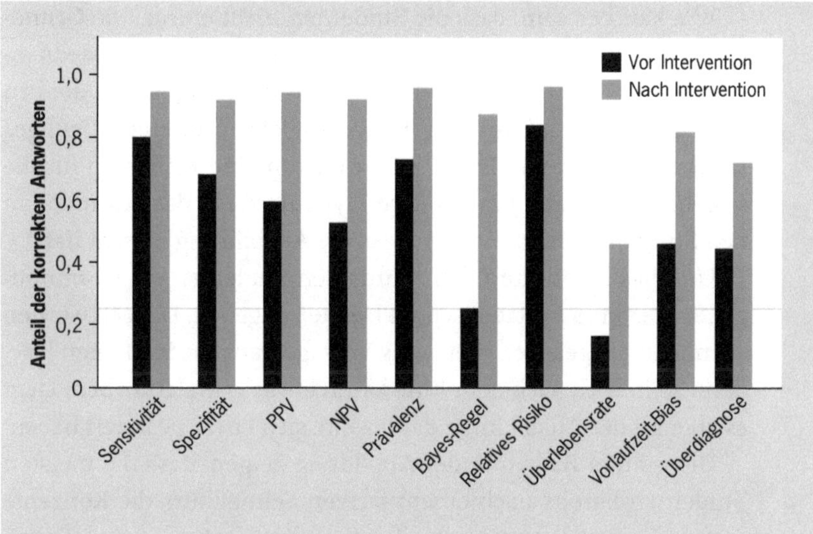

Abbildung 14.1: Der »Schnelltest Statistisches Denken« mit zehn Multiple-Choice-Fragen zu zehn elementaren Konzepten, die man braucht, um Testergebnisse zu verstehen. PPV = positiver Vorhersagewert; NPV = negativer Vorhersagewert.

Die richtigen Antworten sind a, d, a und b. Diese vier Fragen sowie die sechs anderen sollten alle Medizinstudenten am Ende ihres Studiums richtig beantworten können. In einer Studie wurden 169 Medizinstudenten an der Charité getestet, einer der renommiertesten medizinischen Fakultäten Deutschlands.[131] Dies entsprach etwa 60 Prozent des ganzen Jahrgangs der Studenten im letzten Semester. Die schwarzen Balken in der Abbildung 14.1 zeigen, welcher Prozentsatz der Studenten die richtige Antwort geben konnte. Der horizontale Strich erinnert daran, dass man allein durch Raten bereits 25 Prozent Richtige erwarten kann (da es vier Alternativen gibt). Dennoch wussten 20 Prozent der Medizinstudenten nicht, was die Sensitivität eines Tests bedeutet, rund 30 Prozent war nicht klar, was Spezifität bedeutet, gut 40 Prozent wussten nicht, was der positive Vorhersagewert ist, und rund 50 Prozent nicht, was der negative Vorhersagewert ist. Über alle zehn Fragen hinweg hatte der durchschnittliche Student nur 50 Prozent richtig!

Wie kann es sein, dass die Studenten nicht einmal die Grundbegriffe kennen? Eine Hypothese ist, dass das Gehirn von Medizinstudenten am Ende des Studiums nicht mehr statistisch denken kann, weil das Studium eher Auswendiglernen als eigenständiges Denken verlangt hat. Dann gäbe es kaum eine Hoffnung für die angehenden Ärzte. Eine andere Hypothese ist, dass es nicht an den Studenten liegt, sondern dass die Ausbildung versagt hat.

Um dies herauszufinden, wurde den Studenten ein 90-minütiger Schnellkurs in statistischem Denken gegeben. Danach wurden sie nochmals getestet. Wenn das Versagen an den Studenten läge, dann sollte sich nach dem Kurs kaum etwas geändert haben. Liegt es aber an der Ausbildung, dann sollte sich etwas geändert haben.

Die grauen Balken in der Abbildung zeigen, dass die meisten Studenten bereits nach einem kurzen Schnellkurs die Konzepte verstanden hatten. Jetzt begreifen fast alle, was Sensitivität, Spezifität, positiver und negativer Vorhersagewert bedeuten, und auch für die anderen Fragen des Tests war das Verständnis deutlich angestiegen.

Die Ursache der Zahlenblindheit liegt also nicht bei den Studenten, sondern in der mangelnden Ausbildung im statistischen Denken während des Studiums.

Diese Studie ist eine von vielen, die zeigen, dass Zahlenblindheit unter Ärzten ein Bildungsproblem ist. Beispielsweise gab einer von uns (Gerd Gigerenzer) 18 Professoren der Medizin und Oberärzten bei einer Fortbildungsveranstaltung an einer anderen Universitätsklinik denselben Schnelltest. Von diesen Lehrenden wussten 20 Prozent nicht, was Sensitivität bedeutet, 40 Prozent nicht, was Spezifität bedeutet, und 15 beziehungsweise 25 Prozent nicht, was mit dem positiven und negativen Vorhersagewert gemeint ist.[132]

Weitere Studien in Deutschland und weltweit haben gezeigt, dass die Mehrzahl der Ärzte nicht in der Lage ist, Testergebnisse zu bewerten und die statistischen Konzepte in medizinischen Zeitschriften zu verstehen.[133] Damit sind eine evidenzbasierte Medizin und informierte Entscheidungen nur begrenzt möglich. Mangelndes statistisches Denken ist eine der Ursachen für gesundheitliche Schäden als Folge von Überbehandlung, Übermedikation oder unnötigen diagnostischen Maßnahmen.

Wenn ein solch massives Bildungsproblem über Jahre hinweg nicht beseitigt wird, muss man sich die Frage stellen: Wer profitiert von zahlenblinden Ärzten und Patienten? Die kurze Antwort ist: viel zu viele. Und das ist auch der Grund, warum es so schwer ist, die Ausbildung und Fortbildung des medizinischen Personals zu verbessern. Beispielsweise werden Milliarden mit unnötigen bildgebenden Verfahren und Medikamenten verdient. In den USA erhalten jedes Jahr eine Million Kinder unnötige CTs (Computertomografien).[134]

Die Gründe hierfür sind nicht nur die kommerzielle Auslastung von Geräten, sondern auch Eltern, die unbedingt sichergehen möchten, dass ihr Kind nichts Ernsthaftes hat, wenn es etwa vom Stuhl gefallen ist. Es liegt also auch an der mangelnden Risikokompetenz vieler Eltern und des medizinischen Personals, dass diese unnötigen CTs gemacht werden. Jede CT setzt das Kind einer Strahlendosis aus, die bei sich noch entwickelnden Organen besonders gefährlich ist. Die Dosis variiert je nach Organ und Gerät, aber sie ist in jedem Fall höher als vier Wochen Urlaub in Fukushima. Eine Million unnötige CTs können dazu führen, dass einige Hundert dieser Kinder Jahrzehnte später an Krebs erkranken.

Ein anderes Beispiel für die ungute Symbiose von Zahlenblindheit mit kommerziellen Interessen sind manche der sogenannten individuellen Gesundheitsleistungen (IGeL), die die gesetzlichen Krankenkassen zu Recht nicht bezahlen, da sie für den Patienten keinen nachgewiesenen Nutzen, aber oft einen nachgewiesenen Schaden haben. Ärzte bieten diese dennoch an, sei es, weil sie die wissenschaftlichen Studien nicht lesen können, oder aus kommerziellen Interessen.

Beispielsweise zeigte eine randomisierte Studie mit 78 000 Frauen zwischen 55 und 74, dass eine der beliebtesten IGeL, die Früherkennung von Eierstockkrebs mit Ultraschall und Tumormarker, die Sterblichkeit an Eierstockkrebs überhaupt nicht verringert, und noch schlimmer, für viele Frauen zu schweren gesundheitlichen Schäden führt (siehe Kapitel 11). Warum empfehlen Ärzte eine solch nutzlose Früherkennung, die gesundheitlichen Schäden für viele Frauen bedeutet? Eine Studie mit 401 amerikanischen Gynäkologen zeigte, dass fünf Jahre nach dem Erscheinen der randomisierten Studie die meisten deren Ergebnisse nicht kannten und weiterhin gesunden Frauen die Eierstockkrebs-Früherkennung nahelegten.[135] Bereits ein Jahr nach der Veröffentlichung der Studie hatte das American College of Obstetricians and Gynecologists jedoch empfohlen, das Screening auf Eierstockkrebs zu unterlassen. Aber auch davon wussten viele nichts oder haben sich wissentlich nicht daran gehalten.

Es wäre also dringend nötig, statistisches Denken und Risikokommunikation zu einem Kernbereich der Ausbildung an medizinischen Universitäten zu machen. Einige von uns arbeiten schon seit Jahren daran, aber das Desinteresse seitens der Leitungen der medizinischen Fakultäten und mancher Professoren bleibt stark. Das Ergebnis kann man in Abbildung 14.1 sehen. Ein Grundkurs für statistisches Denken im ersten Semester des Medizinstudiums wäre so wichtig, um neue Generationen von Medizinstudenten zu bekommen, die die Grundkonzepte verstehen und mit Zahlen kritisch denken können. Davon sind wir jedoch noch weit entfernt. Bildung im statistischen Denken heißt Aufklärung. Diese eckt mit so vielen unvereinbaren Interessen an, dass wir wahrscheinlich eher einen Menschen auf dem Mars landen lassen, als allen Medizinstudenten statistisches Denken beizubringen.

Wie wir die Zahlenblindheit überwinden

Ein Artikel in *Nature* mit dem Titel »Risk School« berichtete über die Kontroverse um die Frage, ob Menschen lernen können, Risiken richtig zu bewerten.[136] Auf der einen Seite werden prominente Vertreter des Nudgings zitiert, wie Daniel Kahneman und

Richard Thaler, die behaupten, dass es dafür wenig Hoffnung gäbe. Vielmehr sei es die Aufgabe des Staates, die Bürger mithilfe von psychologischen Tricks zu lenken und sie so zu ihrem Glück zu »nudgen«. Nudging ist eine Form des weichen Paternalismus und besonders in den USA beliebt, wo viele die Hoffnung auf ein Land mit mündigen Bürgern aufgegeben haben (siehe dazu auch Kapitel 1). Auf der anderen Seite werden Vertreter der Risikokompetenz zitiert, wie Gerd Gigerenzer und die Forscher am Max-Planck-Institut für Bildungsforschung, die diese negative Sichtweise für unbegründet halten. Diese haben vielmehr experimentell gezeigt, dass bereits Kinder und Jugendliche spielerisch statistisches Denken lernen können,[137] genauso wie Erwachsene.[138]

Die nachhaltigste Maßnahme wäre demnach eine Reform der Schule, in der statistisches Denken und Risikokompetenz systematisch gelernt werden, genau wie Lesen und Schreiben. Dann hätten wir später weniger zahlenblinde Ärzte, Politiker und Journalisten. Die Kontroverse ist fundamental für die Zukunft unserer Gesellschaft: Wollen wir mehr staatliche Steuerung oder mehr Bürger, die selbst informierte Entscheidungen treffen können?

Einige von uns fordern diese Reform der Schulen seit Jahren, aber viele Politiker sehen das Problem nicht – wie bei einem blinden Fleck. Es gibt aber bereits Bundesländer, die statistisches Denken im Lehrplan verankern und auch begonnen haben, Techniken zu vermitteln, mit denen man das Verständnis erleichtert. Beispielsweise hat Bayern die hilfreichen Häufigkeitsbäume (siehe Kapitel 1 und 11) inzwischen in die Lehrpläne der Mathematik übernommen. Das heißt, eine neue Generation von Schülern wird mit diesen Techniken Zusammenhänge besser erfassen können und auch die Regel von Bayes intuitiv verstehen. Damit besteht auch die Hoffnung, dass mehr Menschen in der Lage sein werden, Evidenz zu verstehen und sich weniger von anderen manipulieren zu lassen.

Außerdem brauchen wir mehr unabhängige Institute, die statistisches Denken und Risikokompetenz in der Bevölkerung fördern. Derzeit sind uns nur zwei solche Institute bekannt, das

Harding-Zentrum für Risikokompetenz an der Universität Potsdam und das Winton Centre for Risk and Evidence Evaluation an der Cambridge University in England. Es ist wohl kein Zufall, dass beide Zentren privat finanziert werden und auch noch von dem gleichen Philanthropen, David Harding aus London. Unterstützung von anderen Seiten gibt es zwar, aber in beiden Fällen zu wenig, um zu überleben. Gerade während der Covid-19-Pandemie ist deutlich geworden, dass Risikokommunikation in Deutschland nicht gut funktioniert. Von den einschlägigen Institutionen hat das Robert-Koch-Institut keinen Auftrag, mit der Öffentlichkeit zu kommunizieren, und die Bundeszentrale für gesundheitliche Aufklärung hat sich während der Pandemie auffällig still verhalten. Hier wäre mit vergleichsweise wenig Aufwand eine hohe Wirkung zu erzielen gewesen. Schließlich ist es kaum zu übersehen, dass die Bildung der Bevölkerung in statistischem Denken und die Bildung der staatlichen Institute in Risikokommunikation die emotionale Stimmung und das Verhalten der Menschen während einer Pandemie ganz wesentlich bestimmen.

Ein weiterer Schritt in die richtige Richtung ist eine Initiative der Volkshochschulen zur Vermittlung von Datenkompetenz. Da gibt es beispielsweise die App »Stadt | Land | DatenFluss«[139], die spielerisch aufzeigt, wie Daten und Algorithmen heute unser Leben durchdringen – und wie (statistisches) Lernen aus Daten funktioniert. Neben der mobilen Variante bietet der Berliner KI-Campus[140] einen Kurs zum Selbstlernen am Computer an; die Volkshochschulen haben zusätzliches, auch in Schulen verwendbares Unterrichtsmaterial erstellt.

Und im Frühjahr 2021 haben sich über einhundert Einzelpersonen und Organisationen aus Wissenschaft, Wirtschaft und Politik in der »Data Literacy Charta« dazu verpflichtet, ein umfassendes Verständnis von Datenkompetenzen zu unterstützen und in ihrem Wirkungskreis zu verbreiten.[141] Diese Charta hat den Anstoß zu einem internationalen Projekt gegeben, der Entwicklung eines globalen Standards für Daten- und KI-Kompetenzen. Ein halbes Jahr darauf hat das »Institute of Electrical and Electronics Engineers« (IEEE), der weltweit größte technische Berufsverband mit Sitz in New York, eine Arbeitsgruppe zur Entwicklung eines solchen globalen »Standard for Data & AI Literacy, Skills, and Readiness« etabliert, geleitet von der Unstatistikerin Katharina Schüller.[142]

Es ist also einiges in Bewegung, in Deutschland und weltweit. Und wer unser Buch bis hierher gelesen hat, ist fast schon ein kanonischer Mitstreiter in unserem Kampf gegen das moderne Innumeratentum. Packen wir es an! Oder um mit dem unvergessenen Erich Kästner zu sprechen: Es gibt nichts Gutes, außer man tut es.

Anmerkungen

1. Siehe Krämer, W. (2013): *Kalte Enteignung*, Campus Verlag, Kapitel 4. Da wird der organisierte Betrug der damaligen griechischen Regierung zwecks Erschleichens der Euro-Mitgliedschaft akribisch nachgezeichnet.
2. Siehe Gigerenzer, G. (2002): *Das Einmaleins der Skepsis*. Berlin Verlag.
3. Gigerenzer, G., et al. (2005): »A 30% chance of rain tomorrow:« How does the public understand probabilistic weather forecasts? *Risk Analysis*, 25, 623–629.
4. Gigerenzer, G. & Galesic, M. (2012). Why do single event probabilities confuse patients? *British Medical Journal*, 344:e245. doi: 10.1136/bmj.e245.
5. Caverly, T. J., et al. (2014): Confusing relative risk with absolute risk is associated with more enthusiasm about the value of cancer screening. *Medical Decision Making*, 34, 686–692.
6. Gigerenzer, G. (2013): *Risiko: Wie man die richtigen Entscheidungen trifft*. Bertelsmann. Siehe auch die Faktenbox zur Brustkrebs-Früherkennung auf der Webseite des Harding-Zentrums für Risikokompetenz (https://hardingcenter.de/de/krebs-frueherkennung/brustkrebs-frueherkennung-durch-mammographie-screening), letzte Aktualisierung 10/2019.
7. Sedrakyan, A. & Shih, C. (2007): Improving depiction of benefits and harms: Analyses of studies of well-known therapeutics and review of high-impact medical journals. *Medical Care*, 45, 523–528. Nunan, D., et al. (2020): Adherence in leading medical journals to the CONSORT 2010 statement for reporting of binary outcomes in randomized controlled trials: cross-sectional analysis. *BMJ Evidence-Based Medicine*. doi:10.1136/bmjebm-2020-111489.
8. Gigerenzer, G. & Muir Gray, J. A. (Hg.) (2013): *Bessere Ärzte, bessere Patienten, bessere Medizin: Aufbruch in ein transparentes Gesundheitswesen*. Medizinisch Wissenschaftliche Verlagsgesellschaft, 2013.
9. Alonso-Coello, P., et al. (2016): Systematic reviews experience major limitations in reporting absolute effects. *Journal of Clinical Epidemiology*, 72, 16–26.
10. Morand, S. & Lajaunie, C. (2021): Outbreaks of Vector-Borne and Zoonotic Diseases Are Associated With Changes in Forest Cover and

Oil Palm Expansion at Global Scale. Front. Vet. Sci. 8:661063. doi: 10.3389/fvets.2021.661063. Die Daten für unsere Abbildung 2.2 sind aus https://data.worldbank.org/indicator/AG.LND.FRST.ZS, https://databank.worldbank.org/source/world-development-indicators und IMF und https://www.imf.org/-/media/Files/Publications/fiscal-monitor/2020/October/Data/FiscalMonitorDatabase-October2020.ashx.

11. Barr, N., Pennycook G., Stolz J. A. & Fugelsang, J. (2015): »The brain in your pocket: Evidence that Smartphones are used to supplant thinking«, *Computers in Human Behavior*, 48 (July), 473–480.
12. Zur Wirkung von Masken gegen Corona siehe Bundgaard H., et al. (2021): Effectiveness of Adding a Mask Recommendation to Other Public Health Measures to Prevent SARS-CoV-2 Infection in Danish Mask Wearers: A Randomized Controlled Trial«, *Annals of Internal Medicine*, 174(3), 335–343; oder Brainard, J., et al.: Community use of face masks and similar barriers to prevent respiratory illness such as COVID-19: a rapid scoping review. *Euro Surveill.* 2020 Dec;25 (49): oder Greenhalgh, T., et al. (2020): Face masks for the public during the covid-19 crisis, BMJ 2020, 369. Für Deutschland wichtig ist vor allem Mitze, T., Kosfeld, R., Rode, J. & Wälde, K. (2020): »Face Masks Considerable Reduce COVID-19 Cases in Germany: A Synthetic Control Method Approach«. IZA Discussion Papers. No 13319, Juni 2020.
13. https://www.spiegel.de/netzwelt/netzpolitik/drogenbeauftragte-forscher-erklaeren-hunderttausende-fuer-onlinesuechtig-a-788488.html.
14. https://www.bayern.de/huml-warnt-vor-internetsucht-gefahr-bayerns-gesundheitsministerin-junge-menschen-haeufiger-betroffen-internetsucht-ist-thema-der-jahrestagung-der-drogenbeauftragten/.
15. https://www.waz.de/region/corona-dramatischer-anstieg-bei-suizidversuchen-von-kindern-id234241693.html.
16. https://m.focus.de/gesundheit/psychische-belastungen-in-der-pandemie-schock-studie-zu-kinder-suizidversuchen-im-corona-lockdown-das-steckt-hinter-den-zahlen_id_37384615.html.
17. https://m.focus.de/gesundheit/psychische-belastungen-in-der-pandemie-schock-studie-zu-kinder-suizidversuchen-im-corona-lockdown-das-steckt-hinter-den-zahlen_id_37384615.html.
18. https://www.wwf.de/fileadmin/user_upload/wwf_studie_wasserfussabdruck.pdf.
19. https://tud.qucosa.de/api/qucosa%3A30084/attachment/ATT-0/.
20. https://www.sueddeutsche.de/wissen/artenschutz-strassenverkehr-wildunfall-1.4956671.
21. https://energiewende.eu/windkraft-vogelschlag/.

22. https://www.berliner-zeitung.de/wirtschaft-verantwortung/ueber-34000-tonnen-bauern-spritzen-immer-mehr-pflanzengift-li.16829?pid=true.
23. https://www.agora-energiewende.de/presse/neuigkeiten-archiv/deutschland-steht-2021-vor-dem-hoechsten-anstieg-der-treibhausgasemissionen-seit-1990/.
24. *Hart aber fair*, ARD, 23.08.2021, https://www1.wdr.de/daserste/hartaberfair/videos/video-klimaschutz-im-buerger-check-welcher-partei-kann-man-vertrauen-102.html.
25. https://rp-online.de/wirtschaft/immer-mehr-nitrat-im-grundwasser-gefahr-fuer-mensch-und-natur_aid-44825553.
26. https://www.spiegel.de/auto/aktuell/blitz-marathon-bilanz-der-bundeslaender-so-viele-pkw-wurden-erwischt-a-992701.html.
27. »Deutschlands Mietmarkt ist kaputt«, https://www.sueddeutsche.de/projekte/artikel/wirtschaft/miete-wohnen-in-der-krise-e687627/.
28. https://www.presseportal.de/pm/133534/4211505.
29. Studie des Bundesministeriums für Arbeit und Soziales (BMAS), https://www.bmas.de/DE/Service/Presse/Meldungen/2018/ausmass-von-plattformarbeit-in-deutschland-hoeher-als-erwartet.html.
30. Bonin, H. & Rinne, U. (2017): »Omnibusbefragung zur Verbesserung der Datenlage neuer Beschäftigungsformern«, IZA Research Report No. 80; https://ftp.iza.org/report_pdfs/iza_report_80.pdf.
31. FAS vom 15.05.2021: https://www.faz.net/aktuell/wirtschaft/auto-verkehr/gruenen-waehler-fahren-gerne-suv-die-liebe-zum-gelaendewagen-17342165.html.
32. https://www.wwf.de/2016/september/deutsche-wollen-push-fuer-den-klimaschutz.
33. Studie für das Else Kröner Fresenius Zentrum für Ernährungsmedizin (EKFZ) an der TUM; https://www.ekfz.tum.de/fileadmin/PDF/PPT__EKFZ_und_Forsa_2_Final.pdf.
34. mdr.de; Sonntagsblatt; Passauer Neuen Presse; https://www.mdr.de/wissen/corona-pandemie-vierzig-prozent-der-deutschen-haben-zugenommen-100.html, https://www.sonntagsblatt.de/corona-pandemie-lockdown-tu-ekfz-uebergewicht-hans-hauner; https://www.pnp.de/nachrichten/bayern/55-Kilo-mehr-Wie-Corona-die-Deutschen-dick-gemacht-hat-4015251.html.
35. Beispielhaft RKI: Erläuterung der Schätzung der zeitlich variierenden Reproduktionszahl R, 15.05.2020. Online: https://www.rki.de/DE/Content/InfAZ/N/Neuartiges_Coronavirus/Projekte_RKI/R-Wert-Erlaeuterung.pdf?__blob=publicationFile.
36. Beispielhaft Unstatistik: Corona-Pandemie: Statistische Konzepte und ihre Grenzen. 25.03.2020; https://www.rwi-essen.de/unstatistik/101/.

37. Bar-On, Y. M., et al: Protection of BNT162b2 Vaccine Booster against Covid-19 in Israel. N Engl J Med 2021; 385:1393-1400; https://www.nejm.org/doi/full/10.1056/NEJMoa2114255.
38. CBS: Coronavirus-Dashboard; https://coronadashboard.government.nl/.
39. RIVM Netherlands: Coronavirus monitoring in sewage research; https://www.rivm.nl/en/covid-19/sewage.
40. Anne Will: Steuerflüchtlinge am Pranger – Reiche ohne Moral? Folge 105 vom 07.02.2010; https://www.fernsehserien.de/anne-will/folgen/105-steuerfluechtlinge-am-pranger-reiche-ohne-moral-384553.
41. Destatis: Dossier: Statistiken zur COVID-19-Krise; https://www.destatis.de/DE/Themen/Querschnitt/Corona/Downloads/dossier-covid-19.html.
42. Die Seite »Junk Charts« analysiert neben dieser eine Fülle weiterer englischsprachiger Unsinns-Grafiken, siehe https://junkcharts.typepad.com/junk_charts/2014/04/conventions-novelty-and-the-double-edge.html.
43. https://covidcompendium.wordpress.com/david-gegen-covid/. Eine archivierte Fassung des Facebook-Eintrags liegt unter https://archive.is/Fxuom. Der Faktenprüfdienst »Correctiv« hat Unstatistik-Autorin Katharina Schüller zu dieser Grafik befragt, siehe für mehr Details https://correctiv.org/faktencheck/2021/02/08/nein-die-zahl-der-krankenhaeuser-ist-nicht-so-stark-gesunken-wie-es-auf-dieser-grafik-scheint/.
44. Es finden sich weitere handwerkliche Fehler. Die Zeitreihen von Bevölkerung und Krankenhäusern sind um ein Jahr gegeneinander verschoben. Die Bevölkerung ist immer zum Stichtag 31.12. angegeben (letzter Wert 31.12.2019). Die Krankenhäuser sind ebenfalls zum Stichtag 31.12. angegeben (letzter Wert 31.12.2018). Die Facebook-Grafik deklariert bei den Krankenhäusern den Wert von 31.12.2018 als »2018«. Bei der Bevölkerung deklariert sie den Wert vom 31.12.2018 aber als »2019«. Teilweise gibt es darüber hinaus noch falsche Zuordnungen von Zahlen zu Jahren.
45. Die Daten stammen aus folgenden Quellen: https://www.gbe-bund.de/gbe/pkg_isgbe5.prc_menu_olap?p_uid=gastd&p_aid=63572873&p_sprache=D&p_help=0&p_indnr=519&p_indsp=5074&p_ityp=H&p_fid=#SOURCES (Datenquellen > Methodik); Genesis Online: Tabellen 23111-0001, 23111-0002 und 12411-0005; https://www.destatis.de/DE/Presse/Pressemitteilungen/2020/10/PD20_N064_231.html (Hier muss man die Daten herunterladen und die Indexwerte mit den angegebenen Absolutwerten für das Anfangs- bzw. Endjahr multiplizieren.)

46. Befragt wurden insgesamt 18180 Personen aus 23 Ländern, siehe https://www.forbes.com/sites/niallmccarthy/2017/08/29/where-people-cant-live-without-the-internet-infographic/?sh=11891c9a43aa. Ipsos selbst schreibt dazu, dass die Daten nur für Länder mit einer Internet-Nutzung von mindestens 60 Prozent als repräsentativ angesehen werden können: https://www.ipsos.com/en/global-trends-survey-2017. Die vollständigen Daten sind hier zu finden: https://qz.com/india/1072625/i-cannot-imagine-life-without-the-internet-yep-that-basically-describes-indians. Zur Internetnutzung 2016 gibt es Zahlen hier: https://www.jobambition.de/global-digital-report-2016/.
47. Siehe https://twitter.com/AxelFlasbarth/status/1340276103768911873.
48. Zum Presseheft der Studie von 2018: https://leo.blogs.uni-hamburg.de/wp-content/uploads/2019/05/LEO2018-Presseheft.pdf.
49. »Wer war die Frau, die 122 wurde?«, *Neue Züricher Zeitung* vom 24.9.2021; https://www.nzz.ch/gesellschaft/wer-war-die-frau-die-122-wurde-ld.1646686.
50. Lee, D., et al. (2017): Running as a key lifestyle medicine for longevity. *Progress in Cardiovascular Diseases*. DOI: 10.1016/j.pcad.2017.03.005.
51. www.ispo.com und www.woman.at.
52. Krogsboll, T.T., et al (2013): General health checks in adults for reducing morbidity and mortality from disease. The Cochrane Collaboration. DOI: 10.1002/14651858.CD009009.pub3.
53. Z.B. Loftfield, E., et al. (2018): Association of coffee drinking with mortality by genetic variation in caffeine metabolism. *JAMA Internal Medicine*, July 2.
54. Z.B. *Augsburger Allgemeine* vom 19. November 2015 und *apotheken.de* vom 30.7.2018.
55. Ding, M., et al. (2015): Association of coffee consumption with total and cause-specific mortality in three large prospective cohorts. *Circulation*, 132, 2305–2315.
56. Navarro, A.M., et al. (2018): Coffee consumption and total mortality in a Mediterranean prospective cohort. *The American Journal of Clinical Nutrition*, 108, 1113–1120.
57. Einen Überblick gibt Noordzij, M.,van Diepen, M., Caskey, F.C. & Jager, K.J. (2017): Relative risk versus absolute risk: one cannot be interpreted without the other. *Nephrol Dial Transplant*, 32: ii13–ii18.
58. Gigerenzer, G., et al. (2007): Helping doctors and patients make sense of health statistics. *Psychological Science in the Public Interest*, 8, 53–96.
59. Gigerenzer, G. & Muir Gray, J.A. (Hg.) (2011): *Better doctors, better patients, better decisions: Envisioning health care 2020*. Cambridge, MA: MIT Press.

Deutsche Übersetzung: *Bessere Ärzte, bessere Patienten, bessere Medizin: Aufbruch in ein transparentes Gesundheitswesen*. Medizinisch Wissenschaftliche Verlagsgesellschaft, 2013.

60. ERGO Risiko-Report 2019: https://www.ergo.com/-/media/ergocom/pdf-mediathek/studien/risiko-report/ergo-risiko-report-2019-web.pdf?la=de&hash=634234E59B349140CB2EB01633F4F542DF50B6C2.
61. Siehe Unstatistik 28. Oktober 2016.
62. https://www.stuttgarter-nachrichten.de/inhalt.probleme-bei-der-briefzustellung-so-ungewoehnlich-entschuldigt-sich-die-post-fuer-den-aerger.ca9dbf4a-bb58-4a5f-b3ca-42d329b12cf1.html.
63. Clark, Andrew E., Diener, E. D., Georgellis, Y. & Lucas, R. E. (2008): Lags and Leads in Life Satisfaction: A Test of the Baseline Hypothesis. *The Economic Journal*, 118 (June), F222–F243.
64. https://www.aerzteblatt.de/nachrichten/129202/300-000-vorzeitige-Todesfaelle-durch-Feinstaubbelastung; https://www.eea.europa.eu/publications/health-risks-of-air-pollution/health-impacts-of-air-pollution.
65. https://www1.wdr.de/daserste/monitor/extras/pressemeldung-feinstaub-100.html.
66. https://www.umweltbundesamt.de/no2-krankheitslasten.
67. https://www.dw.com/de/studie-1200-vorzeitige-todesf%C3%A4lle-durch-manipulation-bei-vw/a-37843046.
68. https://www.dw.com/de/luftverschmutzung-t%C3%B6tet-diesel-plastik-meer-pestizid-glyphosat-wasserverschmutzung-kenia/a-41645743.
69. https://www.aponet.de/artikel/europa-tausende-todesfaelle-wegen-fehlender-gruenflaechen-25117.
70. https://www.heilpraxisnet.de/naturheilpraxis/vorzeitiger-tod-durch-chemikalien-aus-plastikbehaeltern-fuer-kosmetikartikel-20211015547760/.
71. https://www.heilpraxisnet.de/naturheilpraxis/who-bewegungsmangel-jaehrlich-fuer-5-millionen-todesfaelle-verantwortlich-20201204529097/.
72. https://www.pharmazeutische-zeitung.de/einer-von-fuenf-isst-sich-zu-tode/.
73. »Vogelhaltung erhöht Krebsrisiko nicht«, *Pharmazeutische Zeitung*, 3/1997; https://www.pharmazeutische-zeitung.de/inhalt-03-1997/medizin2-03-1997/.
74. Siehe hierzu in aller Ausführlichkeit Morfeld, P., & Erren, T. C. (2019): Warum ist die »Anzahl vorzeitiger Todesfälle durch Umweltexpositionen« nicht angemessen quantifizierbar? *Gesundheitswesen 2019*, 81, 144–149.
75. https://www.eionet.europa.eu/etcs/etc-atni/products/etc-atni-reports/etc-atni-report-10-2021-health-risk-assessments-of-air-pollution-esti-

mations-of-the-2019-hra-benefit-analysis-of-reaching-specific-air-quality-standards-and-more/@@download/file/2021-10 Eionet%20 report_HRA%20-%20FINAL1%20for%20publication.pdf.

76. https://www-genesis.destatis.de/genesis/online?operation=previous&levelindex=1&step=1&titel=Ergebnis&levelid=1638203199155&acceptscookies=false#abreadcrumb.
77. Siehe Statistisches Bundesamt: Sterbetafel 2018/2020, Wiesbaden 2021.
78. https://www.spiegel.de/wissenschaft/medizin/woran-covid-19-kranke-sterben-massen-obduktion-in-hamburger-krankenhaus-a-241cab60-6b49-4927-aaac-56088a44bd9d?utm_source=pocket-newtab-global-de-DE.
79. Der aktuelle Stand der Kunst ist sehr schön zusammengefasst in Dimpfly, T., Sönkensenz, J., Bechmann, I. & Grammig, J.: Estimating the SARS-CoV-2 Infection Fatality Rate by Data Combination: The Case of Germany's First Wave. *The Econometrics Journal*, 2022.
80. Bundesministerium des Innern, für Bau und Heimat (11. Oktober 2018). Projekt zur Gesichtserkennung erfolgreich. Pressemitteilung.
81. Gigerenzer, G. (2021): *Klick: Wie wir in einer digitalen Welt die Kontrolle behalten und die richtigen Entscheidungen treffen*. Bertelsmann.
82. Kawohl, J. & Becker, J. (2017): *Unternehmergeist und Digitalkompetenz im Topmanagement: Verfügen deutsche Vorstände über die Zukunftsfähigkeiten, die die digitale Transformation erfordert?* Berlin: Hochschule für Technik und Wirtschaft Berlin; https://18340a7b-c60f-42a9-b283-542b49515092.filesusr.com/ugd/63eb59_83844d3bffea42c1ad71d824871f5ff1.pdf.
83. Bundespolizeipräsidium Potsdam (18.9.2018): Teilprojekt 1 »Biometrische Gesichtserkennung«. Abschlussbericht.
84. Vincent, J. (5. July 2018): London police chief »completely comfortable« using facial recognition with 98 percent error rate; https://www.theverge.com/2018/7/5/17535814/uk-face-recognition-police-london-accuracy-completely-comfortable.
85. Siehe Gigerenzer, G. (2021): *Klick: Wie wir in einer digitalen Welt die Kontrolle behalten und die richtigen Entscheidungen treffen*. Bertelsmann.
86. https://twitter.com/MHohlmeier/status/1050766534564548609.
87. Gigerenzer, G., Multmeier, J., Föhring, A. & Wegwarth, O. (2021): Do children have Bayesian intuitions? *Journal of Experimental Psychology: General*, 50, 1041–70.
88. Mayer-Schönberger, V. & Cukier, K. (2013): *Big Data*. Redline.
89. Katsikopoulos, K., Şimşek, Ö., Buckmann, M. & Gigerenzer, G. (2021): Transparent modeling of influenca incidence: Big data or a single data

point from psychological theory? *International Journal of Forecasting*; https://doi.org/10.1016/j.ijforecast.2020.12.006.

90. Gigerenzer, G. (2021): *Klick: Wie wir in einer digitalen Welt die Kontrolle behalten und die richtigen Entscheidungen treffen*. Bertelsmann.
91. Gigerenzer, G. (2017). Is your smartphone able to predict pancreatic cancer? *British Medical Journal*, 358:j3159.
92. *SZ*, 9. Juni 2016.
93. Gigerenzer, G. (2014). Breast cancer screening pamphlets mislead women: All women and women's organisations should tear up the pink ribbons and campaign for honest information. *British Medical Journal*, 348:g2636. doi:10.1136/bmj.g2636.
94. *Tages-Anzeiger* (11. Juni 2016): Suchmaschine diagnostiziert Krebs.
95. Gigerenzer, G. (2017). Is your smartphone able to predict pancreatic cancer? *British Medical Journal*, 358:j3159.
96. Kosinski, M., Stillwell, D. & Graepel, T. (2013): Private traits and attributes are predictable from digital records of human behavior. *PNAS*, 110, 5802–5805.
97. Unsere Beispiele für Fehlprognosen sind nur zur Illustration gedacht und sozusagen semiverifiziert. Die immer wieder erzählte Geschichte, IBM-Chef Watson hätte 1943 vorhergesagt, es gebe auf der Welt nur einen Bedarf von 5 Computern, stammt wohl von dem Computerpionier Howard Aiken, dem Entwickler des Mark-I-Rechners an der Harvard University. Der schreibt im Jahr 1952: »Ursprünglich dachten wir, dass man in diesem Land mit einem halben Dutzend Computern, in Forschungslabors versteckt, den ganzen Bedarf, den wir hatten, abdecken könnte.« Siehe Cohen, I. B. (1998): Howard Aiken on the number of computers needed for the nation. *IEEE Annals of the History of Computing*, 20, 27–32.
98. https://www.rki.de/DE/Content/InfAZ/N/Neuartiges_Coronavirus/DESH/Bericht_VOC_2021-03-31.pdf?__blob=publicationFile#:~:text=1.1.7%20auf%2036%25%20in,%2D2%2DVariante%20in%20Deutschland.
99. Leider finden diese Prognosen kaum Eingang in die Politik. Seit Jahrzehnten weisen Ökonomen, Statistiker und Demografen auf den daraus folgenden Reformbedarf für die Rentenversicherung hin, zuletzt etwa im Jahr 2021 der Sachverständigenrat zur Begutachtung der gesamtwirtschaftlichen Entwicklung und kürzlich der Wissenschaftliche Beirat beim Bundesministerium für Wirtschaft und Energie (BMWi): »Vorschläge für eine Reform der gesetzlichen Rentenversicherung. Bundesministerium für Wirtschaft und Energie, Berlin; https://www.bmwi.de/Redaktion/DE/Publikationen/Ministerium/

Veroeffentlichung-Wissenschaftlicher-Beirat/wissenschaftlicher-beirat-vorschlaege-reform-gutachten.pdf?__blob=publicationFile&v=14)«. Leider werden diese Warnungen von der Politik ignoriert. Im Bundestagswahlkampf 2021 spielte die Rentenreform keine große Rolle.

100. Meadows, Donella; Meadows, Dennis; Randers, Jørgen; Behrens, William W. III (1972): *Die Grenzen des Wachstums. Bericht des Club of Rome zur Lage der Menschheit.* Deutsche Verlags-Anstalt.
101. Die Fehlprognosen des Club of Rome sind in Dutzenden von Aufsätzen und Büchern festgehalten. Besonders zu empfehlen: Simon, J. (1995): *The State of Humanity*, Oxford. Aktuell kursiert eine Neufassung des Berichts von 1972 mit Untergangsprognosen für das Jahr 2052.
102. Ortmann, A., Gigerenzer, G., Borges, B. & Goldstein, D.G. (2008): The recognition heuristic: A fast and frugal way to investment choice? In: C.R. Plott & V.L. Smith (Hg.): *Handbook of Experimental Economics Results: Vol. 1* (Handbooks in Economics No. 28) (pp. 993–1003). Amsterdam: North-Holland.
103. Zur Problematik der Annahmen in Wirtschaftsprognosen siehe RWI Essen (2007): »Die wirtschaftliche Entwicklung im Ausland und im Inland zur Jahresmitte 2007,« *RWI Konjunkturberichte*, 58 (2), S. 94 ff. Hier findet sich die im Text zitierte Kautel betreffend Interbankenzinsniveau.
104. Diese im Netz kolportierte Aussage von Karl-Heinz Rummenigge ist eigentlich zu schön, um wahr zu sein. Leider konnte man uns beim ZDF keinen Mitschnitt dieser Sendung liefern. Auch eine Anfrage bei Karl-Heinz Rummenigge selbst lieferte keinen Aufschluss; er kann sich an diese Sendung nicht mehr erinnern.
105. Siehe den Artikel »Funktion und Grenzen von Todesdefinitionen« in der *NZZ*, 8.10.2012, online: https://www.nzz.ch/meinung/debatte/funktion-und-grenzen-von-todesdefinitionen-ld.820173.
106. Siehe https://www.sueddeutsche.de/politik/luftverschmutzung-an-neujahr-unter-der-glocke-1.3317802 bzw. https://www.focus.de/wissen/natur/gefahr-fuer-mensch-und-umwelt-dunstglocke-wegen-boellern-silvesterraketen-treiben-feinstaubwerte-in-die-hoehe_id_6437764.html.
107. Kolata, G.: Under new guidelines, millions more Americans will need to lower blood pressure. *New York Times* vom 13. November 2017; https://www.nytimes.com/2017/11/13/health/blood-pressure-treatment-guidelines.html.
108. Drygas, H. (2009): Statistical Analysis of Diabetes Mellitus. *Discussiones Mathematicae, Probability and Statistics* 29 (2009) 69–90.
109. Moynihan, R. & Henry, D. (2005): *Selling Sickness: How the World's Biggest Drug Companies Are Turning Us All Into Patients.* New York (Nation books).

110. Mossmann, B.T., et al.: Asbestos: Scietific developments and implications for public policy, *Science* 243, 1990.
111. Siehe Gigerenzer, G. (2021): *Klick: Wie wir in einer digitalen Welt die Kontrolle behalten und die richtigen Entscheidungen treffen*. Bertelsmann.
112. Prasad, V., Lenzer, J. & Newman, D.H. (2016): Why cancer screening has never been shown to »save lives« – and what we can do about it. BMJ 352:h6080 doi: 10.1136/bmj.h6080.
113. MedWatch (23. Mai 2019): MedWatch-Recherche zum Heidelberger Bluttest: Nicht nur unreif für den Markt – sondern offen wertlos; https://medwatch.de/2019/05/23/medwatch-recherche-zum-heidelberger-bluttest-nicht-nur-unreif-fuer-den-markt-sondern-offensichtlich-wertlos/.
114. Riffreporter.de/der_bildungsforscher_jan_martin_wiarda/heidelberg-skandal-brustkrebs.
115. De Koning, H.J., et al. (2020): Reduced lung-cancer mortality with volume CT screening in a randomized trial. *New England Journal of Medicine*, 382, 503–13.
116. https://www.aerztezeitung.de/Medizin/Screening-auf-Lungenkrebs-wird-kommen-406213.html. Springer: https://link.springer.com/article/10.1007/s15006-020-0074-y. *Der Standard*: https://apps.derstandard.de/privacywall/story/2000114670866/raucher-in-die-roehre-schicken. *Science.at*: https://science.apa.at/rubrik/medizin_und_biotech/Endgueltig_geklaert_Lungenkrebs-Screening_bei_Rauchern_hilft/SCI_20200203_SCI39371351252991744.
117. https://www.derstandard.at/story/2000122056946/krebs-screening-in-raucherlungen-schauen.
118. Den Nachweis von Julius Caesar in uns allen führt Herbert Cerutti in *NZZ Folio* 9/1998; https://www.nzz.ch/folio/ausgehaucht-ld.1617196?reduced=true.
119. https://www.uni-mainz.de/presse/aktuell/3243_DEU_HTML.php.
120. https://www.derstandard.de/story/2000082288458/wie-das-fruehstueck-soziales-verhalten-beeinflusst.
121. https://www.aerzteblatt.de/nachrichten/124513/Studie-Ernaehrung-beeinflusst-Verlauf-von-COVID-19; https://nutrition.bmj.com/content/early/2021/05/18/bmjnph-2021-000272.
122. NWZ Online: https://www.nwzonline.de/panorama/studie-vegetarier-vorurteilsfreier_a_30,0,1372869499.html#.
123. Siehe bspw. https://www.heilpraxisnet.de/naturheilpraxis/pflanzliche-ernaehrung-reduziert-das-risiko-fuer-diabetes-um-fast-ein-viertel-20190724460962/.

124. https://jamanetwork.com/journals/jamainternalmedicine/fullarticle/2738784.
125. »Erste Lustpille für Frauen kommt auf den Markt«; https://www.aponet.de/artikel/erste-lustpille-fuer-frauen-kommt-auf-den-markt-17223; »Mehr Lust auf Lust«: https://www.tagesspiegel.de/gesellschaft/panorama/mehr-lust-auf-lust-was-viagra-fuer-die-frau-kann/12209514.html.
126. https://www.aerztezeitung.de/Panorama/Mit-100-Jahren-da-faengt-das-Leben-an-341502.html; https://www.daserste.de/information/politik-weltgeschehen/weltspiegel/sendung/ecuador-hundertjaehrige-100.html; https://www.sueddeutsche.de/leben/ecuador-tal-der-hundertjaehrigen-ohne-fleiss-kein-greis-1.44404; https://www.welt.de/wissenschaft/article9151705/Das-raetselhafte-Tal-der-hochagilen-Greise.html; https://www.welt.de/reise/article160311896/Das-Tal-der-100-Jaehrigen-lockt-Rentner-und-Hippies-an.html.
127. »Wo lebt es sich am besten? Die große Deutschland-Studie«; https://deutschland-studie-senioren-familie.zdf.de/studie-2018/district/09162/default.
128. Martignon, L. (2011): Future teachers' training in statistics: The situation in Germany. In: Batanero, C., Burrill, G. & Reading, C. (Hg): Teaching Statistics in School Mathematics – Challenges for Teaching and Teacher Education. Springer, Dordrecht.
129. Martignon, L. & Hoffage, U. (2019): *Wer wagt, gewinnt*. Göttingen: Hogrefe.
130. Jenny, M. A., Keller, N. & Gigerenzer, G. (2018): Assessing minimal medical statistical literacy using the Quick Risk Test: A prospective observational study in Germany. *BMJ Open*, 8:e020847.
131. Ebd.
132. Ebd.
133. Gigerenzer, G. & Muir Gray, J. A. (Hg.) (2013): *Bessere Ärzte, bessere Patienten, bessere Medizin. Aufbruch in ein transparentes Gesundheitswesen*. Medizinisch Wissenschaftliche Verlagsgesellschaft.
134. Brenner, D. J. & Hall, E. J. (2007): Computed tomography: An increasing source of radiation exposure. *N. Engl. J. Med.* 357:2277–2284.
135. Wegwarth, O. & Gigerenzer, G. (2018): US gynecologists' estimates and beliefs regarding ovarian cancer screening's effectiveness 5 years after release of the PLCO evidence. *Scientific Reports*, 8:17181.
136. Bond, R. (2009). Risk school: Can the general public learn to evaluate risks accurately, or do authorities need to steer it towards correct decisions. *Nature*, 461, 1189–1192.
137. Gigerenzer, G., Multmeier, J., Föhring, A. & Wegwarth, O. (2021):

Do children have Bayesian intuitions? *Journal of Experimental Psychology: General*, 150(6), 1041–1070. doi:10.1037/xge0000979.

138. McDowell, M. & Jacobs, P. (2017): Meta-analysis of the effect of natural frequencies on Bayesian reasoning. *Psychological Bulletin*, 143, 1273–1312. https://doi.org/10.1037/bul0000126.
139. https://stadt-land-datenfluss.de.
140. https://ki-campus.org/datenfluss.
141. https://www.stifterverband.org/charta-data-literacy.
142. https://standards.ieee.org/project/7015.html.